刘星·著

法律是什么

二十世纪英美法理学批判阅读

What Is Law

中国法制出版社
CHINA LEGAL PUBLISHING HOUSE

图书在版编目 (CIP) 数据

法律是什么：二十世纪英美法理学批判阅读 / 刘星著 . — 2 版（修订本）.— 北京：中国法制出版社，2019.7

ISBN 978-7-5216-0253-1

Ⅰ . ①法…　Ⅱ . ①刘…　Ⅲ . ①法理学—研究—西方国家 Ⅳ . ① D90

中国版本图书馆CIP数据核字（2019）第094094号

责任编辑：靳晓婷（tinajxt@126.com）　封面设计：蒋　怡

法律是什么：二十世纪英美法理学批判阅读

FALÜ SHI SHENME：ERSHI SHIJI YINGMEI FALIXUE PIPAN YUEDU

著者 / 刘星

经销 / 新华书店

印刷 / 三河市紫恒印装有限公司

开本 / 880 毫米 ×1230 毫米　32 开　印张 / 12.75　字数 / 300 千

版次 / 2019 年 7 月第 2 版　2019 年 7 月第 1 次印刷

中国法制出版社出版

书号ISBN 978-7-5216-0253-1　定价：69.80元

北京西单横二条 2 号　邮政编码 100031　传真：010-66031119

网址：http://www.zgfzs.com　编辑部电话：010-66034242

市场营销部电话：010-66033393　邮购部电话：010-66033288

（如有印装质量问题，请与本社印务部联系调换。电话：010-66032926）

精装第二版序

2015 年，本书精装版面世。中国法制出版社及该社胡艺编辑现在希望版面再有改进，这是对本书的又一次慷慨支持。随着阅读出版领域旨趣的不断更新，各方对学术著述的“内外兼修”也提升了期待，我以为这对学术善莫大焉。当著作内容的可读性具备了，外在包装的努力显然不是可有可无的。实际上，以阅读心理学看，图面的视觉愉悦有时首先便有重要价值，其可以促进阅读的激励，使学术观赏更自然地逐步推进，让思想可以更顺畅地交流。

再次感谢中国法制出版社和胡艺编辑的感人用心。另要特别感谢该社靳晓婷编辑，她一如既往，不断仔细核对并纠正书中讹误，使本书文字更趋完善。这份认真执着，令人尊敬。非常感谢！

刘星

2019 年 6 月于北京

精装修订版序

至2015年，中国的西方法理学研究已有很大发展，后来年轻学者对此作出了重要贡献。当然，这一研究的一个突出表现是，越来越多的年轻学者不是单纯研究“西方”，而是在中国研究中不断调动“西方”，将“西方”融入中国问题。这是一个真正的世界学术意识的深入。中国自然有中国的问题，但中国现在也是“世界的一部分”，在某种意义上看，只有更自觉地理解为何是“世界的一部分”，才能更好地理解中国问题为何是中国的。我们的西方游学正在迅速扩展，西方阅读正在跨越先前，西方翻译正在全面推进，西方交流正在锐意深化，甚至在某些时候，西方文献的直接阅读、引用、挖掘、与之互动，将之视为我们母语的一个“新鲜元素”，随着语言不再是也不甚可能是障碍，正在变得亢奋崭新。所有这些，使“中国问题”与“世界”有机联系起来变得更加乐观。

本书写作时，即有如此的期待，尽管这是近20年前的事情了，尽管写作之时不免幼稚。

本书初版之际，我在中山大学法学院任教，而本书修订版之际，我已来到中国政法大学法学院任教。时隔多年，我仍持续思考本书的问题。即使不断写作其他法学主题，这些主题依然或多或少与本书的思考有着关联，也可认为是本书的另外形式的“继续实践”。由此，两所大学实际上形成了本书写作的语境支持，需表谢意。

现在，中国法制出版社及该社编辑刘峰先生希望出版本书的精装修订版，作为作者，我甚是感动，我必须感谢这份厚爱和鼓励。另外，我应特别感谢本版责任编辑靳晓婷，她为本版的严谨完善做出了巨大努力。我期待本书能继续接受阅读的检验。

作者

2015 年春于北京

修订版序

本书曾在广州、北京出版，是十年前的事情了。十年前已为上个世纪，而本书正是对上个世纪——20世纪——英美法理学的一个扼要研究。现对修订版做些说明。

此次修订，主要是技术处理，使其规范和现在的要求相符。对于行文内容和参引文献大致不做调整。之所以大致保留了原有的行文内容，是因为，写作的当时信息情境需要保留下来，那时的感受、感觉、感悟等完全属于那时的“当下”，维护写作者和被写者的对应关系是有意义的，而意义则在于“也许能够尽力反映其时的知识状态”。用现在的眼光描述过去，我们通常不会否认，总是等于在讲述今天的知识故事。也是因此，保留过去的知识状态是为了清晰地理解现在的知识状态与过去存在的差异。对于法律、法学行业来说，由此我们可以知道法律理解、法学认识等是如何“历史的”，“情境的”，而非永恒不变的，同时不可能、不需要是永恒不变的。换言之，当时的知识理解和现在同样重要，接下来使我们得以追问：为何对于法律、法学而言可以甚至应当产生不同的知识理解?

大致保留原有的参引文献，是因为，一些作为被写者的思想家进入新的世纪，修正了原有的思考，但修正后的新思考尽管十分重要而且十分可贵，尽管呈现了新的洞见，依然是跨出了20世纪。本书写作目标不是作为现实个人甚至某些群体的思想的演化路线，而是作为话语整体的思想的互动踪迹，并且是一个特定世纪内部的互动踪迹。将个人甚至某些群体作必要的历史定格、历史限制，对于思考法律话语的特定的"整体时代"颇为有益。何况个人甚至某些群体当时的思想，本身就是其时代整体话语的一个组成部分。这意味着，研究个人以及某些群体的思想的演化路线，是另外的写作策略，与本书存有不同。

本书的问题起点、思考缘由、运作设想，《初版序言》《再版小序》和《初版后记》均有交代。

对于本版，要感谢法律出版社，特别是该社刘彦沣编辑，在殊为重视经济效益的今天，出版纯粹学术著作是有风险的，多少有些使人踌躇，但她展现了支持。当然，学术著作——特别是人文社会科学的著作——也应可读，调动翻阅兴趣，否则意义又是有疑问的。就此而言，依本书的过去表现，希望并且相信本书不会令人过于失望。

作者

2008年冬于北京

再版小序

我总以为，从当下人们习以为常的话语出发，通过不断地循序渐进地爬梳整理分析剥离，自然而然导向一个新结论或新话语的起点，这，应为一本书的上乘境界。今日提起此点，既是本人自勉的许久期待，也是对《出版序言》中想法的一个补充。至于本书是否做到了，不敢夸口妄言。

1997年5月本书于广州初次出版。时隔一年，在北京再版了。这要特别感谢北京大学法律系贺卫方君和中国政法大学出版社丁小宣君的鼎力相助。中国政法大学是我的母校，十年前的三载研究生生活，历历在目。十年后，以一种特别方式——出版著述——重返母校，别有一番感慨，这或许是那三载结下的永久之缘。另外，要感谢北京大学法律系沈宗灵教授。当年，作为中国政法大学研究生院兼职教授，沈老师指导了我的学位论文。其为人为学，使我获益匪浅，更使我终生不能忘却这句话：学无止境。依此来说，本书既是一个过去的小结，又是一个未来的开始。

作者

1998年春于广州

初版序言

阅读者，总是在特定语境中和特定知识状态中进入阅读的，因此，任何一种阅读都是批判（或批评）式的阅读。

当下，国内“阅读”西方法理学（包括英美法理学）的作品已不鲜见。然而，其似乎仍然存在着两个缺憾。透过作者的“视域”再去阅读西方法理学时，一般读者，总会发觉其中的学说理论实在难以理解。为什么西方学者会如此思考法律？为什么在一般读者看来“如此简单”的问题，如“法律是什么”，在他们那里会有“如此复杂”的论说？换言之，中国语境的一般读者，似乎很难在作者的“视域”中进入西方法理学的语境，这是其一。其二，与这一问题密切相联系，一般读者，似乎很难在阅读时展开学理的批评对话。即使有时知道西方学者的许多理论，但仍然无法像在中国语境中相互论辩那样，与之进行学理的较量。作者的“阅读”，时常是学说的“评介”，而“评介”总是缺乏理由的挖掘、理由的分析、理由的对话引导。这自然易使一般读者知其然而不知其所以然，无法进入更深的批评。

本书尝试弥补这两个缺憾。

语境的“融合”，是首要的问题。在本书中，作者将努力使一般读者在自己的“知识状态”下进入英美法理学的语境。一般读者，总会对“法律是什么”有大致的观念，幸运的是本书作者与一般读者具有同样的“知识状态”，这使作者与读者共同走进他人语境得以可能。更为幸运的是，20世纪英美法理学的发轫点，正与我们的大致观念有着对应关系。当以本书方式进入英美法理学时，一般读者或许会理解，为什么他人会有“如此复杂”的论说。另一方面，本书作者以为，批判阅读的刺激源可能正在于首先对自己接受的观念产生疑问。在进入语境，同时对自己的观念开始反省的情况下，才会更有动力找寻、挖掘他人成说的理由。依此，本书将时常进行这样的反省。

20世纪英美法理学的各种理论，都有本身的学理根据。它们之间的不同或争论，与其说是观点设想的交锋，不如说是学理根据的对抗。就此而论，真正的批判阅读，应该是理由层面上的追寻与辩驳。理由的分析与把握，可使阅读不仅知其然，知其所以然，而且更为重要的是，在明晰理解的基础上进行深层次的“交往与对话”。本书作者，试图在这一层面上梳理20世纪英美法理学，让不同的学理根据呈现、交流，让读者的批判阅读在这一层面上展开、深入。

这一尝试是否有益是否成功，有待读者的评判了。

作者

1997年冬于美国俄亥俄州哥伦布

CONTENTS

目 录

引 言 / 001

CHAPTER 1 实际存在的法律命令

一、法律是一种命令 / 019

001. 命令、义务和制裁 / 021

002. 历史中的法律 / 024

003. 法律的连续性 / 027

004. 对立法者的法律约束 · 法律制裁 / 029

005. 法律的自愿内容 / 031

006. 积极义务和消极义务 / 034

007. 主权者和强暴者 / 037

二、区分实然法律和应然法律 / 040

008. 法律的存在与功过 / 042

009. 实证观念 / 043
010. 自然法观念 / 044
011. 实证法律观念的实践理由 / 046
三、作为科学研究对象的法律 / 052
012. 法律科学 / 052
013. 经验分析 / 054
014. 如何确定“法律制度” / 055
015. 法律结构、特征和概念的一般分析的实践意义 / 056
四、小结 / 059

CHAPTER 2 **行动中的法律**

一、疑难案件 / 066
016. 疑难案件的特征及原因 / 067
017. 疑难案件中的法律推论 / 071
018. 法院判决的最终性 / 073
二、法律与法律的渊源 / 075
019. 法律适用者的解释即为法律 / 076
020. 法律的渊源（sourses）/ 077
021. 法律适用者解释的效力 / 078
022. 法律规则和法律的具体判决 / 078
三、法律是一种预测 / 080
023. 律师的预测 / 080
024. 坏人的视角 / 082
025. 预测的约束作用 / 083

026. 好人·法官·预测 / 083
四、行动中的法律 / 085
027. 虚构的法律规则 / 087
028. 作为具体判决的法律 / 088
029. 行动中的法律及其不确定性 / 089
030. 疑难案件与法律适用者的复杂推论 / 090
031. 法律适用者的态度 / 092
032. 法律适用者的推论与法律规则 / 093
033. 具体判决·强制·法律规则 / 094
034. 法律具体判决的最终性 / 095
035. 法律的阅读与理解 / 098
五、实用主义精神 / 100
036. 法律与社会的需要 / 101
037. 实用主义和法律的正当性 / 103
六、作为一种没有“规则”内容的社会现象的法律 / 105
038. 实然与应然·法律社会学 / 105
039. 内容不确定的法律知识 / 106
七、小结 / 108

CHAPTER 3 官员统一实践中的法律

一、规则的内在方面 / 115
040. 习惯行为模式·规则行为模式·被迫行为模式 / 115
041. 规则的内在方面和规则的存在 / 117
042. 内在方面·法律权利·积极义务·法律规则 / 118

043. 对待规则态度的种类 / 120
044. 内在方面与义务 / 122
045. 义务与规则 / 123
二、次要规则 / 125
046. 法律规则的种类 / 125
047. 三种次要授权规则 / 126
048. 承认规则的作用及其存在方式 / 128
049. 次要规则的法理学意义 / 129
050. 承认规则与法律性质（或效力）的来源 / 131
051. 区别法律制度与其他社会制度的要素 / 133
052. 法律适用者的实践与承认规则 / 135
053. 制定法及判例中蕴含的原则、政策及政治道德准则的形成机制及运用·承认规则 / 139
054. 法律的存在与官员 / 142
三、规则的确定性与模糊性 / 145
055. 意思中心与开放结构 / 145
056. 规则的确定性与模糊性 / 146
057. “意思中心”·规则的存在·法律的客观性和普遍性 / 147
058. “意思中心”与法律适用者的争议 / 148
四、法律与道德的分野 / 150
059. 最低限度内容的自然法 / 150
060. 广义的法律观念和狭义的法律观念 / 152
061. 法律与道德在事实上和概念上的联系 / 153
062. 道德选择的困境与两种法律观念 / 155
063. 法律理论的研究 / 158

五、法学是一种客观的法律知识 / 159

064. 日常语言的正常用法 / 160

065. “出处”“形式”“结构”与“目的”/ 162

六、小结 / 165

CHAPTER 4 解释性质的法律

一、“理论争论”/ 172

066. 法官的不同意见 / 172

067. “理论争论”/ 175

068. “理论争论”的法理学问题 / 176

069. “理论争论”存在的实践前提 / 178

070. “理论争论”·识别功能的标准·日常语言的正常用法 / 179

071. “隐含法律”的特点及理论渊源 / 180

072. “隐含法律”概念的功效 / 182

073. 隐含法律·法律的确定性和可预测性 / 183

074. 隐含法律·法治·正当性 / 184

075. 隐含法律·法律的矛盾·唯一正确的法律答案 / 185

076. 隐含法律存在的理论根据 / 187

077. 隐含法律存在的现实根据 / 187

078. “理论争论”表现的是“实然”还是“应然”/ 189

079. 理论争论与疑难案件 / 193

二、法律的解释性质 / 195

080. 解释的微观形态——“建构性的解释”/ 196

081. 解释的宏观形态——解释的“树形结构”/ 197

082. 解释的历史形态——解释的链条 / 200
083. 法律的解释性质 / 200
084. “解释”概念的作用 / 202
085. 解释·法官的义务·法律性质（或法律效力）的来源 / 204
086. 前解释阶段·法律的一般性质和结构 / 205
087. 解释的确证·恶法 / 207
088. 解释的概念·法律的概念 / 209
089. 法律·解释者 / 211
三、内在参与者的观点 / 212
090. 实践中的一般理论和理论中的一般理论的同一性 / 213
091. 一般法律概念理论的“描述性”（descriptive）与“规范性”（normative）/ 214
092. 内在参与者的观点 / 215
093. 内在参与者观点的意义及理由 / 216
094. 内在参与者的观点·外在观察者的观点 / 219
四、唯一正确的法律答案 / 222
095. 外在观察者和内在参与者眼中的“主观性与客观性” / 223
096. 能否获得唯一正确的法律答案 / 229
五、小结 / 231

CHAPTER 5 意识形态中的法律

一、法律形式的内在矛盾 / 238
097. 两种形式的内在矛盾 / 239

098. 分析法律形式内在矛盾的目的 / 243
099. 观察法律的姿态 / 245
二、法律原则的内在矛盾 / 247
100. 原则的冲突 / 247
101. 法律原则的矛盾·法律原则的统一·法律原则的互补 / 250
三、法律外在观察者的“解构阅读” / 254
102. 法律本文本身无意义 / 254
103. 外在“解构阅读”的目的·开放结构 / 257
104. 解构语言学·交流的意义·解释共同体 / 257
四、法律内在参与者的“解构阅读” / 261
105. “法理迷津” / 262
106. 内在解构阅读·法官的责任姿态 / 265
五、法律与意识形态 / 267
107. 法律政治学 / 268
108. 意识形态的概念 / 269
109. 意识形态·法律的多元化 / 271
110. 意识形态·统治者意志 / 272
111. 意识形态与边缘话语 / 274
112. 法律的多元化·法治 / 275
113. 意识形态·法律知识·法律理论的视角·法律与政治 / 278
六、小结 / 280

CHAPTER 6 作为地方性知识的法律

一、法律实践主体的“消亡” / 285
114. 法律实践者所说的“我们” / 286
115. “主体”（如“我”“我们”）观念的实际构成 / 287
116. 主体“消亡”论的理论来源 / 289
117. 主体提出的“理论”的实质 / 290
118. 知识进步 · 知识异同 · 主体存在 / 292
119. 道德判断 · 主体存在 / 294
二、法律知识的“地方性” / 296
120. 法律知识的“地方性”（local）/ 296
121. 后现代社会 · 权力 / 知识 · 话语 · 逻辑中心的解构 / 298
122. 法律的地方性 · 法律的不确定性 / 301
123. “地方性”法律知识 · 法律的权威 · 自我解构 / 302
124. 后现代认同 · 姿态选择 / 304
125. 法律政治学 · 统治阶层的“霸权” / 305
三、小结 / 306

CHAPTER 7 需求对话中的法律

一、对话中的法律客观性 / 312
126. 主体性的信念 / 313
127. 对话的客观性 / 314
128. 对话客观性的获得 / 316
129. 相互对话的法律实践者和自我确证的法律实践者 / 317

130. 科学中的标准与政治中的标准 / 318
131. 对话客观性的可能性 / 319
二、效果中的法律 / 320
132. 普遍原则指导·效果探索尝试 / 320
133. 法律实践效果的思考·工具主义 / 322
134. 实际效果·道德是非 / 324
三、需求语境中的法律 / 326
135. 语境中的衡量 / 326
136. 一般约束的思考和具体需求的语境思考 / 327
137. 知识的语境与价值的语境 / 329
138. 需求语境论的实用主义和基础中心论的实用主义 / 331
139. 需求语境论和原则统一论 / 332
140. 需求语境的"理性"·绝对怀疑论与相对怀疑论·法治 / 335
141. 需求语境中的法律知识·"邪恶要求"和"恶法"·法律简明适用过程 / 338
四、小结 / 340
结　　语 / 343
参引文献 / 357
案例索引 / 367
一般索引 / 368
人名索引 / 377
初版后记 / 385

INTRODUCTION

引　言

时间是什么？如果无人问我则我知道，如果我欲对发问者说明则我不知道。

——圣·奥古斯丁

毋庸置疑，法律，在现代生活中对于人们颇为重要。如果想使实施的社会行为具有意义，即实现自己预设的目的，那么，便应知道有关的“法律”，该“法律”的效力，以及在何时何种权威机关会依据该“法律”施加具体的物化影响。而要明晰并解决这些具体问题，显然，便应知道法律是什么。

一

如果 A 在一起车祸中将 B 撞成轻伤，B 试图通过法律解决赔偿问题，B 将如何寻找法律？怎样确定自己的权利和 A 的义务？常识观念以为，可以查询国家立法机关制定的已经文字化的明确规则，如交通法规或民事法规，如果在英美国家，除立法之外可以查找以往法院判例中的明确规则。如果 A 与 B 因合同是否已完全履行而发生纠纷，A 也试图通过法律确定双方的权利和义务，或要求 B 全面履行合同，则 A 同样可以像前例中 B 那样进行查询。当然，前一例的 B 和后一例的 A，都可以咨询律师、法官、公证员或法律教师，问他（她）们法律是什么，自己的权利义务是什么。通常而言，虽然这些法律专业人士查找法律的速度较为快些，范围较为广些，但其同样会在大致相同的范围内寻找法律。

常识观念是一种白纸黑字式的观念：法律，就在立法机关或法院这些权威机构宣布的正式文件书本之中。而且，它暗含了这样一个思想：人们在查找法律时心中都可以存在一把尺子或者一个标准，用其来衡量哪些规则是法律，哪些不是。在社会中存在着道德规则、宗教规则、体育规则、礼仪规则……前例B、后例A以及一般法律专业人士，都可以不在其中寻找法律，他（她）们心中都可以依据“尺子”或“标准”衡量这些规则，并可以发现它们不符合“法律的”要求。

在抽象的法律理论中，“尺子”或“标准”表现为法律的概念或定义。常识观念相信，如果形成了一个法律的概念，那么，根据这个概念的内涵与外延便可以形成“尺子”或“标准”，以在实践中确定什么是法律。这种尺子或标准就像一条分界线，可以将所有被称为“法律”的划在一边，将不被称作“法律”的划在另一边。

19世纪末20世纪初，这种常识观念在英美法律理论中颇为流行。即使在今天，仍有人坚持这样的观念。

可以看出，常识观点以为，作为法律的概念或定义，法律，就是国家权威机关制定及认可的以文字方式表现的明确行为规范；其实施以社会统治集团的强制力作为后盾。根据常识观点，至少可作如下推论：（1）法律是统治者或国家制定及认可的行为规范并以强制力保证其实施，因此，法律的实施机构（适用机构），在法律实践中便必须执行法律，换言之，执行法律是这些机构不能推脱的硬性义务；（2）法律的定义如此，因此，在法律实践中便可以将此定义作为确定法律是什么的标准，并用其区分法律规范和非法律规范。在前面的例子中，前一例的B和后一例的A，都有权利要求法律适用机构即法院执行正式文件中规定的行为规则，法院也必须将此视为自己的义务。在前一例中，法院应当判决肇事者负赔偿责任；在后一例中，如果的确存在合同违约方，法院就应判决违约方承担违约责任。而且，无论是案件当事人还是法院，都可以根据上述定义确定法律是什么，确定具体的法律权利义务是什么，并使其区别于道德、宗教等其他种类的规则、权利和义务。

一般而言，如果这种观点在解决具体法律实践问题时，具有相当程度的可操作性，而且在理论上不存在极难克服的论证困难，那么，对其怀疑甚至批驳则是不恰当的。但是，常识观点真能如此吗？

二

1889 年，美国纽约州法院审理了著名的里格斯诉帕尔玛（*Riggs v. Palmer*）案。在该案中，A 是 B 所立遗嘱中指定的遗产继承人，A 为防止 B 改变遗产，将 B 杀害。当时，纽约州法律并未规定如果继承人为谋遗产故意杀害被继承人，则继承人丧失继承权。这样，法院颇感为难。经过慎重思考，法院最终并未执行法律字面上的明确规定，而是从普通法的众多前例中，推演出一个法律原则，即不应容许通过欺诈行为或犯罪行为获得利益，从而判决 A 不能获得 B 的遗产。法院认为，任何法律规定及契约不能与普通法的原则相抵触。①

1892 年，在英国上议院的一个前例中，A 以几张票据作抵押向货币兑换商 B 借款，B 遂用这几张票据从银行获得了金额超过借出款额的贷款。后 B 宣告破产，A 便向银行索要票据。上议院判决索要合理，理由是银行应当审核兑换商的财力。但在三年后发生的类似案件中，C 以几张票据作抵押向股票经纪人 D 借款，D 则以这几张票据向银行抵押贷款。不久 D 破产，银行遂拒绝退还票据给 C。而上议院基于某种情理考虑判决 C 败诉，表面理由是：在后案中向银行提供票据作抵押的是股票经纪人；银行一般应对兑换商进行审核，对股票经纪人则

---

① N.Y. 506, 22 N.E. 188 (1889) .

不一定存在这个问题；股票经纪人不属于前例中判决根据范围涉及的对象。[1]

1892 年，美国联邦最高法院在审理三位一体教会（*Church of the Holy Trinity v.United States*）案时同样采取了灵活适用法律明确规定的方法。在该案中，美国一个教会同英国一名牧师签订了一份有关牧师来美国出任教长和牧师的合同。美国 1885 年的一项制定法规定，禁止用在外国人移居美国之前缔结劳务合同的手段，鼓励外国人移居美国，但有关外国职业艺术家、演讲学者、歌唱家和家庭仆人的合作除外。这项规定但书部分未提到有关牧师的合作。于是，政府决定对教会予以罚款。然而，美国联邦最高法院认为，根据可利用的立法资料可以看出该法立法意图在于对从国外引入廉价的无技能的劳力加以限制，从而判决该教会不应受到处罚。[2]

可以认为，从古至今，适用或执行法律的权威机构在特定的环境中，都出现过背离法律明确规定的情形。而且，这种情形将来可能继续出现。

面对这种现实，人们似乎可以向常识观念提出两个问题：（1）既然适用或执行法律的明确规定是硬性的法律义务，为什么法院及其他法律机构有时会不服从这种义务？（2）既然法律是一种明确的规则，为什么在上述这类案件中，法官好像无法甚至不愿运用常识观点给出的“标准”来区别法律规范与非法律规范？在里格斯诉帕尔玛案中，法官似乎并不认为法律仅仅限于法律的明确规定，并不用常识观点来断定法律明确规定中体现的原则不属于法律的一部分。在三位一体教

---

① Simmonds v. London Joint Bank，(1892) A.C. 201.

② 143 U.S. 457 (1892) .

会案中，法院认为法律明确规定之外的其他一些立法资料也是法律的一部分，并不像常识观点认为的那样否认这部分资料。

当然，常识观点可以这样认为：在里格斯诉帕尔玛案和三位一体教会案中，法院的做法可能是不对的，因为，法院的义务在于严格依照法律的明确规定解决纠纷，如果法院另行其道，那是因为法院自己抱有不正确的法律观念。但是，在里格斯诉帕尔玛案和三位一体教会案中，法院并不认为自己的行为超越了法律规定的义务，它认为，运用法律明确规定中蕴含的原则，运用与法律明确规定有关的立法资料，同样是运用法律。而且，法院在该类案件中完全可以反问：为什么常识观点认为的法律便一定是真正的法律，而它认为的不是？

常识观点可以继续认为，法院的观念当然不正确，因为，法律之所以成为法律便在于其具有明确性、可预测性和普遍性。如果没有这些性质，人们如何有效地安排自己的行为，预测自己行为的法律后果？社会岂不因此而没有任何秩序？此外，没有这些性质，判决某人承担法律义务是不公正的，因为，他（她）事先不知道实施某种行为在法律上是不对的。换言之，在没有这些性质的情况下导致的法律适用溯及既往，使法院判决失去了正当性基础……

但是，不论常识观点在价值层面上怎样继续论辩，实践中的法院，一方面可以继续提出自己的论辩理由，另一方面，仍会在某些案件中继续背离常识观念的法律定义。因此，在这里的要点是：法律实践者在实践中完全可能对常识的法律定义视而不见。就此而论，常识观点似乎并不具有想象中的高程度的可操作性。

从理论的角度观察，常识观点描述的法律定义似乎存在着极难克服的论证困难。

第一，如果法律是立法机关这类法律权威机构制定及认可的，那么，法律权威机构的存在反过来则依赖于法律的存在，因为，对法律权威机构的界定需要对法律的含义有所了解，否则人们便无法说明为何有些权威机构可以称为法律的权威机构，而有些权威机构不能。而如果法律权威机构的存在依赖于法律的存在，那么，这是不是一种循环界定？对于法院这种权威机构而言，情况同样如此，因为法院的存在似乎同样不能离开法律的存在。有人或许认为，只说“统治者或国家制定及认可”就可以避免这个困难。其实，这也不能解决问题。统治者或国家的制定法律行为仍然无法离开具体立法者的行为，而具体立法者本身就是人们常说的法律权威机构。

第二，法律是一种规则或规范，但是规则或规范是什么？显然，如果对规则或规范缺乏一个清楚的认识，当然无法清楚地了解法律的定义。常识观念提出的法律定义是一个种差概念。这种概念的问题是：如果要对规则或规范的概念有一个清楚的认识，便必须对大于它们的类概念有一个清楚的认识。这意味着，依照这种定义模式，人们对于一个概念的把握是无法清晰的，因为人们无法最终把握可以不断延续下去的类概念。这就如同想知道大象是什么，便需知道作为其类概念的“动物”的明确含义，而要理解“动物”是什么，便需知道其类概念“生物”的明确含义，而要知道“生物”是什么，就需进一步理解“物质”“存在”……而且，可以想象，人们似乎总是在一个不言自明而又不甚明确的类概念上理解其他概念，而这种理解又是不“清晰的”。

第三，任何语词都存在一个语境问题。比如“非法”一词，在计算机语言中可以用作“非法字符”，在法律诉讼中可以用作“非法行为”，在两种语境中，其含义是不同的。如果将语境再做宽泛理解，将其视为不仅包括语言，而且包括生活氛围及社会环境，那么语境化的问题便会更加明显。在纳粹德国时期，德国人一般认为权力机构制定的规则就是法律，而在第二次世界大战结束之后，在某些国家甚至在德国，人们时常认为那些规则不是法律。在两种不同的社会政治环境下，“法律”一词显然具有不同的含义。即使在同一国家的同一时期，有的人会认为国家权威机关制定的禁止同性恋的规则是法律，有的则会认为它是不公正的因而不是法律，道德观念“语境”的不同导致他们的法律概念不同。在上述里格斯诉帕尔玛案和三位一体教会案中，法院与常人对法律一词的不同看法，同样具有语词的语境化问题。常识观念假定了在任何时候任何地方法律概念本身会有一个固定的含义，但没有看到，“语境”肯定会使概念的意义产生某种区别。

…………

人们可以从许多角度运用许多方法，对常识观点提出理论上的难题。

正是因为常识观点在实践中和理论上存在较大的问题，所以，人们希望而且有理由提出各种不同的学说。

三

“法律是什么”的问题，可以在两个层次上分析。其一是“一般”层次。在这个层次上，人们一般会回答法律的抽象含义是什么，当说“法律是正义的象征”，“法律是民族精神的体现”，“法律是国家意志的体现”……便是在解说法律的抽象含义。这时常与整体上观看一国的整体法律是什么有关。其二是“具体”层次。在此层次上，人们会针对一个具体实践问题来问法律的具体规定是什么。比如，当 A 不慎将 B 的房屋损坏，不仅 B 而且 A 都想知道具体的法律如何规定赔偿的方式；当 A 与 B 想解除婚姻关系，他（她）们想知道法律会怎样解决孩子的归属和财产的分割；当某人想去法院起诉，他想知道法律如何说明起诉的条件，起诉的期限，以及诉讼的费用。

对上述一般性和具体性的法律问题，可以从两个观察角度来回答。一个是外在观察者的角度。一个人类学家从人类学的角度想知道人类社会中的法律是什么，他可以仅在一般意义上了解，可以客观地观察社会中一切与法律有关的人类活动，观察人们是如何立法、司法的。在具体意义上，一个英国人可以仅出于好奇去了解法国的财产法、继承法、刑法，他可以翻阅各种介绍法国法律的书籍，以获得这样的具体知识。在此应注意，人类学家和该英国人被假设为不想用法律知识解决实践问题。

另一个是内在参与者的角度。内在参与者通常是一个实践者，如法官、警察、律师、检察官、公证员等。一般而言，内在参与者总想知道具体的法律知识，想知道合同被违反时法律就赔偿、违约金、合同的有效条件、违约责任承担的方式等所作的具体规定。但是，实践者也可探讨一般意义的法律概念。其实，在寻找具体的法律规定时，实践者通常已有某个一般意义的法律概念，在其头脑中，这个概念有时或者未被觉察，或者较为模糊。比如，如果想知道上述合同问题的具体法律规定，实践者便会查阅那些他认为是法律的“资料”。在此，有人可能查阅立法机关制定的法律或法院的判决，而不查阅法学书籍中的法理；有人则可能既查阅前者，又查阅后者。而有人则可能不仅查阅这些“本文”，而且查阅政治书籍或者伦理书籍。为什么？其实，这已表明，在其头脑中已存在一个法律的概念说明。即使这个概念在其头脑中不清楚，它也潜在于他们的观念之中。否则，便不能说明，他们为何会在特定对象上寻找法律的具体内容。在前面所述的里格斯诉帕尔玛案和三位一体教会案中的法官，虽然是在解决实际问题，但其观念中仍有不同的一般的法律概念。

可以发现，作为一种法律理论，常识法律概念定义采用了外在观察者即客观观察的角度。其实，这种概念的一个目的，是提供一种可以客观描述法律现象的知识。常识观点的理论蕴含着一个假定前提，即人们可以站在一个纯粹客观的立场，对社会发生的法律现实作出一个知识性的解释，不论是一般的法律含义，还是具体的法律规定。这就如同自然科学家观察动物、植物、地球、月亮、气温、光谱，他们可以作出纯粹客观的自然描述。当然，常识法律观念并非一定不想用法律知识解决实践问题，它只是尤为强调：在认识法律是什么时，可以而且应该首先站在一个客观中立的立场说清法律的一般性质、特征或法律的具体规定。如果人类学家通过研究后，想对立法者或其他法律机构提出自己的法律改革意见，或对一个实际法律争议提出自己的法律见解，这当然是可能的，而且是应该的。英国人在了解了法国的各种具体法律规定后想去法国进行贸易活动，并想知道自己生意的实际法律后果，或许还想对法国权威机构提出法律修订的建议，这同样是可能的和可理解的。但是，他们都可以首先客观地把握法律的概念和知识。

于是，在常识法律观念中，法律的存在以及法律实际如何的问题，便与法律的价值以及法律应当如何的问题，成为两个不同思考领域的对象。人们可以争论法律应该这样或者那样，但不会争论法律实际是怎样的。人们可以争论，在里格斯诉帕尔玛案中，继承法的规定应该怎样，但不会争论继承法实际怎样；在三位一体教会案中，人们可以争论有关外劳合同的法律应该如何，但不会争论其实际如何；在英国上议院的判例中，人们也可以争论有关票据抵押的法律规定应该是什么，但不会争论其实际是什么。

如果这样理解常识法律概念，人们便会进一步提出一个问题：在里格斯诉帕尔玛案和三位一体教会案中，法官并不具有和常识观念一样的法律概念，似乎可以看出，他们没有提出法律应该如何，而是“认为”法律实际如何，里格斯案的法官认为从以往判例抽出的法律原则也是法律，三位一体教会案的法官认为以往立法资料显示的立法意图同样是法律，他们并未提出这些法律原则或立法意图应该是法律。为什么一个外在观察者找出了一个一般的法律概念，或者一个内在参与者表达了一个一般的法律概念，其他的内在参与者可能并不接受？为什么常识观点将“法律”这个词用在法律权威机构制定或认可的明确规则上，而上述案件中的法院，却将其不仅用在明确规则上，而且用在法律原则或不明确的立法意图上？

为使问题探讨具有具体感，可以设想在里格斯诉帕尔玛案中，常识观念、该案法官与三位一体案中的法官如何争论“法律实际是什么”。

常识观念可以认为，第一，谋杀者为获得遗产将被继承人杀害的确是不对的，必须给予严厉的谴责和惩罚。事实上，他已触犯《刑法》并将接受刑事审判。但是，这不意味他必然失去继承遗产的民事权利。就像是否应受刑事处罚应以《刑法》的明确规定为准一样，是否丧失民事权利应以《遗嘱法》的明确规定为依据。根据这项法律，遗嘱是有效的，遗嘱继承人被指定为帕尔玛，而且最为重要的是该法没有明确规定杀害继承人将丧失继承权，所以法律必须承认帕尔玛获得遗产的民事权利。第二，剥夺公民的权利或给予其义务应以明确规定为基础，否则对其是不公正的（因为他预先不知道行为在法律上的对错），而且，假设存在随时被权威机构剥夺权利的可能性，一般公民显然不能正常地安排社会生活。第三，人们可以认为，谋杀者在道德上是恶劣的，允许其继承遗产将变相鼓励这类恶劣道德，而且就被继承者本意而言，如果他知道将被自己指定的继承人杀害，他肯定不会将遗产交给谋杀者。然而，这些都是法律之外的价值判断与猜测。如果允许价值判断和猜测影响法律的明确规定，法律如何保持明确性、稳定性、中立性和客观性？在道德上，人们会有不同的观念与价值，有时不能认为谁是正确的，此外道德缺乏一种明确性，法律的明确规定显然不能允许这类不确定。第四，在该案中，法律的确有漏洞和不足，但完全可以而且应该留给立法机关来解决，法官作为法律的适用者不能具有权力改变法律的明确规定，否则，其权力的行使失去了政治上的正当性，因为一般公民将立法权交给了立法机关而非法院。

该案的法官可以认为，第一，所有的法律明确规定都有潜在价值观念和基本原则，在制定法律的时候，没有价值导向和原则基础是不可思议的，在这项《遗嘱法》的明确规定中，潜在价值观念和原则基础是允许人们自由处分自己的财产，尊重财产所有人的真正的自由意志，如果缺乏对价值观念和原则基础的考虑，根本不能理解《遗嘱法》中明确规定的真正含义。第二，法律制度中的各种法律判决不能自相矛盾，不仅在具体内容上如此，而且在其体现出的一般原则上也如此，在以往普通法的判例中，完全可以发现一个共同原则：不能因过错而获利；如果判决谋杀者有继承权，便与这项原则产生矛盾；不仅如此，这样还会与另一项重要原则产生矛盾：相似情况相似对待；因此，蕴含于明确法律规定之中的背景原则不能不予考虑。第三，谋杀者的行为不仅在道德上是不对的，而且违反了在《遗嘱法》明确规定以及其他法律之中共同体现的法律原则，这样，判决谋杀者仍有继承权，不仅是道德正义的失败，而且是法律正义的失败。第四，立法机关在制定或修改法律的明确规定时，为避免自相矛盾同样会考虑原则基础，在这个意义上，法院根据原则解决问题不会与立法方向产生不同，因而不存在“正当性思考”所担心的立法与司法的矛盾困境。

三位一体教会案的法官可以认为，第一，法律的明确规定是立法者的意志和意图的体现，因此其含义必须以其为依据，政治正当性的思考不是让人们尊重法律的具体文字，而是让人们尊重立法者的意图，如果对法律的明确规定的理解与对立法者意图的理解产生矛盾，便应以后者为依据。可以设想，立法者在制定《遗嘱法》时预见这类谋杀行为，便会制定相应规定剥夺谋杀者的继承权，所以判决该案时必须将立法者意图视为法律的一部分，否则才会真正产生正当性的问题。第二，法律应该具有中立性和客观性，但是只有在明确知道立法者的意图时才能保证中立性和客观性。因为，人们对文字总会产生不同的理解，对法律的明确规定中的文字，也存在同样的问题，如果仅以法律的文字为依据，才会因人不同而产生不同的理解，法律的中立性和客观性从而才会最终失却。第三，在某些问题上，人们可能难以设想立法者的意图，但是在基本的道德是非上，立法者的意见是完全可以设想的。作为有正常思考能力的谋杀者，他可以而且应该知道立法者将会对其行为作出怎样的法律规定，因此，根据立法者意图判决剥夺继承权对其来说不存在不公正的问题，在基本道德是非上，他不能以“预先无法知道法律的明确规定”为理由要求保留继承权。

常识观念可以继续认为，第一，虽然法律的确包含着一般价值观念和原则，但是法律的价值和原则并不仅仅限于公平正义的内容。法律的稳定性和法律的可预测性同样是法律的重要价值和原则。有何理由认为，作为价值和原则的稳定性和可预测性应该让位于公平正义？判决 A 可以获得遗产是正确的，而且极为可能优于相反判决。因为，法律的明确规定要比“公平正义”或“不能因自己过错而获利”的原则具有更明确的内容，因而具有更高的可预测性。对于一般公民来说，这种形式上的稳定性和可预测性要比实质上的公平正义更为重要。第二，就立法者的意图而言，如果认为有时法律的文字存在着模糊性因而需要解释，那么有何理由认为立法者意图就不存在这种情况？完全可以发现，有时有关立法者意图的资料同样是模糊的，同样需要解释。相比而言，法律的文字要比这些资料更为严谨、更为清晰，立法者在使用文字立法时遵循了严格的语法规范，在相关资料说明中未必这样严格。

里格斯诉帕尔玛案的法官可以继续认为，常识观念的反驳正说明了一般价值和原则的重要性。当你认为适用法律的明确规定的理由在于稳定性和可预测性的价值和原则时，你实际上考虑了各种法律价值和原则，权衡了孰轻孰重，并在此基础上认为一种价值原则优于另一种。这种思考本身就预设了运用法律明确的文字规定应以一种价值或原则为根据，并预设了法律的概念不仅包括明确规定而且包括一般价值和原则。

三位一体教会案的法官可以继续认为，在解释文本本意时，“对话资料”优于“陈述资料”。比如，通过对话交流来了解某人的文本本意，显然优于只阅读其自述材料。作为立法意图的有关资料，通常是以对话交流形式来表现的，而法律本文文字便类似某人的自述材料，运用前者来理解法律明确规定的本意要比后者更为可靠。所以，法律的内容不能不包括对立法者意图的说明。

…………

通过观察三方的论辩，人们似乎不能断定谁的观点是正确的。但有一点可以指出，常识观点认为自己提供的法律概念定义是客观的、中立的，似乎没有坚实的理由。纯粹客观地提出一个法律概念或知识似乎是不可能的。其实，不论是里格斯诉帕尔玛案的法官、三位一体教会案的法官还是常识观念，在论说自己的法律概念时，都没有采用纯粹客观观察的立场，其主要理由或证据并不来自可“客观证实”的现实资料，而是来自基本的价值态度。这在某种意义上说明了，为什么一个外在观察者或内在参与者提出的法律概念，也许不被其他内在参与者所接受，为什么常识观念和其他观念会不同地使用“法律”这个词，在其之间很难达成一个共同使用这一词汇的“契约”。在法律实践中，与常识观念设想不同，人们不仅会争论“法律应该如何”，而且会争论“法律实际如何”。更为重要的是，当认为法律实际如何时，似乎又不能避免思考法律应该如何。就此而言，常识观念选择的“客观”立场，是否本身便决定了常识观念的不可操作性和理论上的困难？

四

前面，笔者对一般常识法律观念提出了一些问题，这些问题正是20世纪英美法律概念学说中的某些争论焦点。通过这些焦点，读者可以想象法律概念学说论辩的广阔空间。毫无疑问，法理学的最核心问题，是法律的性质或法律的概念，这一问题在某种意义上又是人们分析思考法理学其他问题的出发点。但是，这一问题在很大程度上不能在自身内加以解决。其解决有时可能依赖对周边问题的理解，如法律的作用、法律的效力、法律的目的、法律的推理、法治、道德认识、哲学思考、政治道德姿态……对周边问题的认识，对核心问题有着重要的参照意义，有时，对周边问题的认识甚至决定了核心问题解决的方向。周边问题的数目与层次是繁多的，所以，争论的思路也是无穷的。这便不奇怪为什么人们时常会有圣·奥古斯丁的困惑：欲说明时间时则不知时间是什么。

CHAPTER 1

实际存在的法律命令

凡是君主希望的便具有法律效力。

——查士丁尼

严格地说，常识法律观念在19世纪后才可称为常识观点。正是从19世纪末开始至20世纪上半叶，一般学者才普遍接受这种观点作为一般性的没有错误的法律知识。这种观点原型与英国哲学家边沁（Jeremy Bentham）及法学家奥斯丁（John Austin）的分析法学有着紧密联系。在展开论述20世纪英美法律概念学说之前，对这种学说进行探讨是十分必要的，因为，20世纪英美法律概念学说都在不同程度上对其基本观点进行了清理与批判。

从法律概念理论来看，分析法学的核心观念在于“实际存在的法律命令”。这一观念包括三个基本内容：（1）法律的命令说；（2）“实然”与“应然”的分野；（3）法律可以作为科学的研究对象。其可以概括为三个基本模式：自上而下的强制决定；摒弃法律的理想因素；客观中立的法律知识。

一、法律是一种命令

将法律看作一种命令，意指法律表达制定者的意志，这种意志表现为意愿明示而且必须为他人所接受，否则制定者将给予暴力式的制裁。

这种观念来自两个方面的对法律现象的思考。第一，将全部法律视为义务强制的规定，从而将其视为制定者的强制意愿的表现。第二，将任何法律规定的权利义务问题最终归结为刑事处罚问题。

先看第一点。在法律中时常可以发现，不得盗窃他人财物，不得侵犯他人财产，不得侵犯人身权利，不得损害国家利益等规范性质的要求，都被权威机构规定为一种必须遵守的法律义务。如果违反这些义务，便会受到权威机构的强制制裁。如果A在黑夜中潜入B住宅，将B的重要财产全部窃取，A便违反了权威机关规定的法律义务。权威机关不仅会强制A将所窃财产归还给B，而且会对A实施强制制裁。制裁也许包括罚金、判处有期徒刑，也许包括更为严厉的剥夺生命权利。可以看出，这类权威机关制定的义务要求是一种制定者的强制意愿的直接表现。另一种强制意愿的表现是较为间接的。可以看到，法律时常规定公民可以根据自己意愿订立遗嘱，可以和他人订立买卖契约，可以出版自己撰写的作品，可以委托他人代为商业谈判，这些规定虽然表明了公民可以做什么的权利，但似乎也暗含着对他人的强制义务规定，暗含着法律制定者的强制意愿。自愿订立遗嘱的权利暗含着当某人自行订立遗嘱时，他人便不得干涉，如果干涉将会受到权威机关的强制制裁；签订合约的权利暗含着当A与B签订一份买卖合约，他人同样不得干涉，否则也将面临强制制裁；对某人出版作品或委任他人代为谈判，任何其他人都有不得干涉的义务。无论上述规定是直接的还是间接的，似乎都表明权威机关具有强制要求人们实施或不得实施某类行为的意愿。

就第二点而言，前述权威机关强制意愿的直接表现的义务规定当然是刑事处罚问题。后一种间接表明的义务规定有时会立即表现为刑事处罚问题，有时则会稍慢表现。如果为阻碍遗嘱人订立遗嘱而使其丧失思维能力，或为阻碍他人签订合约强行将他人拘禁，便会立即触及刑事处罚问题。当A为阻止B出版作品而将作品藏匿，A便有民事义务返还作品，而非刑法规定的义务，如果A仍拒绝交出，权威机关则会强行将作品返还，如果A反抗权威机关的执法行为，则会最终触及刑事处罚，虽然这不是一种立即表现。有些法律规定并不直接说明权利义务，而是直接说明何种行为有效或者无效。如果A趁B之危与B签订合约，权威机关便会宣布合约无效。若A依合约取得了B的财产，根据权威机关的无效宣布，A就应予以返还。如果A拒绝返还，权威机关会强制其返还，如果A继续反抗，则会受到权威机关的刑事制裁。因此，就有效无效的法律规定而言，仍然最终可以归结为刑事处罚问题。如果依照这种观察推论，似乎可以发现许多法律问题最终可以归结为刑事处罚问题。

这两种对法律现象的思考引出一个重要的结论：所有法律规定最终应以权威机构的强制义务的意愿和刑事处罚即暴力制裁为依托，没有这种实质有效的意愿和暴力震慑，法律规定便会失去实际意义，将无法区别于道德规范或其他社会规范。

001. 命令、义务和制裁

正是通过这种对法律义务和暴力制裁最终性的理解，分析法学提出了法律命令说。

法律是一种命令，这种命令是社会的主权者为支配社会成员而发布的。边沁说："可以将法律界定为一国主权者设想或采用的一系列意志宣告，其涉及某个人或某些人在一定情形下服从的行为。这些人是或应该是受制于主权者的权力……"[①] 因此，对于法律来说，最为合适的词语是强制命令（mandate）。[②] 奥斯丁认为："就法律一词最为普遍最为可理解的使用方式而言，可以将其视为握有控制他人的权力的人

---

① Jeremy Bentham, *Of Laws in General*, ed. H.L.A. Hart, London: The Athlone Press University of London, 1970, p. 1.

② Jeremy Bentham, *Of Laws in General*, ed. H.L.A. Hart, London: The Athlone Press University of London, 1970, p. 14.

为其目的而制定的规则。”[①] 严格地说，“法律是一种责成个人或群体的命令……法律和其他命令被认为是优势者宣布的，并约束或责成劣势者”[②]。命令一词在边沁和奥斯丁的理论中具有十分重要的意义。奥斯丁认为：“如果某人向他人表示或宣布要求其从事或停止某种行为的愿望，他人拒绝依照此愿望行为，此人以一种灾难来惩罚，那么，此人表示的愿望就是命令。”[③] 命令与其他愿望的区别不在于表达的内容是什么，而在于如果命令式的愿望被置之不理，发布命令者便会根据自身的权威和力量给予对方不利的后果或痛苦的惩罚。反之，当他人并不遵从某人的愿望时，愿望表示者无法惩罚违抗者，那么，愿望便不是命令。“优势者这一术语说明力量：用恶果和痛苦影响他人的力量和通过恶果的恐吓强迫他人按某人意志行为的力量”[④]。于是，作为一种命令的法律包含三个意思：“（1）某人设想他人应该行为或不为的愿望或意欲；（2）如果后者拒绝将会出现来自前者实施的恶果；（3）意志用语言或其他标记来表达或宣布。”[⑤]

根据法律命令说，如果 A 因 B 的侵权损害行为而要求 B 赔偿损失，法院依法判决 A 胜诉，则是由于社会主权者以命令方式规定在这种情况中 B 必须赔偿 A 的损失。当 B 不履行法院判决的义务，社会主权者

① John Austin, *The Province of Jurisprudence Determined*, ed. Wilfrid E. Rumble, New York: Cambridge University Press, 1995, p. 18.

② John Austin, *The Province of Jurisprudence Determined*, ed. Wilfrid E. Rumble, New York: Cambridge University Press, 1995, p. 29.

③ John Austin, *The Province of Jurisprudence Determined*, ed. Wilfrid E. Rumble, New York: Cambridge University Press, 1995, p. 21.

④ John Austin, *The Province of Jurisprudence Determined*, ed. Wilfrid E. Rumble, New York: Cambridge University Press, 1995, p. 30.

⑤ John Austin, *The Province of Jurisprudence Determined*, ed. Wilfrid E. Rumble, New York: Cambridge University Press, 1995, p. 24.

便会通过法院对其实施制裁。同样，当 A 与 B 发生合同纠纷，而法院依法判决 B 必须全面履行合同规定的义务，这是因为社会主权者也规定了命令要求 B 必须履行义务。如果 B 不按法院的判决执行，则会受到主权者的惩罚。

另一方面，就法律的性质而言，命令、义务和制裁是一个事物的三个方面，“命令、义务和制裁是分开而又相互联系的术语，每个都具有与其他两个术语相同的含义……三个都直接并间接地说明了一个问题。每个都是同一复杂含义的名称”①。当说“命令”时，是指愿望的表达或宣布；当说“义务”时，是指发生恶果的可能性；当说“制裁”时，是指付诸实施的恶果本身。②“每个有实效的基本法律是命令，每个法律命令设定了一个义务”③，而没有强制制裁的法律本身就是一个术语矛盾。④

由于法律是一种命令，法律的渊源便来自主权者的意志。主权者可以想象自己发布任何命令，可以采用以往主权者及其下属颁布的规则，⑤因此，主权者可以制定任何内容、任何形式的法律。如果说主权者有何优越之处，显然，这就是一个十分重要的优越之处。那么，主权者是什么？分析法学从英国哲学家休谟（David Hume）那里接受了

---

① John Austin, *The Province of Jurisprudence Determined*, ed. Wilfrid E. Rumble, New York: Cambridge University Press, 1995, p. 24.

② John Austin, *The Province of Jurisprudence Determined*, ed. Wilfrid E. Rumble, New York: Cambridge University Press, 1995, p. 25.

③ Jeremy Bentham, *Of Laws in General*, ed. H.L.A. Hart, London: The Athlone Press University of London, 1970, p. 58.

④ Jeremy Bentham, *Of Laws in General*, ed. H.L.A. Hart, London: The Athlone Press University of London, 1970, p. 54.

⑤ Jeremy Bentham, *Of Laws in General*, ed. H.L.A. Hart, London: The Athlone Press University of London, 1970, pp. 21–22.

政治主权是由社会习俗、惯例和习惯产生的这一观点，[①] 将主权者定义为这样一些人或集团：社会大多数人对其有一种服从习惯，反之，他们不习惯服从任何人。[②]

002. 历史中的法律

由于将法律视为主权者的命令，于是，制定法律的机构及其制定的规定在分析法学中具有颇为重要的意义。但是，这种观念首先遇到了法律史学家的批评。

有论者指出，法律发展是一个逐步进化的缓慢过程。分析法学描述的制定法律的权威立法机关，是一种人们在近现代才熟知的机构，其制定的规则也是一种人们在近现代才明确的规则。只是在法律制度演进的较晚阶段，这种立法机关和规则才出现。近现代式的立法机关及其规则十分不同于早期阶段的权威机构，前者不仅要以权威的集中化为前提，而且要以"明确规则秩序"的观念（即认为社会要有基本明确的规则指引行为的观念）为前提。在法律制度的早期阶段，人们可以看到各种形式和机制的具有法律要素的制度。这些制度并不具有分析法学所说的立法机构和规则。在古代东方规则制度中，部落首领可以指挥一切，任何形式的拒绝服从都会导致痛苦或死亡。部落首领可以建立军队、征收捐税和处置俘虏，然而却从未存在近现代式的立

---

① Neil MacCormick and Ota Weinberger, *An Institutional Theory of Law: New Approaches to Legal Positivism*, Boston: D. Reidel Publishing Corporation, 1986, p. 156.

② Jeremy Bentham, *Of Laws in General*, ed. H.L.A. Hart, London: The Athlone Press University of London, 1970, p. 18; John Austin, *The Province of Jurisprudence Determined*, ed. Wilfrid E. Rumble, New York: Cambridge University Press, 1995, p. 166.

法机关和分析法学描述的立法机关制定的那种明确法律规则。在那种法律制度中，人们也没有普遍的明确规则秩序的观念，而只有一种十分简单的权威观念或习惯观念。因此，法律史表明法律并不必然等同于近现代的制定法。①

法律史学家对法律概念学说的批评是颇为常见的。然而，这种批评是以自己主张的法律概念为基础的，即认为法律的概念是由另外一些内涵构成的（故在此基础上认为古代历史中的某些制度可以称为法律，否认它们是没有理由的）。这样，分析法学回应这种批评的方式自然可以类似批评者的批评方式：坚持认为自己的概念是真正的法律概念，对方的概念要么是定义的错误，要么是对现象的误读。分析法学以为，批评者所说的古代规则秩序其实不是一种法律秩序，它们是一种实在道德或习俗而已。②这种实在道德或习俗不具有法律的要素。在分析法学的观念中，法律的概念必须来自对"法律现象"的抽象与分析，这种法律现象是人们公认的没有争论的客观现象。对于越远古的制度现象，人们越会存在不同的看法。所以只有在较近的历史阶段及近现代人们基本承认的"法律现象"中，才能分析法律的基本特质。分析法学相信，法律命令说是对这些现象的客观分析，这种分析表明批评者的古代规则秩序不是法律秩序。因此，这类法律史学家的批评不能成立。

人们可以发现，虽然法律史学家的批评与分析法学的回应在逻辑层面上没有重要意义，但是这种争论本身足以表明：不仅法律史学家

---

① Henry Maine, *Lectures on the Early History of Institutions*, New York: Henry Holt and Company, 1987, pp. 375–386.

② 为坚持自己的法律概念，分析法学本身认为即使国际法都不能被称为实在法律，它也是一种实在道德。

而且分析法学也应反省自己的法律概念。当对某种制度是否为法律制度有不同看法时，也许就意味着对法律概念一词有不同看法，而且，也意味着争论者是在不同意义上形成了法律观念。如果是这样，分析法学便不能简单武断地以“这种规则秩序不是法律秩序”这种方式，来回应法律史学家的批评。

分析法学的赞同者曾提出过另外一种回应。他们以为，即使边沁和奥斯丁的理论用于原始社会历史中的法律秩序是不适当的，但将其用于近现代法律秩序则是恰当的。于是，类似古代东方规则制度的现存地方自治性质的规则秩序和习俗行为规范，不论其历史渊源多么久远，除非获得主权者的认可，否则不具有近现代法律的资格。其实，奥斯丁本人便说过，国家可以默许的方式认可习惯的法律效力。[①] 可以认为，在同一时期、同一空间内，国家既可以废除那类规则秩序和习惯，也可以允许其下属权力机构借助政治共同体的力量去实施这些规则秩序或习惯。因此，上述批评是错误的。不能认为古代东方规则秩序是一般法律制度。

这种回应利用了一个事实，即在某些地方，自治性质的规则或习俗规则由于未获得主权者的认可，时常不具有制定法那样的法律效力。然而，一种秩序被某种主权者废除并不意味着这种秩序不能被称为法律。古希腊、古罗马的一些规则秩序在近现代已被主权国家废除了，但人们并不因此而否认它们在历史上的法律地位与资格。人们只是认为这些秩序在近现代没有法律效力而已。所以，这种回应仍然是一种运用自己认定的概念反驳他人的概念，同时，混淆了法律的性质资格与效力资格。

---

① John Austin, *The Province of Jurisprudence Determined*, ed. Wilfrid E. Rumble, New York: Cambridge University Press, 1995, VI.

003. 法律的连续性

某些学者认为，分析法学的命令说不仅面临着历史层面上的法律概念外延的困难，而且面临着这一层面上的法律实践的困难。

根据分析法学的观点，法律的存在依赖一个社会中的大多数人对某个人或某些人的习惯服从。由于存在这种习惯服从，一个立法机关（或政府）才得以顺利制定和颁布法律。于是，如果某一立法机关不能得到社会大多数人的习惯服从或曰继续执政，那么便没有制定者来发布法律命令，法律的存在因而便会发生中断。而且，直到新的立法机关（或政府）被习惯服从并且发布以制裁为后盾的命令为止都不存在法律。尽管这种观点可以说明以革命形式出现的立法机关（或政府）更替和法律制度的更换，但是，它却不能说明当存在调整立法机关合法更替的法律时出现的合法政权交接。例如，如果立法者是一个单独的个人如君主，当其去世后，其权力继承人继承王位，那么在后者获得社会成员普遍的习惯服从之前，前者制定的法律一般都会继续具有效力。因此，不难发现，在这一间断期间，前者的法律极难说成是边沁和奥斯丁式的主权者命令。换言之，命令说无法说明法律的连续性。[①]

奥斯丁曾试图用“默认”的概念来解释这个问题。他说，之所以前任君主的法律继续有效，是因为在法律机构适用这种法律时后任君主给予“默认”。[②] 这样，在前任君主去世后，只要其制定的法律仍然被适用，该法律就可以被认为是后任君主的意志的“默认”表达。其实，只要后任君主愿意，他便可以废除前任君主时期的法律，制定颁布新的

---

① H. L. A. Hart, *The Concept of Law*, Oxford: Clarendon Press, 1961, p. 77.

② 他曾用这个概念来说明英国法中的判例制度是如何被主权者许可的。

法律。[1] 然而，在这种解释中，分析法学在命令说中增添了“认可”这一不甚清楚的概念。根据奥斯丁的理解，“认可”包括明示认可和默许认可，在立法机关合法交替的过程中，最为重要的是默许认可的概念（因为明示认可时常被认为就是法律的制定）。人们可以发现，如果引进“默认”的概念，命令说将会出现一个进一步的困难。

如果A对B说，他将遵循70年前的制定法来解决一个具体法律问题，作为新任主权者的B不置可否。当A处理问题之后，B仍然不发表任何意见。那么此时的法律处理是否表现了B的主权者意志？如果认为表现了，那么这种默认便会和法律命令说的基本要求发生矛盾。因为，法律命令说的一个要素是法律的明确性，即主权者表达意志的明确性，在这里显然不具有这样的明确性。如果认为没有表现，那么A的处理是不是“法律上”的处理？实际上，在立法机关或政府合法交替的过程中，像A的处理并不是不存在的，而且人们并不认为这类处理不是法律上的处理。在许多情况下，过去的立法仍然被适用，似乎并不是因为后任君主的“默认”，而仅仅因为它似乎像习惯一样被法律适用机构继续适用而已。

在此，一个更为严重的问题是：在立法机关或政府合法交替的过程中，使交替成为合法的法律不可能是后任立法机关或政府制定的法律，不能将其视为后者命令式的意志体现。在交替过程中，后者实际上将规定交替过程的法律视为应遵守的一种社会规范。这种情况不仅时常出现在现代的民主国家，而且时常出现在历史与现代的君主专制国家。在没有出现革命或政变的情况下，立法者或政府的交替总是依

---

① John Austin, *The Province of Jurisprudence Determined*, ed. Wilfrid E. Rumble, New York: Cambridge University Press, 1995, VI.

据已存在的法律规则来实现的。法律命令说只说明了部分的主权者直接制定颁布的法律，但根本无法说明使合法交替成为可能的法律规则。这种规则不仅使新的立法机关或政府成为主权者成为可能，而且使旧的立法机关或政府制定的某些法律规则延续下来成为可能。[①]

004. 对立法者的法律约束·法律制裁

法律的连续性说明了在历史过程中立法者或政府有时自动接受了一种法律规则。然而，即使是在现代社会中，立法者有时不仅会遵守使合法立法者交替成为可能的法律规则，而且在其他方面有时会受到法律规范的约束。如果立法者遵守法律或受法律的约束，那么，分析法学的"制裁"概念便会出现问题。

一般来说，立法机关在立法时通常要遵守规定立法程序的法律规则。这些规则会规定如何提交法律议案、如何讨论并通过法律议案、如何修改或废除原有的法律规则，以及在何种情况下通过法律议案具有法律效力。这些规则与立法者的义务或职责有关，有时正是由立法者自己制定颁布的。而且，作为立法者的个人在社会中也要受到其他法律的约束，比如不能发表损害他人名誉的言词，不能从事贸易活动，必须依法纳税等。这些例子表明，在许多情况下，立法者颁布的法律不仅对一般公民而且对立法者本身都具有约束力。有论者指出，"在大多数法律制度中……主权者是受法律约束的"[②]；"奥斯丁的设想是主权者因为制定了法律故在法律之上，然而这与事实明显不符。事实表

① H. L. A. Hart, *The Concept of Law*, Oxford: Clarendon Press, 1961, pp. 50–64.

② Theodore Benditt, *Law as Rule and Principle*, California: Stanford University Press, 1978, p. 66.

明在某些社会中某些法律不仅适用于臣民而且适用于主权者”[①]。另有论者指出，即使是刑法“也是共同适用于那些制定它们的人，而不仅仅适用于其他人”[②]。

分析法学曾偶尔认为，立法者对自己规定义务是不奇怪的，但应区别主权者在社会中的不同资格或角色。当主权者作为一名普通的社会成员时，他完全可以受自己制定的法律的约束。当他作为一名立法者时，有时会受到约束，有时便不会。就后一种情况而言，立法者有时要遵守如有关立法程序的规则，但在最终权力上可以决定这类规则的存留，只要立法者有这样的意愿和意志。当认为法律是主权者的命令时，主要是就立法者的这种最终权力来说的。因此，有时受约束并不影响命令说在整体上的成立。

但是，根据法律命令说，主权者的立法权力是无限的，而且主权者发布的法律命令与义务、制裁是一个事物的三个方面，都是自上而下的强制规定，因而关键问题是立法者怎能以强制力或暴力制裁来威胁自己遵守法律？换言之，如果的确存在对立法者的法律约束，那么，依照法律命令说，人们只能认为立法者是在命令、限制和威胁自己了。这样看来未免有些荒谬。

进一步的问题是：立法者遵守一些法律是否可以理解为因为担心受到制裁恶果？更进一步的问题是：如果不习惯服从他人的立法者自己不服从法律义务，谁来强制？

有人可能认为，当立法者不服从法律义务时，由法律适用机构如法院来强制其服从。但法院是一个执行立法者制定的法律的机构，根

---

① J. P. Gibbs, “Definitions of Law and Empirical Questions”, *Law and Society* (1968), p. 440.

② H. L. A. Hart, *The Concept of Law*, Oxford: Clarendon Press, 1961, p. 77.

据法律命令理论，它习惯服从作为主权者的立法者，如果它可以强制后者，这不仅在逻辑上而且在现实中都将颇为别扭。当然，尤为应注意的是，这些问题还不仅仅是别扭的问题。在现代社会中，立法机构时常以代议制形式出现，其立法行为并不直接表现为大多数选民的意志，而且现代社会的立法内容范围极为广泛，大多数选民也不可能在任何法律制定上直接表达意愿，这样，立法行为的规范限制问题便具有重要的政治意义。而分析法学的命令说实际上主张了立法行为不会而且不应该最终受到规则的限制。

与此相关的一个问题是，现代社会的一些宪法性规定有时是以大多数公民投票的方式制定的，当这类宪法规定出现后，立法者的立法行为往往是以其为依据的。这表明立法者的权力并不是绝对的，它有时要受到宪法的约束。在这种情况下，如何理解大多数人对少数主权者的习惯服从？怎会出现立法权力无限的情况？分析法学有时认为，主权者有时是少数个人（比如在专制国家），有时则是大多数人（比如在民主国家）。在大多数人的情况下，宪法仍是主权者的命令，此时的立法者只是被授权代行立法。但是，如果是大多数人，怎会出现自上而下的强制义务性的命令？自上而下强制义务的概念通常是一个“政治中少数统治者对多数被统治者”的语境中的概念，根本不适宜描述大多数人的民主政治。

005. 法律的自愿内容

其实，有关立法者立法形式和内容的法律，不仅包括一些义务职责性的规定，而且包括一些权力性的规定。立法者在制定法律之后有权解释法律的含义，有权将解释权交给其他法律机构，有权宣布某些习俗规范或道德规范具有法律效力。这些权力性规定似乎不能被理解为强制性的义务规定。在其他法律中，人们可以观察到，许多规则同样具有授权性质因而不具有强制性。例如，规定遗嘱继承权的规则、签订民事合同的规则、自愿赠与的规则、言论自由的规则、法院审判权力的规则等。正如有论者所说："规定合同订立、遗嘱订立和结婚具有法律效力的法律规则并不要求人们必须以某种方式行为。这样的法律并未设定义务或责任。"① 这些规则与义务性质的规则有着明显的区别。像禁止盗窃的义务规则，如果义务主体违反之，则存在强制制裁的问题。而对于根据授权规则有权要求盗窃者返还财产的当事人，则不存在强制问题，他可以要求也可以不要求，无论如何这是其自愿选择的问题。有选举权的人放弃选举权，有生育权利的人放弃生育，债权人放弃对债务人的追索权利，这些放弃都有自愿的性质。对被授予权力或权利的主体来说，如果不运用这些权力或权利，肯定不存在强制运用的问题。这样，如何解释授权规则与强制制裁的必然关系？如何解释授权规则也是一种义务性质的"命令"？

前面我们提到过，法律命令说的一个出发点是将权利性规则视为暗含着义务性规则的法律。边沁和奥斯丁以为，没有仅仅产生权力或权利的法律，但有仅仅产生义务的法律，换言之，每一个权利都对应着一个义务或者责任，但是，"每一个义务或者责任，并不必然对应着一个权利"②。仅仅包含义务的法律与权利或权力无关，可称为"绝对的"义务。但是，每项真正授予权利或权力的法律都明确地或不言而喻地

---

① H. L. A. Hart, *The Concept of Law*, Oxford: Clarendon Press, 1961, p. 27.

② John Austin, *Lectures on Jurisprudence or the Philosophy of Positive Law*, 5th ed., rev. and ed. Robert Campbell, London: John Murray, 1885, pp. 12, 401. 一个几乎同时代的法学学者也类似地提到这点，参见 William Markby, *Elements of Law: Considered with Reference to Principles of General Jurisprudence*, Oxford: Clarendon Press, 1873, p. 50.

强加了一项相应的义务，或一项与权利或权力相关的义务。如果它详细规定一种当权力或权利受到影响或侵犯时所采用的补救方法，便是明确地强加了一项相应的义务；如果没有详细规定这种补救方法，那么，它将心照不宣地参照以前的法律，并赋予一种新的权力或权利使之能产生新的补救方法，这是与权力或权利相关的义务。[①] 按此说法，某权威机关拥有审判案件的权力，便意味着他人具有不得妨碍其审判权力的义务；某人享有继承权，便意味着他人具有不得侵犯或妨碍其继承权的义务；某人享有自愿赠与权利，便意味着他人具有不得侵犯或妨碍其权利的义务。于是，授权规则便与强制制裁具有间接的必然联系，从而仍然可以将其视为一种“命令”。

边沁和奥斯丁的解说存在着一个隐蔽的逻辑困难。按照其上述间接义务推理的方式，某人的权力或权利规定意味着他人的一般性义务规定，这样，人们同样可以运用相反的推论认为，一般性的义务规定意味着他人的一般性权力或权利规定。比如，规定必须遵守立法机关制定的规则的义务，便可以视为间接地不言而喻地规定立法机关具有最高权威的立法权；规定不得损害他人的名誉，便可以视为间接地不言而喻地规定他人享有名誉权；规定不得盗窃他人财物，可以看作间接地规定他人享有不可侵犯的财产所有权。如此，可以推出所有义务性规则都是间接的权力或权利性规则，因而并不具有强制性的奇怪结论。显然，在这里不能认为只有边沁和奥斯丁的推论是正确的，而相反推论是错误的。英国法学家哈特（H. L. A.

① Jeremy Bentham, *Of Laws in General*, ed. H.L.A. Hart, London: The Athlone Press University of London, 1970, p. 58; John Austin, *The Province of Jurisprudence Determined*, ed. Wilfrid E. Rumble, New York: Cambridge University Press, 1995, p. 34.

Hart）就曾深入分析过这点。[①]

此外，从立法者的目的来看，某些法律的制定目的就在于设定义务，而有些法律的制定目的就在于授予权力或权利。像规定纳税人纳税的法律，其目的显然在于对纳税人设定纳税义务；而规定征税人有权征税的法律，其目的显然在于授予征税人征税的权力。如果将后者解释为：该法律的目的是设定他人不得妨碍征税人征税的义务，那么这种解释似乎是莫名其妙的，因为，在法律的其他地方，一定会存在"不得妨碍征税人征税"的义务性规定。

因此，可以认为，边沁和奥斯丁的论证方式似乎是不能成立的。它并未能有效地说明所有授权规则均有强制性的制裁作为后盾，从而也未能说明这些规则同样是"命令"。

事实上，授权性规则和义务性规则一定存在着重要的区别。而且，这一区别在命令说的基础上是难以辨明的，必须依赖新的思路才能予以揭示。

006. 积极义务和消极义务

根据分析法学的理论，法律命令是一种义务规定，义务必然连接着制裁。这是说，所有义务都是被迫的、消极的，出于畏惧法律的强制制裁，人们才遵守法律的义务。然而，正如授权规则具有自愿的内容一样，有些法律义务也有自愿的问题。

有论者以为，法律命令说中的义务概念的一个十分致命的弱点在于混淆了两种行为模式：有义务做某事和被迫做某事。如果一名持枪歹徒威胁某人交出钱财，后者出于别无选择将钱包交出，那么，可以

---

① H. L. A. Hart, *The Concept of Law*, Oxford: Clarendon Press, 1961, pp. 35-37.

认为后者是被迫交出钱包的，但不能认为他有义务交出钱包。这表明，某人在特定情况下是否有义务做某事，与其在特定情况下因受威胁而做类似的事情是无关的。所以，制裁或强制与义务之间的关系便不能通过立法者使用威胁或实际的强制力来解释。威吓只是使行为者处于被强迫而不是有义务的地位。[①]

分析法学的赞同者认为，有义务做某事和被迫做某事的确是有区别的，但是区别在于前者是一般性的、普遍性的，后者是个别化的；而不在于前者与制裁威吓没有必然联系。像法律规定的纳税义务，当然与制裁威吓有着必然联系。可以看出，要求纳税人交税，是以如抗税偷税则罚款或判刑作为威吓的，说纳税人因威吓而被迫交税并无不妥。此外，虽然人们不能说被迫做某事便是有义务做某事，如被迫去抢劫、被迫去伤人，但可以说有义务做某事就是被迫做某事。

在此可能涉及两个问题。首先，是否所有义务都连接着制裁？其次，在实际法律活动中，某人依照法律规定履行义务，是否都是出于被迫？

就前一问题而言，有的义务的确连接着制裁，有的义务可能不连接着制裁。比如，实施民事制裁对实施制裁的法院来说是义务（也是权力），但是这种义务背后不可能存在着制裁威吓；征税机关有征税的义务而且对偷税漏税的人有罚款的义务（也是权力），然而其义务背后也不存在制裁威吓的问题。这或许说明，有的义务履行只能依赖义务人（或机构）的自觉自愿。此外，正如有学者指出的，即使某个实施犯罪的一般人（如一名公司职员）由于种种原因可能不被逮捕或不被判刑，即未受到制裁，这也不能说明他没有法律的义务。法律义务和

---

① H. L. A. Hart, *The Concept of Law*, Oxford: Clarendon Press, 1961, p. 80.

法律制裁在某些情况下并不存在必然的事实上的连接。[1]

就后一个问题来说，显然有的人履行法律义务是出于自愿。换言之，有人自愿纳税就像有人被迫纳税，有人自愿执行法院判决就像有人被迫执行，这些都是不奇怪的。法律命令说在此的弊病是未区别消极义务的表现和积极义务的表现。实际上，将法律与命令、义务和制裁视为同等的，便是将所有的法律规则看作义务规则，而且是消极义务的规则。

另一方面，分析法学的一个出发点是，所有法律问题最终可以归结为刑事制裁问题，这是说，如果不断地违反法律规定，最终一定会面临刑事制裁。这样，分析法学可以认为，如果一个有纳税义务的人不纳税，征税机关可以对其罚款并强制征税，如果此人抗税，则会面临刑事处罚的问题。但是，最终的刑事制裁由谁来执行？一般回答当然是法院。如果法院在应该实施刑事制裁时不去履行义务，哪个机构可以对其实施强制？显然，不会也不可能存在对法院实施强制的机构，即使存在，进一步的机构本身也存在同样的问题（而且这还会与法院独立审判的价值观念发生冲突）。因此，在法律制裁的链条上必然存在一个本身不存在被强制的“终极机构”。这种机构的义务只能是一种自觉自愿性质的义务。这种机构及其义务对法律现象的存在至关重要。在实际意义上，正是这类机构及其义务的存在才使其他法律义务成为可能。然而法律命令说的义务强制概念不能对其作出有效的说明。这便不奇怪为何有学者指出：法律命令说无法交代清楚，为了论证某些法律义务来自制裁，为何不能假定实施法律的司法机关存在是前提，

---

① Theodore Benditt, *Law as Rule and Principle*, California: Stanford University Press, 1978, p. 64.

而非得假定命令的存在是前提。这些学者认为，为了说明制裁的实际意义，事实上只需假定执行机构及其义务的存在，而无需解说法律必须是主权者的命令。[①]

从整体上看，法律命令说似乎给人这样一种印象：在其眼中法律仅仅等于刑事法律。一般而言，刑事法律的主要内容的确在很大程度上涉及以制裁为后盾的行为义务。但是，有论者以为，即使从刑事法律本身来看，其也包含着许多程序上的内容。这些程序规定着在审判前警察如何侦查破案，检察官如何起诉，法官如何定罪等内容，很难认为这些内容规定了以制裁为后盾的行为义务。[②] 因此，法律命令说即使在人们通常认为的义务性极强的刑事法律范围内，都不具有充分的说服力。

007. 主权者和强暴者

在法律命令说中，至关重要的一个概念是制裁。这一概念表明法律的最终基础在于强制性的暴力。当主权者发布了普遍性的命令，大多数人便必须遵守命令规定的义务，否则便会遇到惩罚性的制裁。前面，批评者举过持枪歹徒如何抢劫财物的例子，该例说明被威胁者并不因为歹徒可以实施暴力从而具有义务。在此例中，人们观察的视野集中在被威胁者身上，从而得出“被迫做什么”和“有义务做什么”存在区别的结论，得出分析法学将所有义务视为“被迫做什么”是错误的结论。现在，我们试将视野集中在威胁者身上，看看法律命令说

---

① Martin Golding, *Philosophy of Law*, New Jersey: Prentice-Hall, Inc., 1975, pp. 26–27.

② David Lyons, *Ethics and the Rule of Law*, New York: Cambridge University Press, 1984, p. 42.

在另一方面的问题是什么。

法律命令说的要素有三个：其一是命令即意愿的表示；其二是义务告示即说明被制裁的可能性（所以他人被迫去做）；其三是制裁本身即恶果的实现。在持枪歹徒的身上，似乎可以发现这三个要素都是存在的。歹徒要求他人拿出钱财是一个意愿的表示，他告诉被威胁者如果不交出钱财将会出现何种恶果，这等于告诉被威胁者这是一个义务，当被威胁者拒绝交出，歹徒就会给予实际的强制制裁。经过这种分析，可以发现法律命令说面临的另一方面的问题是：为什么只有主权者的意愿表示可以成为法律，持枪歹徒的意愿表示却不能？换言之，主权者的意志表达因为有制裁作为后盾，故具有法律效力。持枪歹徒这类强暴者的意愿要求同样具有意志表现和威吓表现，也以恶果制裁作为后盾，他也掌握着物化的震慑力量。在这些方面，两者似乎并无二致。如果认为主权者的命令具有法律的效力，便没有理由认为强暴者的“命令”不具有法律的效力。

因此，有论者认为，法律命令说最为致命的弱点在于无法回答为何主权者的命令可以成为法律，强暴者的要求不能成为法律。如果将意志表现、威吓表现和实际的恶果作为法律资格的必要而又充分的条件，就应认为强暴者的要求符合这种条件。[①]

分析法学的第一个解释是：作为法律的主权者要求是以一般的普遍的形式来表达的，而强暴者的要求是以具体形式来表达的。在持枪歹徒的例子中，歹徒是针对一个被威胁者提出要求的，他并没有对所有人提出这样的要求。但是，强暴者的要求并非不能以一般的普遍的形式出现。例如，强暴者要求某一类人在一段时期里必须为一定行为，

---

① H. L. A. Hart, *The Concept of Law*, Oxford: Clarendon Press, 1961, pp. 21-23.

并以威吓作为后盾，这完全是可能的。而且，在条件适宜的情况下，强暴者遇到一个人便会抢劫一个人，其行为通常会有普遍性和连续性。分析法学的这一解释不能成立。

分析法学的第二个解释是：主权者是被大多数人习惯服从的主体，而强暴者并不为大多数人所习惯服从。但是，如果大多数人是习惯服从主权者的，那么其对主权者的要求便不存在“被迫”的问题，换言之，主权者意志表达之后再有“制裁”作为后盾便是多余的。这表明，“制裁威吓”的概念似乎不能与“习惯服从”的概念在逻辑上相互共存。分析法学在政治学方面用“习惯服从”来说明主权者何以能够确立，在法理学方面用“威吓制裁”来说明主权者的意愿何以能够实现，其并未意识到，将两种说明结合在一起，无论在政治学还是在法理学领域中都是无法相互协调的。因此，一方面在法律命令说中加入“习惯服从”的概念，另一方面又以震慑力量的“制裁威吓”为逻辑起点，不仅不能将主权者的要求区别于强暴者的要求，而且会使法律命令说更加难以自圆其说。

分析法学的第三个解释是：主权者的命令具有程序上的特征，其发布要遵循一定的程序，其制裁也以程序为依据，而强暴者的要求显然不具备这样的特点。强暴者为获得钱财无需一定的程序，对拒绝者施加暴力更无需程序的设定。但是，人们可以发现，有时作为集团或帮会的强暴者在宣布某些要求或实施某些强暴行为时，的确体现了一定的程序性，在其内部也有某些以暴力为后盾的规则约束集团成员的各类行为。虽然强暴者的程序并不像主权者程序那样具有必然性，没有程序的强暴者和主权者在此意义上不能同日而语，但具有程序的强暴者和主权者之间在一定意义上仍然不存在实质性的区别。因此，程序性的存在似乎不能区别主权者的命令和某些强暴者的要求的基本不同。此外，更为重要的是，如果认为主权者发布命令遵循了一定的程序，那么就会出现新的理论难题：这种程序从何而来？为什么主权者要遵循这样的程序？如果认为这种程序也是主权者颁布的法律，那么，这便会遇到前面分析过的主权者用命令威吓自己的荒谬结论，会得出主权者因为惧怕自己的制裁而遵守程序的奇怪结论。如果认为这种程序来自主权者之外的某个实体，因而对主权者具有约束力，那么这等于认为主权者的命令的法律效力不在于这种命令本身，主权者的命令之外还有更为重要的法律效力的渊源，等于认为某些根本性的法律不是主权者的命令。而且，依据法律命令说，根本无法说明主权者遵循这种程序制定颁布法律的原因。

鉴于法律命令说无法说清主权者意志表示与强暴者意志表示的区别，少数赞同法律命令说的人干脆认为，不必说明主权者的意志要求和强暴者的意志要求有何区别，不必对其基本类似讳莫如深。他们相信，法律就是一种强暴式的义务规定。然而，如果坚持这种粗糙的法律强暴论，势必会重复已经分析过的混淆两类行为的基本错误：将“被迫做某事”完全等同于“有义务做某事”，将某人被迫将钱财交给强盗者视为正在履行一种法律义务。

二、区分实然法律和应然法律

法律命令说明确地认为，法律是主权者的命令。那么，这种命令是否存在着好坏？有的命令如禁止盗窃、禁止诈骗、禁止侵犯他人所有权、禁止拐卖儿童等，人们一般会认为是好的。有的命令如允许种族歧视、允许秘密杀人等，人们则可能认为是不好的。如果存在着好坏问题，那么是否可以认为不好的命令不是法律？

分析法学对前一问题的回答是肯定的，但对后一问题的回答却是否定的。

一般而言，在实际生活中，人们都会认为一种事物或现象的存在与其好坏可以分开思考与研究。自然界中存在太阳、月亮、动物、花草、风雪、严寒、温暖等事物或现象，这些事物或现象是实际存在的。不论人们是否喜欢，它们都并不因此而失去自己的存在，因为其存在不依人的意愿而转移。一方面，人们可以客观地认为它们是否存在；另一方面可以对其作出一些价值的判断，比如认为太阳很美而月亮平平，认为有些动物花草可爱有些动物花草丑陋，喜欢温暖而厌烦严寒。当思考它们的存在性时，并不影响对其作出价值判断；反之亦然。在社会中，存在建筑、服饰、国家、宗教、道德、人们之间的相互关系等事物或现象，这些事物或现象也是实际存在的。人们可以对其发表意见，可以赞美或批评，可以拥护或反对，但是价值判断的意见并不影响它们的实际存在。人们可以在对其作出事实判断时不对其作出价值判断，也可以在其已存在的基础上对其仅作出价值判断。

这意味着，在语言表述中，事实陈述和价值陈述是两种不同的陈述。“外面正在下雨”“这个动物已经死亡”“那幢房屋已经倒塌”是一些有关事实的陈述，“下雨令人厌烦”“这个动物该死”“那幢房屋令人怀念”是一些有关价值的陈述。无论下雨多么令人厌烦，某个动物多么可恶，某幢房屋多么使人怀念，都不影响用客观的事实观察的方法证实上述事实陈述的真假。

分析法学遵循了这样一种思路，从而得出不好的法律也是法律的结论。

008. 法律的存在与功过

边沁以为，主权者的命令存在好坏之分。但是，不论其好坏，都必须将其视为法律。换言之，种族歧视、秘密杀人的一般命令再坏，也必须将它们视为法律，因为它们是由政治上的统治者即主权者制定的，完全符合一般法律定义的要求。在某一国家里某一规则是否为法律，这是一个法律定义的分析问题，应该由该国的法律体系所遵循的主权者命令规则来决定。在决定某一规则是否为法律时，不应关注其好坏，因为好坏问题涉及的是规则的道德价值与利弊，其涉及政治学或伦理学问题。边沁主张，法学可以分为“说明性”法学和“评论性”法学。前者解决的问题是“法律是什么”，后者解决的问题是“法律应当是什么”。[①] 他将研究“法律是什么”的学问视为法律科学，并相信在价值判断中立的立场上完全可以解决“法律是什么”的问题。奥斯丁在此基础上同样以为：“法律的存在是一回事，其功过则完全是另外一回事。”[②] 正是因为分析法学主张区分法律的“实然”与“应然”，所以人们将其又称为法律实证主义。

对这种理论可作如下理解：法律是一种社会现象，像其他社会事物或现象一样，既可以对其作出事实判断，也可以对其作出价值判断；无论怎样认为一项法律是不好的，都不能否认其事实上的存在，不能认为它不是法律。如果 A 与 B 发生了合同纠纷，双方都认为自己是有理由的，而法院根据一项主权者制定的明确规则判决 A 胜诉，那么，

---

① Jeremy Bentham, *An Introduction to the Principles of Morals and Legislation*, New York: Hafner Publishing Co., 1948, p. 293.

② John Austin, *The Province of Jurisprudence Determined*, ed. Wilfrid E. Rumble, New York: Cambridge University Press, 1995, p. 184.

即使 B 对判决和这项规则极为不满，他也不能否认这是一个法律判决，不能否认主权者制定的规则是法律，不能否认这项规则作为法律是存在的。

009. 实证观念

分析法学的实证观点在宏观背景意义上有赖于实证经验的哲学思潮的扩展。在英国近代哲学家休谟的思想中，人类的知识领域被分为两类：一种是有关事实的知识，这种知识的命题（或陈述）只关心事实的真相是怎样的，其不是真便是假，前述“外面正在下雨”属于这种命题；另一种是有关价值的知识，这种知识的命题与事实无关，其关心事情应该是怎样的，因此不存在真假的问题，“下雨令人厌烦”属于此类。休谟断言，不能因为事情的实际情况如何便推定事情应当如何，反之，更不能因为想象事情应当如何从而以为事情实际如何。如果外面正在下雨，不能因此推断外面应该下雨，反之，不能因为想象外面应当下雨从而认为外面正在下雨。在“外面正在下雨”和“外面应该下雨”两个陈述之间不存在逻辑的必然联系。休谟告诉人们，必须区别事物的“实然”与事物的“应然”，存在是一个问题，好坏是另一个问题。不仅如此，休谟更为明确地指出，一种规范是否正当，根据人类理性是无法判断的，只能根据人类欲望作出取舍。因为，“正当”问题属于价值判断问题，而价值判断不像古代及近代自然法理论所设想的可以依赖客观存在的理想理性来判断，那种超验的理想理性并不存在。实际存在的只有人类各式各样的欲望与要求，与此相联系的喜恶与嗜好。

如果是这样，法律的公正问题便成为人们主观取舍的好恶问题。这就如同雅典人认为各种价值中最重要的是自由，而斯巴达人却认为是纪律，理性实在无法解决这一纷争。照此推论，如果人们的欲望彼此不同，那么，价值判断便会因人而异，法律的好坏便不可能客观地予以判断。在A与B的合同纠纷中，A赞同法院的判决并认为主权者制定的规则是公正的因而是法律，与B持有相反价值观念并认为那种规则不是法律一样，都是主观取舍的好恶问题，他们之间的区别仅仅是由于欲望不同而且彼此发生了冲突。然而，如果将法律视为一种可以观察的客观事实，那么其存在便可以客观地予以判断。可以看出，休谟的观点已蕴含着法律实证主义的基本出发点。实际上，从19世纪上半叶开始，事实判断与价值判断区别的理论在社会科学领域已逐渐为人们所接受。

010. 自然法观念

应该指出，在法理学中，分析法学的实证观点是针对西方古代及近代自然法理论有感而发的。古罗马法学家西塞罗（Marcus Tullius Cicero）认为，相信一个国家的法律中的内容全部是正义的是一种最为愚蠢的想法。在他看来，暴君制定的法律绝对不是正义的。像规定独裁者可以不经审判便处死其想处死的无辜公民的法律，显然不能认为是正义的。而且，国家颁布实施的“有害”法律肯定不配称为真正的法律，而只能被称为强盗在集团内可能制定的规则。[1]因此，非正义的法律不具有法律的性质。中世纪神学家阿奎那（St. Thomas Aquinas）类似地指出，人定法是“一种以公共利益为目的的合乎理性的法令”，为使国家的命令具有法律的性质，这种命令就必须服从理性

① Marcus Tullius Cicero, *De Re Publica*, trans. C. W. Keyes, ed. Loeb Classical Library, 1928, Bk. I. xvi, pp. 43-44.

的某种要求。非正义的、不合理性的而且与自然法相矛盾的法律根本不能称为法律，而是对法律的歪曲。阿奎那甚至认为，专横的、压制的、渎神的法规不能束缚良知。如果暴君颁布的法律导致盲目崇拜或其所规定的内容与神法相背离，那么，抵制的权利就变成一种真正的不服从的义务。[①]18 世纪英国法学家布莱克斯通（William Blackstone）同样认为，恰当地被称为人定法的规则必须和自然法相一致，自然法在任何时候、任何地方对所有人都适用。[②]这些自然法理论暗含着一个重要命题：正义或自然法一类的东西是法律的必要特征。这意味着，如果某些规则失却了这一必要特征，人们便不能将“法律”一词用于这些规则。于是，法律的概念便具有神圣的正义性。

根据这些自然法观念，法律与公平、正义、人类的理性、上帝的理性或自然规律是一致的。法律存在的根据不在于作为个人或某些人的主权者的意志，而在于更高层次的理想理性。在前述 A 与 B 的合同纠纷中，如果败诉的 B 认为判决是不公正的，认为法院依据的主权者规则不公正因而不具有法律的资格，那么，不能简单地认为 B 的看法是错误的。在古代与近代自然法观念中，更高层次的理想理性是客观存在而且永恒不变的，这样，如果主权者制定发布的规则的确和客观存在的理想理性不相符合，则 B 的看法便是有理由的。反之，如果主权者的规则在符合理想理性的同时只是和 B 个人的主观喜恶相冲突，那么 B 的看法是没有理由的。因此，不仅判断法院的判决和主权者制定的规则是否具有法律性质的最终标准是理想理性，而且判断 B 的看

---

① 《阿奎那政治著作选》，马清槐译，商务印书馆 1963 年版，第 105、116、148、152 页。

② Sir William Blackstone, *Commentaries on the Laws of England*, 16th ed., London, I, 1825, p. 41.

法的依据同样是这种理性。

可以发现，分析法学主张实然法律与应然法律的分野，古代和近代自然法理论主张两者的结合，其分歧的重要原因在于前者将公平、正义、理性之类的观念视为历史的、相对的、因人而异的，而后者将这些观念视为永恒的、绝对的、客观的。如果认为这些理想观念在不同时期、不同地方具有不同甚至矛盾的内容，而且认为其中之一不可能在理由上、真理上优于他者，那么，便会很难主张实然法律与应然法律的结合。反之，如果认为那些观念在不同时期、不同地方可以具有相同内容，或者即使存在不同或矛盾，也可发现其中之一是正确的而他者是错误的，则会没有障碍地主张实然法律与应然法律的结合。当观察 A 与 B 的合同纠纷时，假设不能发现绝对永恒的道德理由，便会认为 B 的意见是错误的；而假设可以发现正确的道德理由，而且 B 的意见与之相符，似乎可以认为 B 的看法具有相当的道理。

011. 实证法律观念的实践理由

有人或许会问：像自然法学派那样认为法律必须具有正义或理性的性质有何不好？法律对人类如此之重要，它几乎约束着人们所有重要的社会行为，赋予其正义或理性的性质使之成为真正的法律有何不妥？其实，分析法学并不反对法律应该是正义的或理性的，并不反对在法律之上设立一个价值标准。即使像边沁和奥斯丁这样的分析法学家，都认为应当以功利主义作为判断法律好坏的价值标准，认为对法律的评价与改革应以功利主义作为出发点。尤其是边沁，一生都在嘲讽当时的英国判例法制度并且不遗余力地从事法律的全面改革。

那么，分析法学究竟为何这样强调“实然”与“应然”的分野？

众所周知，亚里士多德曾说过，要实现法治必须具备两个因素：

其一，所有人都服从法律；其二，被服从的法律本身是良好的法律。①亚里士多德的说法看似全面，但在实践中可能并不有效。什么是良好的法律？“良好”的含义是什么？如果认为法律应当是良好的，那么，有人认为一部法律好，有人认为这部法律不好怎么办？在某些国家，人们会对允许堕胎、安乐死、同性恋的法律持有尖锐不同的观点。有人认为允许堕胎维护了女性的自身权利，允许安乐死和同性恋表现了对个人自由意志和愿望的尊重；有人则认为允许堕胎是不人道的，没有保护胎儿的生存权利，允许安乐死违背了人的生存主旨，允许同性恋则败坏了社会的道德风气。应当认为谁的观念是正确的？此外，人们对某一事物的好坏认识可能会随时间的推移而发生变化，从前认为良好的法律现在可能认为不好，这时怎么办？亚里士多德的第二个因素虽然表达了应该推崇的良好愿望，但是坚持这样一种愿望可能会导致前一因素的失去。因为，当认为某法律不是良好的法律时，人们便会认为自己没有服从的义务，这样便会出现不服从法律的现象。进而言之，坚持“良好的法律”这一概念可能会使法治处于困难的境地。

分析法学强调“实然”与“应然”的分野，原因首先正在于担心类似亚里士多德上述理论预示的困难。如果在法律的概念中加入价值判断作为必要的特征，那么就会将法律义务与道德义务混为一谈，就会以道德义务作为借口破坏法律义务，从而破坏法律秩序。当认为要求纳税的法律是不公正的因而不是法律时，便会认为没有法律义务遵守这种规则，便会认为道德义务要求抵制不公正的税务法律，税法秩序因而也是难以存在的。分析法学相信，为了整体法律秩序的稳定，在确定法律的概念和法律义务时应当淡化法律的伦理因素。因此，“人

① ［古希腊］亚里士多德：《政治学》，吴寿彭译，商务印书馆1983年版，第199页。

们是否可以不服从道义上应受谴责的法律”的问题，本身就是一个不切实际的问题。即使在某些国家里，统治者与被统治者之间的冲突可能十分尖锐，符合道义的违法者仍然必须承担违法行为引起的法律恶果。法律义务不能因为道德上的不正当而失去法律效力。另一方面，“实然”与“应然”的分野，对国家的执法或司法机构来说更加重要。当一名反对种族隔离规则的法官审判有关案件时，他同样不能根据自然法的观点，认为这项规则违反正义因而拒绝适用或认为它根本不是法律从而不具有法律效力。无论在事实上或法律上，法官都不可能这样去做。因为，这样做时法官已假定自己对自然法或道德的解释是唯一正确的。同时，对于法官来说，其职责是执行立法机构制定的现存法律，而不是迎合或迁就对高层次的道德理想的揣测。法官的责任是十分明确的，即依照法律的规定适用法律，如果认为法律在道义上是不公平的，法官也应先行辞去公职再去采取符合良心的行动。否则，法律秩序更会面临土崩瓦解的危险。分析法学提醒人们注意，上述分析在实践中要比简单化的自然法观点来得更加清晰与合理。

其次，分析法学担心，将道德性质当作法律的必要条件，便会使现行法律蒙上不应具有的神圣色彩，进而形成法律改革的精神障碍。所以，其坚信，“实然”与“应然”的分野才能真正区别善法与恶法，才能在此区别基础上摒弃恶法。边沁说过，对法律进行改革的前提就是认识法律的一般结构与特征。分析法学在这里的出发点是：对一事物的评价褒贬，必须以对该事物的客观性质与特征的认识为基础；如果在认识其性质特征的同时就掺进价值评价，便会使其蒙上难以分析的主观色彩。换言之，如果不将知识性的判断与价值性的评价分为两步进行，便不仅无法把握有关对象的知识，而且无法从事有关对象的评价，更无从谈起有关对象的改革。分析法学的赞同者指出，英国

1956年的性犯罪条例（*English Sexual Offences Act*）规定禁止同性恋，根据该法，两个男人有同性恋行为即是犯法。很多英国人正是由于恰当地分开了知识判断与价值评判，才认为这是法律而且暂时遵守之，同时清晰地指出这是不符合个人自由道德的法律，并慎重主张对其进行法律改革。而根据自然法的观点，一项规则要成为法律，必须具备某些道德上的必要条件。这样，当一项规则被认为是法律后就不会存在对其进行改革的问题了。另一方面，在法律实践中，许多国家的法律制度都进行过法律改革。这些改革从来都被认为是从旧法律向新法律的内容转换，而不被认为是从非法律向法律的性质转换。

因此，分析法学确信，自然法理论实质上是消解了法律改革这一严肃的实践问题。

不过，分析法学在此面临着三个问题：第一，如何避免法律上的专制？第二，作为道德理想的自然法内容是否只具有无法统一的相对性？第三，从主权者自身角度来看，其自己制定的法律是否仅具有善的意义？

自然法理论坚持将道德理想作为法律效力的必要条件，目的之一在于防止法律上的专制。分析法学在主张“实然”与“应然”分野的时候似乎并不在乎这一问题的严重性。其认为，只要规则出于一定的正式权威的渊源，便具有法律的效力。这种观点意味着法律可以具有任何内容，即使是专制的内容。如果法律规定主权者享有不受法律约束的自由权利，规定主权者个人可以随意取消有关公民的政治权利，规定主权者可以任意干涉对法律纠纷的审判，那么这些都不会因为“专制”的问题不能成为法律。其实，从分析法学的基本理论中的确可以得出这种结论。或许有人认为，分析法学认为法律是主权者的命令，主权者是被大多数人习惯服从的，因此，这种理论本身当然不会回避或者拒斥政治上的专制结果。但是，分析法学毕竟又极力表明，区分“实然”与“应然”的出发点就在于寻求对法律作出清醒的评价，从而促进法律的改革。分析法学的这种态度，似乎意味着分析法学并不必然赞同专制结果。问题可能在于，分析法学没有觉察自身价值上的出发点与理论上的结果的相悖性。如果法律是具有强迫性质的命令，这种命令又是由被大多数人习惯服从的主权者制定的，习惯服从主权者的人对法律进行批评直至倡导改革，显然是难以想象的。这样，在主张命令说的同时主张“实然”与“应然”的分离论，难免走向法律上的专制。当然，分析法学可以反驳说，法律的概念问题与专制或民主的问题是不同领域的问题，认为法律是主权者的命令并不妨碍在政治方面主张民主之下的法律制度。因为，主权者不仅可以是某个人，而且可以是民主推举的集团式的立法机关。但是，由于法律命令说以及分离论毕竟不否认专制条件下的法律规则的法律资格，这样，遵守包含专制内容的规则（非民主的规则）的法律义务在事实上必然导向以法律为“面纱”的实质专制。

就道德理想的规范内容而言，自然法理论主张“实然”与“应然”的结合，在很大程度上是因为相信某些伦理内容具有普遍性、永恒性和必然性。比如，“类似情况类似对待”“信守承诺”“损害赔偿”“尊重他人”等，这些规范内容是人们普遍赞同和接受的。而且，这些内容对社会的存在极为重要。所以，这种理论主张，人类制定的规则缺少这些内容，则显然不能承认其为法律。此外，从历史上看，所有国家或民族的法律大体上都包含了这些内容，这表明人们始终将这些内容视为法律不可或缺的基本内容。由此说来，自然法理论的主张似乎并非完全没有现实与历史上的理由。分析法学认为法律可以具有任何内容，这意味着法律具有上述规范内容并不是必然的，而且意味着上述内容并不具有必然的普遍性和永恒性。但是必须指出，虽然某些道德理想的内容的确具有相对性，它们会随着历史的变迁和地域的差异而有所变化，然而从这点不能推出所有道德规范内容只具有相对性的结论。在这个问题上，自然法理论不能证明某些道德理想规范具有必然的普遍性和永恒性，分析法学的主张同样不能得到强有力的逻辑支持。休谟说过，道德规范内容是人们好恶和情感的体现，但并未明确指出人们对这些内容只具有随意性的好恶与情感。分析法学在这一问题上似乎将休谟的理论推向了极端。

有论者认为，分析法学“实然”与“应然”分开的理论在逻辑上过于宽泛了。如果明确区别谁的法律与谁的道德，便会出现另外一种结论。比如，对主权者来说，其制定的法律与其道德理想当然具有必然联系，其立法对其自身当然只具有善的意义，而对一般被统治者来说，主权者制定的法律与被统治者的道德理想当然仅具有偶然联系。换言之，当探讨法律实然与应然的关系时，应该首先确定探讨的主体视角与谁的法律和谁的道德理想。如果主权者在政治道德上是保守的，极力主张禁止堕胎、同性恋，主张绝对自由的贸易竞争，在其制定的法律中便会出现与之相符的规则内容。而对被统治者来说，这些规则内容也许会与其政治道德要求相符，也许与之是矛盾的，因为他们的政治道德内容可能与主权者部分相符或者完全矛盾。这些都是不奇怪的。就此而言，分析法学的理论似乎忽略了问题探讨视角的差异性和某些具体事实的存在。探讨社会问题，观察视角十分重要。分析法学试图站在绝对客观的立场来分析法律与道德的关系，这在实践中并不十分有效。立法者、法官或者当事人在法律实践中分析判断这一问题时，不会也不可能站在纯粹客观的立场上。他们的结论肯定存在区别，立法者会认为两者存在必然联系，而有的当事人则可能认为不是这样。更需要注意的是，立法者在制定法律的时候，不可能不受自己道德理想的影响。分析法学不否认在历史上道德理想对法律产生过影响，只是否认这种影响是必然的。但是，既然立法者立法不可能不受自己道德理想的影响，那么，这种影响不是必然的又是什么？其立法怎能对其不具有绝对善的意义？

对此诘难，分析法学可以这样反驳：立法者立法当然要受道德理想的影响，但是，这并不意味着其制定出的法律永远符合其道德理想，因为道德理想是会变化的，法律制定出来后则会相对稳定。当立法者的道德理想出现新的内容，便会与其旧的立法发生矛盾，此时立法者便需要运用新的立法解决问题。事实上，立法者时常进行法律的修改与废弃。这本身足以表明其制定的法律有时与其道德理想发生冲突。因此，即使就立法者本身来说，法律与道德即“实然”与“应然”之间同样没有必然联系。从主权者自身角度来看，其自己立法也并不具有绝对善的意义。

可以看出，分析法学虽然可以大致解决第三个问题，但却较难解决前两个问题。

三、作为科学研究对象的法律

分析法学主张法律命令说，主张“实然”与“应然”的分离，与其相信法律可以作为科学的研究对象这一观念密切相联。分析法学以为，只有确信法律可以作为科学的研究对象，才能获得一般意义的法律知识（如法律概念）和具体意义的法律知识（如某项法律规定）。

012. 法律科学

边沁为了在英国实现法典化并进行全面的法律改革，认为首先应该建立一门“说明性”的法律科学。这门科学，研究作为社会事实的法律的一般结构、基本要素、基本概念、基本原则等。奥斯丁同样认为，法学的目的就是研究作为社会事实的一般实在法，法理学的任务就是对从实在法律制度中抽象出来的一般概念和原则予以说明，因而他以为法学可称为实在的法律科学。奥斯丁指出，较为成熟的法律制度的概念结构，具有许多相同或相似之处。与具体科目的法学如刑法学、民法学、程序法学不同，一般法理学的目的便是阐明这些相同或相似。“尽管每个法律制度有其具体的特殊之处，但是它们都存在共同的原则、内容和特征，这些原则、内容和特征形成了它们的类似性或相似性。”[①]“我所称的‘一般法理学’是指这样一门科学，它所关心的是说明不同法律制度所共有的一些原则、概念和特点。通过对法律制度的分析，我们能够获得这样一个认识，即那些较为完善和成熟的制度，由于具有完善性和成熟性，从而也就富有卓越的指导意义”[②]。“如果不考虑实在法或严格意义的法律的好坏，那么，法理学科学（或简称法理学）所关注的就是这些实在法或严格意义上的法律。”[③]分析法学断言，以往法律理论尤其是自然法理论，不恰当地将法律和人类主观好恶以及主观臆想出来的某些事物（如自然法则）联系起来，不恰当地将法律和其他社会现象联系起来，从而使法学不能作为一门独立的科学而存在，不能获得一般意义的法律知识和具体意义的法律知

---

① John Austin, *Lectures on Jurisprudence or the Philosophy of Positive Law*, 5th ed., rev. and ed. Robert Campbell, London: John Murray, 1885, p. 1072.

② John Austin, *Lectures on Jurisprudence or the Philosophy of Positive Law*, 5th ed., rev. and ed. Robert Campbell, London: John Murray, 1885, p. 1073.

③ John Austin, *The Province of Jurisprudence Determined*, ed. Wilfrid E. Rumble, New York: Cambridge University Press, 1995, p. 112.

识。分析法学认为，自己的任务就在于使法学成为客观的独立自足的科学。

另一方面，分析法学主张，与人们主观愿望密切联系的学问如立法学，便不属于法律科学的范围，它是伦理学的分支，其作用在于确定衡量实在法的标准以及实在法为得到认可而必须依赖的原则。在分析法学看来，法学家关心的是法律是什么，立法者或伦理学家关心的是法律应当是什么。因此，法律科学与实在法是否应为理想的或正义的法律这一问题无关。

013. 经验分析

从文艺复兴至 19 世纪中叶，西方法律概念学说基本上处于哲学化的时期。无论是古典自然法学派、历史法学派还是哲理法学派，均在其法理学的探究中掺入了大量的形而上因素。这些学派试图用某些被认为是在事物的经验表象之下起作用的观念或终极原则，来解释法律的性质、特征和发展。自然法学派的“永恒理性”或“自然规律”、历史法学派的“民族精神”或“默默起作用的习惯力量”、哲理法学派的“绝对命令”和“世界精神”等，都是无法用纯粹经验的方法来判断和把握的。这些哲学化倾向十分明显的法理学派都认为或假设，应当而且可以超越事物的外在表象，从直接观察到的事实背后去探究无形的力量或终极的原因。但是，在 19 世纪中叶，一股强大的实证主义思潮开始在学术界流行开来。实证主义自认为其方法及立场都是科学的，极力反对先验的推测和预设，主张将一切研究均限于可观察的经验材料范围之内，限制在分析“已有事实”的工作上。实证主义拒绝在感觉材料之外理解、分析、解释自然事物的本质或规律。而 19 世纪上半叶的自然科学的辉煌发展，也为实证主义思潮的扩展起到了推波助澜的作用。自然科学取得的巨大成就，吸引着人们将自然科学的方法运用于社会科学的各个领域。社会学、人类学、心理学等学科竞相追随自然科学的精神，运用自然科学的观察实验方法，并且取得了令人瞩目的发展。正是在这样一种文化背景之下，人们认为，法学不仅可以而且应当依循科学的研究方法谋求自身的发展。因此，法律可以作为科学的研究对象这样一种观念，首先在分析法学那里获得了高度的推崇。

实证方法的关键在于强调必须在可感知可经验的观察材料范围内分析问题，所以，分析法学认为应当在过去和现在的法律制度中进行观察、归纳和分析。分析法学深信，在各种较为成熟的法律制度中存在着足够的共同点，通过对这种共同点的归纳和分析，完全可以获得具有普遍性的法律概念结论，并且加深人们对权利、义务、财产、所有权、占有、契约的具体法律概念的理解，从而不仅可以获得一般意义的法律知识，而且可以获得具体意义的法律知识。这样，对可感知的现实法律制度材料的切入，既是分析法学的基本思路，又是其基本方法，也是其之所以被称为“分析法学”的基本缘由。

014. 如何确定“法律制度”

必须看到，分析法学的实证精神以及将法学视为独立自足的学科的主张，使法学在 19 世纪下半叶的确摆脱了伦理学、政治学和哲学的影响而真正成为一门学科。但是，对于分析法学的实证态度和方法，人们首先可以提出一些前提性质的疑问：如何确定某些制度是法律制度？在确定某个制度是法律制度时，所依赖的标准是否确实可靠？换个问法：分析法学有何理由认为一些制度是法律制度，另一些不是？如果没有理由或标准来确定法律制度，分析法学设想的下一步的一般分析则是没有根基的。分析法学试图在已经存在的法律制度中进行法理学的分析，这似乎已经预先假定人们对“什么是法律制度”已有共同的观念，人们对可观察的经验材料即现实法律制度不存在争论。但是问题似乎并不这么简单。

分析法学以为，在历史和现实两个维度上都可以大致确定“法律制度”一词正确使用的范围，可以没有争议地将某些制度划入“法律制度”的范围之内。然而，在前面第 002 小节我们已经看到，就历史层面而言，法律史学家就对“法律制度”一词的使用范围具有不同的看法。而且，经过分析，我们也看到似乎不能认为谁的使用是正确的。当然，分析法学可以主张词语的约定俗成的用法，认为可以用人们大致赞同的用法来确定取舍。但如果是这样的话，分析法学的用法可能更会出现问题。因为，分析法学的用法几乎将英美法律制度中颇为重要的判例制度置于颇为不重要的地位，判例制度在标准意义上并不符合法律命令说的要素。从现实层面上看，在近现代似乎极少法学家认为国际法不是一种法律制度，而且有学者认为有的习惯规约（尤其是在国际交往之中）也是一种法律制度，因为它们有时会被国家的法律适用机构引为解决纠纷的依据。在分析法学中，国际法和习惯规约都不属于法律制度，因为它们缺乏主权者命令这个法律要素。显然，在这里同样不能认为谁的使用是绝对正确的，而如果依约定俗成的用法，似乎只能认为分析法学是不正确的。由此看来，分析法学的“客观分析法律制度”的前提并非坚实可靠。而在并非坚实可靠的前提下获得的法律知识，何以是真正的法律知识?

015. 法律结构、特征和概念的一般分析的实践意义

针对分析法学的实证分析的观念，不仅可以对其前提基础提出疑

问，而且可以对其本身的实践意义提出疑问。

首先，奥斯丁一方面将材料的把握与分析限制在“较为进步”的法律制度上，另一方面又认为这样做“富有卓越的指导意义”即有利于法律的进一步发展，这在理论上似乎是不大可能的。可以这样假设：在某段时期“较为进步”或“较为成熟”的法律制度中，像“过错责任”“契约绝对自由”等结构或概念是普遍存在的；当对这些结构或概念进行分析后，用其来指导不包括这些内容的“较为落后”或“较为幼稚”的法律制度的发展是可能的，但对已包括这些内容的法律制度本身有何促其发展的推动力？恰恰相反，可以认为这些内容对后者只能是进步的障碍。事实上，在西方法律制度的发展中，“过错责任”与“契约绝对自由”曾被认为是发达的法律规则，而后便逐渐被增添了新的内容，如“无过错责任”“契约因显失公平而无效”等。因此，有人指出，沉浸于基本结构和概念的分析的法律理论，容易导致一种不切实际的比较保守的心态，即认为法律结构或概念具有某种固有的样式，认为法律的任何发展如果忽视了这个样式，都是不合理的。然而，这种心态可能会使法律的发展在适应新型的而且不断变迁的社会环境时遇到不应有的限制。①

其实，另一方面，将分析与探究限于现存的法律制度，似乎也忽视了理想的法律概念的创造性功能。要使法律制度保持活力并不断发展，不仅要在原有的法律结构或概念中增添新的内容，而且要发挥预设的法律概念的创造作用。19 世纪初期，根据当时经济发展的需要，英国法律制度中出现了一个全新的法律概念“有限责任公司与其股东在法律责任方面的区别”。正是因为出现了这样一个具有重要意义的

① Dennis Lloyd, *The Idea of Law*, New York: Viking Penguin Inc., 1981, p. 105.

法律概念，最终形成了英国现代工商业的整体结构和各公司之间的复杂依存关系。甚至有学者相信，没有这样一个概念，现代英国资本主义的任何发展都是难以想象的。例如，在现代社会中，正是因为法律允许将一件作品的各种版权用不同的方法加以区分，并将其赋予不同的民事主体，所以，一部小说的署名权可能属于一人，连载权属于另一人，修改制片权属于第三人，而播映权属于第四人……这些权利可以由部分所有权人赋予他人使用一段有限的时间，亦可以不加任何限制地允许他人就作品从事某种行为，而获得许可的权利人又可以转授许可，从而使权利的种类不断分化与扩展。这样，在一定意义上的确可以认为，根据一个全新的预设的概念，法律便能创造一个复杂多样的社会关系，从而推动社会的进步与发展。

其次，主张对法律制度的结构、特征和概念进行一般性的分析，加之主张法律的命令性质以及法律效力与法律义务的“实然性”，在司法实践中似乎会造成过分机械的概念式的思维方式，即认为法院的司法作用仅仅在于运用逻辑推理将明确规定的法律适用于案件事实。虽然像奥斯丁这样的分析法学家也承认，就英国判例法而言，法院具有创造法律的功能，“我不能理解，任何考虑这个问题的人怎能提出法官不立法社会也可以继续发展这样的建议”①，但是，他毕竟认为这种功能在相当大的程度上是主权者“默许”的结果，是一种“准立法”的表现形式。换言之，他对法院在必要情况下灵活适用明确规定的法律一般来说持一种十分谨慎的态度。从分析法学的基本观点可以看出，法院严格适用明确规定的法律是难以避免的一般性

① John Austin, *The Province of Jurisprudence Determined*, ed. Wilfrid E. Rumble, New York: Cambridge University Press, 1995, p. 163.

结论。但是，在法律实践中，法院在必要时完全会依据这种法律之外的其他因素的考虑审理案件，并不单纯运用三段式推理处理问题。而法院这种运作方式，有时被人们认为既是法律适应复杂社会的灵活机制，又是法律发展的有益契机。这样，似乎很难说分析法学的主张对法律实践具有更多的积极意义。

这些实践思考，在另一层次上向分析法学提出了一个问题：以“实证经验”获得的一般性和具体性法律知识本身的意义究竟何在？

四、小结

分析法学的法律概念理论以命令说作为法律本体论的出发点，以实然说作为法律价值论的出发点，以观察说作为法律认识论的出发点。

从本体论来看，分析法学主张了自上而下的命令、义务、制裁式的法律观念。这种观念的模式建构可以分为四个层次：法律制定说、法律意志说、法律制裁说和主权服从说。首先，法律是制定的，这意味着法律与自然法则不同，它具有人为的品质，由于人们的制定行为，法律才能作为社会现象出现于人类秩序之中；其次，法律是人制定的，它必然体现了制定者或曰立法者的意愿，而这种意愿自然来自其意志；再次，制定者的意愿要想顺利实现，必须要有最后的制裁手段，这一手段既有事后镇压的功能也有事前威慑的效用；最后，制定、意志和制裁的前提是掌握主权的优势者的存在，以及一般大众对其习惯服从的定式。

法律命令说重复了西方历史上法律概念学说的一个基本意念：在法律的实施上，“强制制裁”是不可或缺的，区别法律与道德的标准便在于前者具有外在的强制力。这是暴力论。

法律命令说的诠释至少具有如下四个理论困难：其一，从现代立法机关的现状来看，其所颁布的法律不仅对一般公民而且对立法者本身都具有约束力。依照法律命令说，就应认为立法者是在命令、限制和威胁自己。这样看来十分荒谬。其二，法律命令说虽然可以说明以革命形式出现的立法机构或政府的更替，但不能说明当存在调整合法更替的法律时出现的合法政权交接。这是说，命令说不能解释使合法更替成为可能的法律的存在。其三，许多法律规则具有授权性质，因而不具有强制性。这些规则与某些义务性质的规则有着明显区别。权利主体或权力主体如果不运用这些权利或权力，就不存在强制运用的问题。因此授权规则不是一种以制裁为后盾的命令。其四，在义务性质的规则中存在着积极义务规则，这类规则同样不以强制作为必要因素。法院具有依照法律进行审判的义务，但这项义务背后不存在“强制”或“制裁”作为后盾。

从价值论来看，分析法学强调了实然法律和应然法律之间的区别。这种区别尤为注重了法律秩序的稳定和法律改革的价值取向。就前者价值而言，如果以应然的理想观念作为衡量法律资格的尺度，在一定意义上便会混淆道德义务与法律义务之间的基本区别，便会以道德理由为借口破坏法律制序。就后者价值而言，法律改革的前提是能够清晰认识现存法律的弊端，如果认为不好的法律不是法律，自然会导致认为现存的法律不存在弊端因而不存在改革的问题。这两点是分析法学主张“分开论”的实践理由。

分开论的主要困难在于难以避免法律上的专制。在认为法律可以具有任何内容的同时强调法律秩序的稳定，等于承认了遵守专制法律的义务。但是，法律秩序在一定意义上意味着法治，而法治的理想并不意味着必须遵守任何内容甚至专制内容的法律，法治本身的目的之一即在于防止专制。

从认识论来看，分析法学试图引进客观观察的科学方法解读法律现象。这种愿望导致分析法学主张经验地、中立地分析法律的一般特征和概念。这种观念提示人们可以建立客观中立的法律科学，通过这种科学可以把握一般意义和具体意义的法律知识。在 19 世纪建立独立的法学学科的努力中，这一设想发挥了重要作用。

然而，作为一种社会现象的法律能否像自然现象那样加以研究？当划分法律现象与非法律现象时能否找到一个人们认同的标准？对法律制度的一般性经验研究能否在实践中具有重要意义？这三个问题是分析法学的“科学”方法必须面临的难题。

CHAPTER 2

行动中的法律

无论是谁，只要他有绝对权威解释任何成文法或成言法，那么，就是他而非先写先说的人，才是真正表达所有意图和目的的立法者。

——本杰明·侯德里主教

分析法学认为，法律是主权者的命令。这暗含着一个“白纸黑字式”的法律观点，即法律是本本中的法律。根据这样一种观点，当寻求一种法律依据时，白纸黑字的法律条文既是出发点又是目的点。同时，法律命令说暗含着一种司法推理模式，即三段论推理。在这种模式中，白纸黑字的法律规则是大前提，案件事实是小前提，判决则是结论。当然，无论是边沁还是奥斯丁都承认在某些情况下，法律规定无法提供明确的解决答案，此时法官只能运用自由裁量权解决问题。然而他们都默认这是一种极为少见的次要现象，在法律文化中，三段论推理模式仍然是基本模式。换言之，法官一般而言仅仅运用演绎推理便可以解决实践问题，法官通常是在“查找和发现法律”。他们以为，这不仅是实际观察得出的结论，而且是法治价值要求的结果。但是，即使承认分析法学的“白纸黑字式”的观念是正确的，在实际法律判决中，人们似乎同样可以发现法官时常不依照三段论推理来解决问题。因为，在白纸黑字规则与现实案件中时常不存在精确的对应关系，法官不仅要对案件事实作出解释，而且要对规则甚至规则所依据的原则或观念作出解释。这就是说，法官时常要面对复杂程度不一的疑难案件。在这些案件中，法官显然不是而且也不能以白纸黑字的法律规则作为大前提，并用演绎式推理得出判决结论。更为重要的是，疑难案件中法官的法律解释和具体判决结果表明，由于法院的“独立性和最终性”，其似乎是一种不受限制约束的法律决定。于是，美国一批法学家从此另辟思路，试图绘制一幅新的法律图画。

一、疑难案件

在法律实践中，人们将有争议的案件称为疑难案件。比如，在前述里格斯诉帕尔玛案中，立法机构制定的“白纸黑字”规则十分清楚。根据其中的规定，当遗嘱在订立过程中完全符合法定要件时即为有效。从被继承人订立的遗嘱来看，不存在与规定不相符合的问题。另一方面，遗嘱明确地指定帕尔玛是继承人，因此，根据遗嘱帕尔玛有权继承遗产。然而，此案的疑难问题在于帕尔玛为谋遗产而将被继承人杀害，因而人们自然会争议帕尔玛是否具有法律上的继承权利。

如果认为判例中包含着“白纸黑字”的规则，那么在判例法是一种法律制度的英美国家，遵循前例同样涉及疑难问题。在英国法院审理的麦克劳夫林诉奥布莱茵（*McLoughlin v. O'Brian*）案中，某妇女 A 在一天下午 6 点钟从邻居那里得知，其丈夫 B 及四个孩子在下午 4 点钟发生车祸。知道消息后，A 立即赶往医院。在医院 A 得知其女儿已死亡，并目睹了 B 和其他三个孩子血肉分离的惨状，由此精神大受刺激。随后 A 起诉肇事司机 C，要求 C 赔偿精神损失。[①]A 的代理律师在英国法院判例中找到与本案颇为类似的几个前例，指出在那些判例中，原告的精神损失都获得了赔偿，因而要求法院依循判例判决 C 赔偿 A。但是，在这些判例中，原告要么是目睹了惨祸的发生，要么是在数分钟之内赶到了现场。比如其中一个判例表明，一名妻子在丈夫车祸死亡后立即赶到现场并马上看到了丈夫的尸体，原告因此获得精神赔偿。[②] 在另一判例中，原告在发生火车相撞后立即赶到现场抢救伤员，

---

① McLoughlin v. O'Brian (1983) 1 A.C. 410.

② Marshall v. Lionel Enterprises Inc. (1972) O.R. 177.

原告与任何伤者均没有亲属关系，但在抢救过程中精神深受刺激（因为目睹惨状），因而被判获得赔偿。[①] 疑难问题是：A在两小时之后看到惨状并受刺激这一事实，是否使A诉C案足以类似这些判例或其中所述的规则。虽然判例中的“白纸黑字”十分明确，但人们仍会争议A是否有法律上的权利获得赔偿。

主要来说，美国那些被称为现实主义的法学家的基本视野集中在这些疑难案件以及法律适用者在这类案件中的推论方式。因此，首先对这类案件及法律适用者的推论方式予以审视是必要的。

016. 疑难案件的特征及原因

如果认为法律是白纸黑字式的规则，那么法律适用中的疑难案件便可认为具有两个特征：第一，在法律规定和案件之间缺乏明确的单一的逻辑关系，换言之，就案件而言，从法律规定出发可以推出若干结论；第二，从法律规定推出的若干结论之间没有明显的正误之分，各个结论都有其道理，通常来说，只能通过“选择”而不能通过“断定”决定取舍。就此而言，这种案件的解决与法律适用者的价值判断的联系，要比与其事实判断或逻辑判断的联系来得更为密切。

在里格斯诉帕尔玛案中，可以认为遗嘱法的明确规定与该案缺乏单一的逻辑关系。该法的白纸黑字没有明确说明遗嘱继承人如果杀害遗嘱人是否丧失继承权。将该法理解为包含这样的含义是有道理的，将其理解为不包含这样的含义同样有道理。最终判决似乎是一种选择的问题。在麦克劳夫林诉奥布莱茵案中，可以将判例中的白纸黑字规则理解为“因疏忽行为致他人精神损害负赔偿责任”，也可将其理解

① Chadwick v. British Transport (1967) 1 W.L.R. 912.

为“这种赔偿仅限于事故现场中的精神损害”。因为判例与本案不存在明确单一的逻辑关系，两种规则的理解各有道理，因此判决似乎也只能是选择性质的。

从白纸黑字规则的语言来看，有些案件因规则术语或概念显得模糊不清而难以处理，这类案件属于语言解释的疑难案件。从规则适用的结果来看，某些案件如果直接严格适用白纸黑字规则会导致某些似乎不公正不合理的结果，这类案件属于处理结果有争议的疑难案件。从规则规定的范围来看，有些案件由于规则规定具有某些漏洞致使法律适用者无法从明确的规则前提中得出具体的处理结论，同时，这些案件又迫切需要加以解决，这类案件属于规则未规定的疑难案件。而从规则规定的相互关系来看，有些案件可以适用这种规定，也可以适用另一种规定，这类案件是规则规定相互冲突的疑难案件。

疑难案件产生的原因是复杂的，但一般来说它是基于下述六种原因产生的。

第一，法律规则语言具有模糊性。虽然法律规则语言与日常语言有所不同，如“知识产权”“公民”“代理”“诉讼保全”等是具有独特法律意义的语言，但是，因为法律规则运用的语言大多数并未经过界定与解释，并不为法律所独有，在必要时需要用日常语言进行新的解释，所以，它们与日常语言又有密切联系。日常语言的概念及表述有时似乎意思明确，有时似乎意思模糊，如“汽车”是“车辆”，“自行车”“滑雪车”是否为“车辆”？日常语言这一特点导致许多法律规则语言也有意思明确与意思不清两个方面。严格地说，在法律适用中，绝大多数法律规则语言均会发生解释的难题。值得注意的是，有些法律规则使用的语言，如“合理”“公正”“严格”“多次”等形容词、量词，要比“抢劫”“收养”“财物”等动词、名词更具有模糊性，其在未适用时就需要解释。

第二，人类行为具有特殊性。法律规则涉及的行为在现实中具有共同性，但是行为的特殊性也是存在的。比如，同样是故意杀人，而每个故意杀人行为又具有特殊性。当行为的特殊性增加到一定程度，便会不易乃至无法加以把握，即难以将某个行为直接归类于某种行为。“致他人安乐死亡”的行为就属于这种情况。根据某些法律规则的明确规定，致病人“安乐”死亡应当属于故意杀人行为。然而这种杀人行为极具特殊性，其目的在于减少病人的痛苦，这种目的又是极为人道主义的。有理由认为这种行为不仅不应谴责而且应予赞扬。这样，将这个行为直接归入故意杀人行为便是困难的。

第三，就制定法而言，立法者立法时的预见能力具有局限性。立法者立法通常是以社会现象的典型情况为依据的。同时，立法者虽然要考虑各种可能性，但总是无法穷尽所有可能性。换言之，对所有情况有所注意是极为困难的。此外，随着立法多样化，各类法律明确规则之间的相互联系越来越复杂，这也会使立法者难以认识、辨清其间的相互矛盾。于是，便会出现漏洞从而导致法律适用中疑难案件的产生。

第四，价值取向或价值判断具有相异性。在审理案件时，法律适用者不仅要运用事实判断或逻辑判断，而且要运用价值判断。在案件的事实查明之后，当仅断定一项法律明确规则是否可以逻辑地直接适用于案件时，法律适用者是在运用事实判断及逻辑判断。但是当凭借价值选择来断定一项明确规则是否可以适用于案件时，法律适用者就不仅是在运用事实判断或逻辑判断，而且是在运用价值判断。严格地说，从法律适用的主体来看，每个适用者都会有价值判断，当价值判断不同或发生冲突时，对案件的处理就会有不同的看法。而各自的经历、学识、思维方式等文化背景有所不同，便使价值观念难免出现相异乃至相互冲突的情况。

第五，法律明确规则的抽象概括与社会现象的复杂多样之间存在矛盾。一方面，规则表述必须具有抽象性和概括性，必须指向一般人们和一般行为，否则便失去普遍约束力，这对制定法来说尤其如此；另一方面，社会现象必然是复杂多样的。而前者的抽象性、概括性有时无法涵盖后者的复杂性、多样性，在某些情况下，抽象概况的表述和具体事物之间不存在精确的有序排列的对应关系。这种矛盾在一定层面上便决定着立法者预见能力的局限性，在法律适用的过程中，便导致法律明确规则中语言的模糊性和具体行为在认识上的特殊性，从而进一步导致疑难案件的产生。

第六，法律明确规则的相对稳定与社会现象的变化发展之间存在矛盾。一般以为，规则具有相对稳定性，不能朝令夕改，这是明确规则之所以被认为是法律的一个基本要素。但社会现象不仅复杂多样，而且变化发展，各种社会现象不仅处于复杂的静态，而且处于变化的动态。因此，在一定条件下，明确规则的相对稳定难免会与社会现象的变化发展产生矛盾，而这种矛盾则会引发法律明确规则中语言的模糊性和人们行为在认识上的多样性。同时，社会现象的变化发展本身也会引起法律适用者价值观念的变化与冲突。这样，最终导致疑难案件的产生。

从疑难案件的特征和产生的原因似乎可以看出，疑难案件并不是十分少见的。而且，从中似乎可以推出如下三个结论：（1）对白纸黑字规则的内涵不存在清楚的、权威的、唯一正确的解释陈述，有关其内涵的陈述总会因人而异；（2）由于白纸黑字规则总是一般性陈述，在适用环境中其自身无法明确地表明是否适用于某一具体事实，针对具体事实，其含义只能依赖适用者的解释，这表明似乎不存在脱离适用者行为的法律规则；（3）如果无法避免适用者的解释，那么法律含义可能并不存在于白纸黑字中。概言之，由于疑难案件的存在，假设白纸黑字的规则是法律规则有可能得出其不是法律规则的奇妙结论。

017. 疑难案件中的法律推论

在疑难案件中，法律适用者的推论是十分复杂的。在引言中我们曾设想过法律适用者会如何思考里格斯诉帕尔玛那样的疑难案件。在此，我们看一下麦克劳夫林诉奥布莱茵案中法官的实际推论。

初审中，法官认为精神受刺激的妇女A的代理律师提出的理由不能成立。律师提供的数个判例都不能引为本案的判决依据。因为，这些判例与本案在关键事实方面存在区别。在判例中，关键事实包括：被告的主观过错，被告的疏忽行为，被告造成的事故，原告的精神损害，原告精神损害发生或几乎发生在事故现场。在本案中，原告A的精神损害不发生在事故现场，而是在事故发生两小时之后的另一地方即医院，该案缺少判例中的最后一个关键事实。在初审法官看来，这一"区别"颇为重要，它表明A的精神伤害对被告C来说是"不可合理预见的"，而判例中的精神伤害对判例中的被告是"可以合理预见的"。初审法官以为，必须考虑普通法的一个重要原则：疏忽行为者仅对自己可合理预见的伤害负责（因为经过正常思考可预先知道会发生什么）。于是初审法院判决驳回A的诉讼请求。

在上诉审中，英国上诉法院判决维持原判，但认为初审法院的推论理由不可采纳。上诉法院指出，对被告C来说A的精神伤害可以合理预见，当A作为妻子和母亲冲到医院看到惨状中的亲人，自然会因看到惨状而受到精神伤害。该案与判决的确存在区别，但区别的理由不在于是否可以合理预见，而在于"政策"问题。首先，判例是以某些严格限制条件来确立精神伤害的赔偿责任。如果承认精神伤害赔偿的范围可以不受限制，包括那些没有或几乎不在现场目睹事故而产生的精神伤害赔偿，那么，势必会刺激鼓励各种有关精神伤害赔偿的法律诉讼，势必使法院讼满为患，并使判决标准难以把握。其次，诉讼数量和标准的失控会使真正在现场目睹事故而遭受精神伤害的案件不易举证查清，从而拖延对其赔偿的时间。再次，这样会给那些不诚实的人提供机会，使其寻找医生来假证自己并不存在的精神伤害，从而不公正地加重被告的赔偿负担。最后，这样还会增加社会责任保险的成本，使驾驶车辆和其他技术操作的价格上涨，从而使经济上不富裕的人无法为此支付成本，并使经济发展颇为依赖的交通等技术成为阻碍经济发展的因素。

A 不服上诉法院的判决，向英国上议院再次提出上诉，上议院也维持了原判，而且同样认为该案与判例是可以区别的。然而，上议院的某些成员部分赞同上诉法院“区别”的理由，有些则不赞同。部分赞同者认为，在某些情况下“政策”理由是可以成立的，但在 A 诉 C 的案件中并不具有充分的说服力。他们相信诉讼数量的增加对法院审判不会产生严重影响，而且相信即使在类似该案“几小时之后目睹惨状”的案件中，法院也有能力区分真正的精神伤害赔偿请求和虚假请求。他们没有说何时应该运用“政策”理由，而是提出了另一个问题：如果 A 的姐姐在澳大利亚数星期或数月之后听到惨状而受到精神伤害，那么她是否可以获得赔偿？这意味着，关键问题在于如何区分真正请求和虚假请求。反对者则认为，法官不应考虑政策理由，应该考虑道德理由（即法律上的平等对待理由）。如果对 C 来说 A 的精神伤害是可以合理预见的，便不应以政策理由驳回 A 的诉讼请求，而应依据“平等对待”的道德原则承认 A 的法律权利，即认为本案与判例不存在区别。在这种情况下，讼满为患和社会责任保险成本的提高，无论对社会整体怎样不适宜，都不能证明驳回 A 的请求是正当的。无论这种推论对立法修改具有多强的说服力，对法官来说仍然不是一个“法律推论”。法律推论不会也不应拒绝以往法律制度承认并实施的法律权利和义务。因此，初审法院考虑普通法的原则是适当的。①

麦克劳夫林诉奥布莱茵案表明，在疑难案件中，虽然判决结果可能一致，但法官推论的理由时常是不同的。而且，这种推论最重要的特点在于推论的依据并不限于法律规则的明确规定。这类法官的推论方式似乎同样不能认为是少见的。

018. 法院判决的最终性

在没有争议的简易案件中，人们容易觉得白纸黑字的规则约束着法官的判决，但在疑难案件中，可以清楚发现法院就规则含义作出的判决具有最终性，即法院最终决定着规则在法律适用中的含义。而且，可以反过来设想，在简易案件中似乎并不是规则约束着法官，而是要么法官自觉自愿适用规则，要么有时简易案件并不意味着白纸黑字规则可直接适用于案件，只是意味着法官对超越规则的判决根据没有争议，从而仍不存在规则约束法院的问题。在第 006 小节，我们看到，法院的审判义务是一种积极义务，在这种义务之后不可能存在强制性。如果这是正确的，那么，当法官的审判包含对规则含义的解释时，法官对规则的理解背后便也不存在其他机构可以实施的强制性。事实上，从法官实际操作上看，并不存在某种外在东西可以约束法官只能作出一种判决，只要愿意，法官可以作出任何判决。

① McLoughlin v. O'Brian (1983) 1 A.C. 410.

在美国，曾经出现过两个类似的案件，但结果却是不同的。在前一案件（*Davis & Co. v. Morgan*）中，A 公司雇主与其雇员签订了一份雇佣合同。合同约定雇员的每月工资为 40 美元。合同签订后，B 公司由于欣赏该雇员的能力，愿出每月 65 美元的工资，希望该雇员能去 B 公司工作。雇员对 A 公司雇主讲明如果不能加工资，他将受雇于 B 公司。A 公司雇主没有办法，只好答应如果雇员留下将在年底一次加薪 120 美元。但至年底，雇主并未实践诺言，雇员便向法院起诉要求雇主支付 120 美元。法院判决不予支持。法院认为，在一年中雇员每月领取 40 美元工资这一行为已表明雇员实际接受这一工资条件，因此，没有理由获得另外 120 美元。[①] 在后一案件（*Schwartzreich v. Bauman-Basch, Inc.*）中，一名服装设计师与 C 公司签订协议，约定报酬为每周 90 美元。D 公司颇为赞赏这名设计师的才华，希望能以每周 100 美元的报酬与之签订合约。当设计师向 C 公司表示想离开的意思时，C 公司当即表示愿付同样工资，只是在年底一次补齐。但至年底，C 公司同样没有实践诺言。设计师起诉至法院，法院判决 C 公司必须支付其余工资。法院认为，双方已就提高工资达成了新的协议，协议有效因而必须执行。[②]

其实，前一案件是在 1903 年判决的，后一案件是在 1921 年判决的。后一案件的法官并未依照前一判例中的“白纸黑字”规则来判决。其认为，前一案件中的规则并不意味着合约不能变更，它只是表明行为同样可以成为合约意思表示的一部分，在后一案件中，不能将设计师的一年行为视为有效合约意思表示的一部分。显然，人们可以对后

① 43 S.E. 732 (Ga. 1903).

② 131 N.E. 887-890 (N.Y. 1921).

一案件的法律解释和处理提出不同的意见，但是法院仍然可以按照自己的法律理解作出判决。

从法院判决的最终性可以得出这样一个结论：针对权利义务的承担者（如前两案中的雇员、设计师、A公司和C公司）而言，真正具有法律实际意义的不是判决之外的“白纸黑字”规则，而是法院判决本身。从法官的判决结果上看，认为法官的判决可能会错误意义不大，因为这样认为没有任何实际的法律效力。不论判决正确与否，权利义务承担者都要服从其中规定的权利与义务。

二、法律与法律的渊源

分析法学以为，法院时常是在查明法律和发现法律，“查明”和“发现”意味着法院判决时常是反映白纸黑字规则的法律解释和具体法律决定。但是，从前面分析中可以看到，法官似乎并非像分析法学所设想的那样基本上是在“查明和发现法律”。如果法院时常不是查明和发现法律，那么具有法律效力的、人们时常认为的“法律解释”和“具体判决结果”究竟是什么？

其实，很早便有学者认为疑难案件、法院的复杂推论方式和判决的最终性是一种客观存在，只是尚未有人由此引发对白纸黑字规则的概念的根本性怀疑。然而，这些现象的存在毕竟意味着法律适用者的作用至关重要，它迫使人们必须注意到在决定法律的内容时，法律适用者具有相当大的权力。而且，这些现象的存在迫使人们必须重新思考分析法学所说的白纸黑字法律规则在司法推理中的性质与作用，重新思考法律适用者的法律解释和具体判决结果的性质与作用。

019. 法律适用者的解释即为法律

美国法学家格雷（John Chipman Gray）认为，法律适用者的推论模式是演绎的，是从大前提向案件事实这一小前提推进的，但是大前提的形成颇为复杂，而且其本身也不是分析法学所说的白纸黑字的规则。法律适用者在形成大前提时，的确考虑了主权者制定的或以往法院判例中的白纸黑字规则。然而，形成过程结合了诸如政策、道德、原则之类的价值考虑和对白纸黑字规则的具体解释，只是在解释结束时才会出现一个可适用于具体案件事实的法律规则。这个规则也许会和人们一般理解的白纸黑字规则具有一致性，也可能与之不一致，但有一点是肯定的：它是法律适用者解释出来的规则。正是解释出来的规则才是法律适用者进一步推论的大前提。

格雷的观点是说：法律规则并不是预先存在的，并不是由法律适用者发现的，而是由其解释制定的。白纸黑字的规则最终需要法律适用者的解释，因为，不论是制定法还是判例法，它们都是制定者的一种表达而已，它们被制定出来是为了让法律适用者解释并让其决定这种表达的含义。“制定法无法解释自身，其含义是由法院来宣布的，而且正是基于法院宣告的含义而非其他含义，制定法才作为法律强加给社会……法官处理制定法的权力是巨大的。”①

因为白纸黑字的规则最终是由法律适用者来解释的，所以，法律适用者所说的、所解释的才是真正的法律。换言之，不论立法机关和司法机关的关系应当如何，也不论司法机关是否应当尊重立法机关，

① John Gray, *The Nature and Sources of the Law*, New York: The Macmillan Co., 1921, p. 7.

事实上“恰是司法机关所表述的才是何为法律的最后语言”[1]。格雷颇为喜欢本杰明·侯德里主教（Bishop Benjamin Hoadly）1717年曾经说过的一句话：“无论是谁，只要他有绝对权威解释任何成文法或成言法（spoken laws），那么，就是他而非先写先说的人，才是真正表达所有意图和目的的立法者。”[2]

020. 法律的渊源（sourses）

在此，“渊源”一词是指法律的出处。格雷在谈及法律渊源时，认为其是指法律适用者解释后的法律规则赖以形成的依据。在格雷的现实主义理论中，制定法和判例中的白纸黑字规则不是法律，而是法律的渊源。格雷以为，必须区分法律和法律的渊源。制定法和判例像习惯、法律专家的意见、伦理原则、政策一样，是法律的渊源而不是法律本身。法律适用者在形成真正的法律规则时，是以这些渊源为依据的。正是结合这些渊源和具体案件的事实，法律适用者才在判决过程中“制定”了法律规则。而这种法律适用者“制定”的法律规则，才是真正的法律。“国家法律或任何人类组织机构的法律是由法院即人类组织机构的司法组织为确定法律权利义务而制定的规则构成的。在这个问题上，相互争论的法学流派之间的分歧，主要产生于没有对法律和法律的渊源作出区分。”[3]

---

① John Gray, *The Nature and Sources of the Law*, New York: The Macmillan Co., 1921, p. 172.

② John Gray, *The Nature and Sources of the Law*, New York: The Macmillan Co., 1921, p. 172.

③ John Gray, *The Nature and Sources of the Law*, New York: The Macmillan Co., 1921, p. 84.

021. 法律适用者解释的效力

在格雷看来，主张法律适用者是法律规则的发现者而非制定者，声称法官在说法律是什么时可能会错误，在实践中是没有任何意义的。就这方面而言，法官探究法律的范围完全不同于牛顿探究自然现象。对自然现象的陈述可以因为错误而失效，但法官对法律范围的陈述即使错误也是有效的。行星的运转完全可以不理会牛顿的错误陈述，但是当事人却不能不理会法官的错误陈述。法官的错误陈述也是法律。①

从格雷的观点可以得出如下重要结论：法律适用者一直都在适用预先并不存在的因而当事人并不知道的法律规则。从这一结论可以进一步推出：法律适用者是在不断地溯及既往地适用法律，即法律只是在实际案件发生之后才被适用于案件之中。格雷并不讳言这些结论。他只是有时强调，法律适用者判决案件时虽然是溯及既往地适用法律，但不是任意随意的。因为，法律适用者是在法律渊源的基础上，而不是在自己的主观喜恶的基础上，来决定法律规则是什么。②

022. 法律规则和法律的具体判决

在上面的叙述中可以看出，格雷的理论已将本本中的法律规则变为言语中的法律规则。规则并不存在于立法者或法院的书面文字中，

---

① John Gray, *The Nature and Sources of the Law*, New York: The Macmillan Co., 1921, p. 84.

② John Gray, *The Nature and Sources of the Law*, New York: The Macmillan Co., 1921, p. 124.

相反，只要出现法律适用者的不断解释，便会不断出现新的法律规则。但是，在格雷的分析中，存在着一个颇为紧要的矛盾关系：如果法律适用者不断解释法律，那么，这种“法律”只能是对案件当事人具有特殊意义的“法律”，将其称为“法律规则”似乎是不恰当的。一般认为，规则具有普遍性质，在法律中意味着不仅对具体案件的当事人，而且对一般人来说都是存在约束意义的。格雷承认，具体案件当事人的权利义务来自一个大前提式的法律规则，然而又以为这种规则不存在于可以“发现”的客体之中，而是解释者的解释结果。这样，法律规则便处于无法预知无法查找的神秘境地，从而，便失去了规则的普遍意义。[①] 就此而言，似乎难以在格雷的理论中区分法律规则和法律具体判决。

另一方面，当人们作出某种决定时，都会形成一个决定根据，可以认为这个根据是决定所依赖的“大前提”，但是，这似乎不意味着“大前提”便是一种规则。在前述麦克劳夫林诉奥布莱茵案中，原告 A 在事故发生之后两小时赶到了医院，看到亲人的惨状并且深受刺激。在此之后，A 可以作出各种决定，比如起诉、聘请律师、找保险公司赔偿、将亲人送往另一地方疗养，或忍气吞声就此了结。A 在作这些决定时，会形成决定的各自依据。但是，这些依据作为决定的“大前提”并不一定就是规则。

在此可以看出，要么法律规则在格雷的理论中别有一番含义，要么在法律适用者的法律判决中根本不能认为存在规则。

---

① 其实格雷本身就承认法律规则是不可发现的。参见 John Gray, *The Nature and Sources of the Law*, New York: The Macmillan Co., 1921, p. 79.

三、法律是一种预测

如果格雷的观点是正确的，法律规则根本不脱离法律适用者而存在，而且不存在对法律适用者的任何约束，那么，从适用者之外的观察者角度来看可以得出什么结论？根据分析法学，法律规则是主权者制定的白纸黑字的规则，因此观察者可以查阅“白纸黑字”得知法律。但是，根据格雷的“提醒”，观察者似乎只能观察法律适用者的所说所做，而且这样做时仍不能预先知道法律规则。

当然，法律适用者的所说所做仍然是有依据的，而且，这种依据虽然不限于白纸黑字的规则，但是总是可以大概设想的。因此，法律适用者之外的观察者似乎可以大致预测“法律是什么”。换言之，格雷的理论似乎并未排斥一种“预测”理论。

023. 律师的预测

现在假设在美国出现如下这样一个案件。某教师 A 与某学校 B 签订了一份讲座协议。协议约定：A 举办四次讲座，每次讲座报酬 300 美元，时间定在某学期的最后一周。协议签订第二日，学校 C 告知 A，欢迎 A 来举办同一讲座，次数同样但报酬为每次 400 美元。学校 C 要求，讲座时间只能定在与 A 同一学期的最后一周。由于时间冲突而且 C 学校报酬高，A 便通知 B，他只能接受更佳要约。因为学校 B 已贴出海报通知学生，而且十分欣赏 A 的讲座水平，故同意支付与 C 同等的报酬。但是，在 A 办完讲座后，学校 B 仅支付原来说过的每次 300 美元的报酬。

A 现想通过法律诉讼要求 B 支付余款，便向律师咨询。律师将如何作答？

在前面，提到过两个美国法院的判决，即雇员索要报酬案和服装设计师索要报酬案[1]。这两个案件十分相像，但法院判决却是不同的。现教师 A 索要报酬案与两案也是类似的，律师如何断定？法院将会如何判决？通常来说，律师会将各种可能的情况逐一分析，告诉当事人在何种情况下法院可能会如何判决，对于经验丰富的律师而言尤其如此。而且，极为可能出现不同律师不同解答的情况。律师一般不会断然声称法院只会如何判决，他时常会“预测”法院将会如何判决。

正是基于对律师这类“观察者”的思考，早在 19 世纪末，美国著名法官霍姆斯（Oliver Wendell Holmes）便宣称：“对法院事实上将做什么的预测而不是别的什么，便是我所说的法律。”[2] 在霍姆斯看来，律师的工作仅仅是在预测法院的判决，而且律师的潜在观念便是认为“法律仅是一种预测”。

当然，在理论上，霍姆斯与格雷具有一个类似的观念，即法院从白纸黑字的规则进行三段论推论完全是不真实的。他以为：“时代的迫切要求、盛行的政治道德理论、公共政策的直觉认识，无论是坦率承认的还是讳莫如深的，在确定约束人们行为的规则的作用上远胜于三段论式的演绎推论，甚至那些法官共有的偏见也是如此。”[3] 而且，白纸黑字的规则的意义仅在于增加对法律精确结果的预测能力。“书本中有关过去判决的一般命题或以一般形式表现的制定法，可以使预测变得容易记忆和理解。”[4]

---

① 参见前第 018 小节。

② Oliver Wendell Holmes, “The Path of Law”, *Harvard Law Review*, 10 (1897), p. 461.

③ Oliver Wendell Holmes, *The Common Law*, ed. Mark Howe, Boston: Little, Brown and Co., 1963, p. 1.

④ Oliver Wendell Holmes, “The Path of Law”, *Harvard Law Review*, 10 (1897), p. 458.

024. 坏人的视角

律师式的观察意味着观察者仅关注“法律在现实中的效果”，因为这种效果对案件争议才是真实的。同样，对于当事人来说，其一般情况下更为关心法院的判决结果，因为这种结果会使其现实地失去与获得。就此而言，如果认为好人便是自觉地用道德观念与道德义务来约束自己，那么，在法律的语境中只能将当事人的观点视为“坏人”的观点。而且，这种“坏人”的观点才是法律的出发点。当人们可以用道德观念义务来规范自身行为，用其来解决彼此的争议与矛盾，那么，社会似乎便失去了采用法律手段处理问题的理由。

霍姆斯以为，理解社会中的法律的最佳途径就是坏人的视角。因为，坏人并不在乎道德的义务与观念，他只是希望避免闯进法律的禁区。当向律师询问某一行为是否合法时，他只想知道社会公共权力将会怎样对其产生影响。坏人不像好人那样在良心上询问自己是否正确，而只关心法律决定带来的具体得失。“如果你想知道法律而非别的，你必须从坏人的角度观察。坏人仅仅关心实质性的结果，这种知识使其可以作出预测。”① 以此作为出发点，霍姆斯以为法律义务同样“仅是一个预测：如果一个人实施某些行为，便会由于法官判决而受到某种痛苦。法律权利也是如此”②。

---

① Oliver Wendell Holmes, “The Path of Law”, *Harvard Law Review*, 10 (1897), p. 461.

② Oliver Wendell Holmes, *The Common Law*, ed. Mark Howe, Boston: Little, Brown and Co., 1963, p. 458.

025. 预测的约束作用

可以发现，格雷将法律适用者所说的视为法律，似乎是可以理解的，因为其具有强制的约束力。但将律师、坏人的预测视为法律便不易理解了。预测有何强制的约束力？对法律适用者的判决，不遵守便会具有不利的后果；而对预测不理会并不会具有同样的结果。

霍姆斯以为，预测是对某类特定典型案件的司法判决的一般性预测，而不是指对某个具体案件的法官判决的预测。这种预测对预测者具有同样的约束力。因为，当预测得出法律适用者会如何判决时，明智的预测者是不会不理会这个结果的。现实中，“坏人”总想知道某种行为的实际结果，而知道结果的目的正在于安排计划实施行为。因此，如果不理会预测的结果，便会导致计划行为的失误并导致不利的后果。当与法律有关时，“坏人”总是依据“预测”去行为以避免不利的结果。如此观之，预测当然具有强制的约束力。

霍姆斯的思路是：法律是强制性的；为了避免强制性的不利后果，就要观察法官所说所做的，而不是在制定法或判例中寻找白纸黑字的法律内容。官员所说所做的时常与制定法和判例不同。所以，真正有意义的法律就是预测。在这个意义上可以认为，这种预测对人们就有一种约束指导的作用。

026. 好人 · 法官 · 预测

人们可以首先对“坏人的视角”观念提出一个问题：为何只能从这种视角观察法律现象？在社会中可以利用的视角是众多的，坏人视角不过是其中之一。而且，法律仅对坏人有意义，对其他人如好人就不存在意义？根据霍姆斯的思路，必须将法律理解为国家权力的强制运用，法律的基本特质在于强制力，于是，法律对坏人之外的其他人没有意义。然而，在社会中，其他人除了“自愿地”关注道德观念道德义务之外，同时也“自愿地”关注法律义务。在关注法律义务时，他们并不认为这是被迫的，并不认为基于“不利后果”的考虑必须服从法律。在分析边沁和奥斯丁的法律命令说时，我们提过，就纳税这一法律义务来说，的确有人是被迫的，但同样有人是自愿的。比如，有人会认为，通过纳税可以增加社会财政收入，这种收入的增加可以增加社会公共福利，而公共福利的增加又可以使个人获益。因而他们会觉得，纳税对国家对自己都有益处，从而积极纳税。有人会认为，纳税的法律义务实际上又是道德义务，因为，在社会中享有公共福利而不纳税在道德上缺乏正当理由。而且，如果愿意在一个特定社会中生活，这本身已暗含着这样一个结论：愿意接受该社会的法律义务。否则，在道德情理上同样不能自圆其说。不论是从上述一类功利估算的角度还是从道德自律的角度，这些自愿都与“强制”“被迫”没有关系，而且与法院可能如何判决的“预测”没有关系。

霍姆斯以为，如果存在着“自愿”，便没有存在法律的必要。但是，坏人之外的其他人有时不仅需要功利估算和道德义务的指引，而且需要权利义务的“具体明确”指引。比如，当进行功利估算时，功利者当然想知道纳税的数量、国家财政的计划、福利设置的具体方面具体数字，以及个人可以获得的具体福利权利。而道德义务自律者在想积极纳税时，同样想知道具体的税额及税率，以及交给何种征税机构。而在一般功利估算的对象和道德义务的内容中，并不存在这类具体明确的指引。正是在一般认为的法律中，人们才能发现这种具体明确的指引。似乎不能认为，这种具体明确的指引不是法律的基本功能因而不属于法律的范畴。

另一方面，与分析法学和格雷的思考角度类似，霍姆斯忽略了法院自身角色的反省与认识。分析法学强调主权者的意志，格雷强调法律适用者的最终性，都是从法律对一般公众的结果分析得出的结论。一般公众如果不遵从主权者的命令或法律适用者的最终解释，便会遭受被制裁、被处罚的不利后果。分析法学和格雷，没有而且拒绝思考法院的法律义务，这便忽略了法官自身的观察者的观察地位。与此相像，霍姆斯亦将法院的法律义务抛置一边从而抛弃了法官的观察视角。

强调法官可能会如何判决的预测说，意味着观察者通常只能是当事人而不可能是法官自身。然而，法官在审判案件时，一般不是在预测自己或其他法官将会如何判决。对其而言，一般并不存在强制或不利的后果。霍姆斯可以认为，如果判决存在上诉问题，下级法官仍要预测上级法院的法官将会如何判决，否则自己的判决便可能被改判或撤销。但是，这种辩解仍然不能成立。因为：第一，即使是改判与撤销也仍然不存在“不利后果”的问题；第二，法官完全可以是最高法院或上诉法院的法官，同时，一个法律体系也许并不存在上诉制度。在这种情形中，认为这些法院的法官是在预测显然没有任何的说服力。

此外，这些法院的判决颇为重要，其判决所运用的推断模式具有一种范例效应，如果这些法院在判决时不是运用“预测”的推论模式，那么，以其为范例的一般公众或律师的推论何以时常是“预测”？这点似乎表明，至少某些公众或律师不是在“预测”。

四、行动中的法律

从阐释学的角度来看，分析法学将白纸黑字的规则视为法律的“本文”，将主权者视为法律的“作者”，而将法律适用者和一般大众看作法律的“读者”。分析法学以为“本文”的意义取决于“作者”，而且一旦创作出来便是客观存在的，它与“读者”的阅读反应没有关系。换言之，“读者”不能决定“本文”的意义。因此，分析法学的核心观念是作者本文统一式的决定论，这种决定论保留了法律规则的客观性从而保留了其可普遍适用的一般性，并将“法律的意义（或知识）”搁置于白纸黑字的规则中。

格雷与霍姆斯消解了白纸黑字的法律“本文”。他们主张，由于法律适用者这一“读者”的最终性，“法律的意义”存在于并且决定于读者的解读。无论是法律适用者的“所说”还是一般公众或律师的“预测”，都是读者的一种解读。这样，格雷与霍姆斯实际主张了法律意义的读者决定论。这种决定论，抛弃了法律规则的客观性从而在相当程度上抛弃了其可普遍适用的一般性，将“法律的意义（或知识）”归入了阅读者的观念之中。

但是，格雷以为，法院的具体判决是以阅读后的“法律规则”作为大前提的，而霍姆斯以为，阅读后的“预测”在一定程度上对一般公众或律师具有约束指引的意义，这样，两者似乎又保留了对“规则约束性”观念的眷恋不舍。其实，依照两者理论的内在逻辑，“规则是虚构的而且必须予以抛弃”，似乎是不可避免的唯一结论。从格雷理论的角度来看，法律适用者是在不断地解释法律，而且这种解释可以不断地具有新的含义，因此，法律适用者的解释实质上只能是适用于具体案件的法律解释，其并不存在“可普遍约束”性质的规则意义。从霍姆斯的理论来看，“预测”同样是会因人而异的，“预测”仅对预测者具有约束的意义，其同样不存在“可普遍约束”的规则意义。概言之，两者的读者决定论暗含着“客观的法律规则”并不存在的必然结论。

027. 虚构的法律规则

以疑难案件、法律适用者的复杂推论和法院判决的最终性作为分析的切入点，以格雷和霍姆斯暗含的规则怀疑论作为推演的出发点，现实主义法学，展示了彻底的法律规则怀疑论。

美国法学家弗兰克（Jerome Frank）以为，正常理解的“法律规则”是一种具有约束力的规则。在现实中，如果可以发现其对法律适用的主体产生约束的作用，那么，便应承认其是存在的。但是，对现实的观察可以证实，像法官这类的法律适用者并未受到这类规则的约束。法官时常是在超越所谓的“法律规则”。如果法官可以在所谓的规则之外自立判决的依据，那么，这种规则显然不能认为是有约束力的，因而不能称作法律的规则。如果法院具有事实上的自由裁量权，不同的法官可以运用自由裁量权作出不同的判决，而且，不存在唯一正确的判决结果，那么，怎能有法律意义上的规则？[①] 所以，即使是在法院的判决之中，同样不能认为存在着法律规则。卢埃林（Karl Llewellyn）指出，法律制度中的规则在实际的法律适用过程中所具有的意义，远没有人们设想的那么重要。“那种根据规则审判的理论，看来在整整一个世纪内，不仅愚弄了学究，而且愚弄了法官。”[②] 对于那些白纸黑字的制定法或判例来说，它们“仅仅是法官就具体案件作出法律判决的许多渊源中的一些渊源”，而不是人们认为的法律规则。[③]

---

① Jerome Frank, *Law and Modern Mind*, Garden City: Doubleday & Co., 1963, ch. 16.

② Karl Llewellyn, “The Constitution as an Institution”, *Columbia Law Review*, 34 (1934), p. 7.

③ Jerome Frank, *Law and Modern Mind*, Garden City: Doubleday & Co., 1963, p. 127.

028. 作为具体判决的法律

法律规则的不存在并不意味着法律的不存在。现实主义法律理论相信，具有普遍性和规范性的法律是一种天真的设想。真实存在的只有法律适用者的具体判决，而这种判决才是具有现实意义的法律。

法律与具体判决是等同的。因此，法律的内容随着具体案件事实的变化而变化，不存在类似案件类似处理的问题。换言之，每个案件之间都存在区别，因而严格地说，不存在针对某一问题的法律，而只存在针对某个具体案件的法律。声称针对某一类具体问题的法律和针对某一个具体案件的法律是矛盾的，没有任何意义。

弗兰克说："现在，我们可以大胆地从一般人的观点提出一个大致的法律概念：对任何具体的外行人来说，法院针对具体案件事实作出的判决只要影响了特定的当事人，那么便是法律。只有当法院在这些事实上作出了判决，在这个问题上法律才是存在的。在作出判决之前，唯一可以利用的法律就是律师发表的与当事人和案件事实有关的法律意见。这种意见实际上不是法律，而仅仅是对法院将如何判决的猜测。"因此，"就任何具体特定情形而论，法律要么是实际的法律，即关于这一情形的一个已在过去作出的判决；要么是可能的法律，即对一个将来判决的预测"[①]。泰勒（Richard Taylor）更是指出："就存在方式而言，任何具体案件中的法律不是成文法、普通法，也肯定不是某种不成文的自然法。精确地说，它是司法判决本身……认为司法判决是非法的观念是没有任何实际意义的……对当事人来说，法律是其法律义务的陈述。这一陈述仅仅是司法判决。当事人的法律义务是与判

① Jerome Frank, *Law and Modern Mind*, Garden City: Doubleday & Co., 1963, pp. 50–51.

决的宣布相伴而生的并且直至永远，只有在另一司法判决宣布后才能撤销。”[1] 针对法院在里格斯诉帕尔玛一案中的判决，泰勒认为：“在此我们关注的不是法院的判决是否明智或愚蠢……我们倒是想问这些问题：在上诉审判决之后帕尔玛对遗产的法律权利是什么？在判决后其他继承人对农场是否具有所有权？这两个问题完全取决于这个问题：对当事人来说法律是什么？对这一问题的回答是无可争议的。在这一问题上的法律并不是制定法宣布的内容，因为在这里，有关的法律是一回事，制定法则是另外一回事。有关的法律不是明确的来自普通法的原则。有关的法律完全见于法院大多数人的意见，而且完全是由这一意见构成的。”[2]

029. 行动中的法律及其不确定性

现实主义法学以为，通常认为的法律规则是一种虚构，在现实中真实存在的只有法律适用者的具体判决。因此，法律只是一些官员活动的事实而不是一种规则体系。法律是一种活的制度，而不是一套规范。法官和行政官员等在实际上对法律案件的所作所为就是法律本身。卢埃林说：“在我看来，那些司法人员在解决纠纷时的活动就是法律本身。”[3]

正是以这种方式，现实主义法律理论彻底消解了“本本中的法律”概念，代之以“行动中的法律”概念。

如果法律是一种行动中的法律，那么，这种法律是否具有确定

---

① Richard Taylor, “Law and Morality”, *New York University Law Review*, 43 (1968), p. 627.

② Richard Taylor, “Law and Morality”, *New York University Law Review*, 43 (1968), p. 626.

③ Karl Llewellyn, *The Bramble Bush*, New York: Oceana Publication, 1981, p. 3.

性？格雷与霍姆斯虽然否定本本中的法律概念，但是，他们以为法律仍然是可预知的，因为法律适用者形成法律的依据是可预知的。现实主义法学尤其是弗兰克的理论，将格雷与霍姆斯的设想推向极端，认为行动中的法律充满了不确定性。弗兰克说："人们只能极为有限地获得法律的确定性。对法律的准确性和可预测性的要求总是不能获得满足，因为，这类对法律最终性的追求，超越了实际可欲可得的现实……这是说，认为法律是或可以是稳定的确定的这一观念并非是理性的观念，而是应该归入虚幻或神话范畴的观念。"①

法律的不确定性，不仅来源于法律适用者依据的渊源复杂多样，而且来源于法律适用者本身具有的复杂品性。现实主义法学指出，作为主体的法律适用者，一方面具有正常的理性思维活动，另一方面也有嗜好、习性、直觉、偏见甚至脾气等非理性的思维活动。在这样一种法律适用者身上，如何可能存在法律的确定性？

030. 疑难案件与法律适用者的复杂推论

现实主义法学对争议性的疑难案件和法律适用者的复杂推论兴趣十足。但是，有论者以为，简易案件也是存在的，而且，在简易案件中法律适用者的推论也并非是复杂的。它像分析法学所设想的一样是一种三段论的推论方式。所以，现实主义法学的理论是"对个别判决的狂热崇拜"。②

在前述麦克劳夫林诉奥布莱茵案中，如果原告 A 不是在事故发生

---

① Jerome Frank, *Law and Modern Mind*, Garden City: Doubleday & Co., 1963, pp. 11–12.

② Rosco Pound, "How Far Are We Attaining a New Measure of Values in Twenty-Century Juristic Thought", *West Virginia Law Review*, 42 (1936), p. 89.

后两小时赶到医院，而是在事故发生之际便在现场受到精神打击，那么，根据已经存在的判例似乎不能认为该案是一个有争议的疑难案件。不仅英国初审法院、上诉法院和上议院会有同样的判决结果，而且他们的法律推论的依据也会大致相同，会依据前例所体现的规则来判决该案。否则，人们便不能理解为何在英美国家存在大量的相似判决或相似判例。就此而论，如何认为判例中的法律规则（无论是白纸黑字的还是法律适用者主观理解的）对法律适用者没有约束力？

针对这一批评，现实主义法学可以提出这样一个反驳：即使原告A的确是在事故发生之际便在现场受到精神打击，英国三个法律适用机构对其作出了同样的判决，也不能认为法律适用者是用三段论的推论方式，适用了前例中的法律规则。因为，可以将同样判决的原因理解为法律适用者具有共同的判决意见，而不是由于前例中的法律规则（无论是白纸黑字的还是法律适用者主观理解的）对其约束的结果。这是说，简易案件的存在，并不是因为其属于制定法或判例中的法律规则体现的典型情况，可以简单地将那种规则适用于其中，而是因为法律适用者对其没有争议。另一方面，即便是在原来的麦克劳夫林诉奥布莱茵案中，如果三个法律适用机构没有争议地作出了同样的判决，而且各自推论的依据也大致相同，那么，该案同样可以认为是一个简易案件。在此可以表明，疑难案件出现的关键在于法律适用者的主观方面，而不在于案件与制定法或判例中的规则是否一致。因此，没有争议的简易案件的存在并不能表明具有约束性的法律规则的存在。

可以发现，从现实主义法学的反驳中可以推出这样一个结论：法律适用者的主观意见决定了案件是疑难的还是简易的，因此，是否制定制定法或公布判例是无关紧要的。然而，这一结论可能缺乏说服力。因为，存在制定法或判例与不存在是不同的。当存在时，法律适用者的相同意见会依循其方向来作出；反之，这种相同意见可能会向另一方向发展。这说明为何不少没有争议的案件判决与制定法或判例是相同的，同时，说明其中法律规则（即使是法律适用者共同主观理解的）似乎是有约束力的。法律制度制定制定法或记录判例，似乎不是没有任何道理。

031. 法律适用者的态度

现实主义法学关注疑难案件和法律适用者的复杂推论，与其从负面角度理解法律适用者的主观状态有着密切联系。其以为，法律适用者只要愿意，便可不受所谓的“法律规则”的约束，即使具体案件的事实与制定法或判例之间存在着明确的逻辑关系，也是如此。这样，正如霍姆斯忽视了当事人中好人的存在，忽视了法律适用者自身义务的反省一样，现实主义法学忽视了自觉遵循制定法与判例判决案件的法律适用者的存在。有论者认为，大多数法律适用者在审判案件时，事实上并非像现实主义法学所描述的那样极具主观性。反之，他们通常是以制定法或判例作为判决依据的。一般来说，法律适用者的基本倾向是保守的，他们时常不愿意突破制定法与判例的约束另行其道。作为一个法律概念的基本把握，如果无视这一基本事实，那么极难认为这种把握具有较大的说服力和解释力。①

现实主义法律理论可以认为，虽然法律适用者有时可以自觉遵守制定法与判例，但是，这种遵守毕竟是自愿的。如果不遵守，并不存在约束的机制迫使其遵守。在此关键问题是：如果愿意，法律适用者就可以将制定法和判例搁置一旁。

---

① H. L. A. Hart, *The Concept of Law*, Oxford: Clarendon Press, 1961, ch. 9.

然而，在大多数法律适用者事实上自觉遵循制定法与判例时，问题关键似乎便不仅是法律适用者是否将制定法和判例搁置一旁。在这种情形下，法律在整体上便会呈现不同于现实主义法学描述的状态，其中，可以发现法律规则的存在，可以发现法律并不总是决定于法律适用者的主观解释。因此，不能对大多数法律适用者的态度事实上如何视而不见。

032. 法律适用者的推论与法律规则

从对法律适用者负面心态的理解出发，现实主义法学相信，法律适用者有时是凭直觉来解决具体法律问题的，尤其是法官在审判案件时，时常先作出结论而后给出理由。现实主义以此作为否定法律规则存在的理由之一。然而，另有论者指出，法官凭直觉判案或先作出结论后给出理由，并不表明法律规则是不存在的。因为情况也许是法官十分熟悉制定法或判例中的“法律规则”，在适用法律前已知道法律的结论是什么。当然，法官有时可能是不诚实的，也许会作出一个自己知道是不恰当的判决并将其合理化。但是，这仅仅表明法官有时有意识地不去遵守规则，并不表明没有法律规则。①“法律所规定的或允许的是一回事，由于法院的判决而可能对当事人所发生的，尽管与法律有关系，也只是另一回事。”②

就此批评来说，现实主义法学可以认为，法律适用者有时凭直觉来审判案件，正是表明没有规范使其受约束，正是表明法律适用者如

---

① Theodore Benditt, *Law as Rule and Principle*, California: Stanford University Press, 1978, p. 26.

② David Lyons, *Ethics and the Rule of Law*, New York: Cambridge University Press, 1984, p. 39.

果愿意便可自行作出判决。在现实主义法学的观念中，如果法律规则是存在的，那么，它便具有约束力。如果法律适用者可以决定是否适用一种规则，那么，该规则对其便不存在约束力，而没有约束力的规则根本不是法律规则。可以看出，现实主义法学的潜在观念是：从法律适用者的角度来看，一个规则只有当存在“强制”作为后盾时，才可以具有约束力，才可以是一个法律规则；在法律适用者的背后不存在可以实施强制的机构，因此，对法律适用者而言不存在约束力，因而不存在法律规则。

显然，这里涉及如何认识法律规则的品质。如果法律规则的存在必须以“强制”要素的存在为依据，则现实主义法学的结论将是不可避免的。反之，则可认为其结论是错误的，可以认为即使法律适用者有时自行作出判决，法律规则仍然是存在的。

033. 具体判决 · 强制 · 法律规则

法律仅存在于具体的判决之中，这是现实主义法律理论的核心要点。虽然法律适用者的背后不存在“强制”的问题，但在具体判决的背后存在着实施强制的机构，因而存在着强制性。在麦克劳夫林诉奥布莱茵案中，英国三个法律适用机构作出了同样的判决，即使原告A不赞同，她也必须服从其中权利义务的规定，因为判决具有强制性。具有现实强制性的具体判决才是真正的法律。

在这里，虽然现实主义法学与分析法学不同，认为法律只能是针对具体案件的具体权利义务的规定，不存在普遍性一般性的法律规则，但是，其与后者一样假设了“强制”或制裁是法律的必要因素。因此，如果认为分析法学不能解决区分主权者命令与强暴者命令的理论困难，那么，现实主义法学似乎更加不能解决区分具体判决与强暴者要求的理论困难。具体判决可以理解为对具体案件当事人的一种要求，这种要求以应为一定行为或不为一定行为为内容，如果当事人不服从，则会遭受不利的后果。而且，具体判决并不具有普遍性或一般性。在这些方面，其与强暴者的要求并不存在什么区别。或许，强暴者的要求与其之间的区别，仅在于具体判决的作出者是社会的权威权力机构。

现实主义法学可能以为，正是因为具体判决的作出者是社会的权威机构，所以具体判决才能叫作法律，而强暴者的要求不能叫作法律。但是，如果这样认为的话，便等于认为法律的核心要素在于“是否存在权威机构”，而不在于“是否存在强制”。否定“强制”的要素必然会导致现实主义法律理论的全部无效。“强制”是其主张具体判决才是法律的基本依据，没有“现实的强制”概念，现实主义法学根本不能批判“本本中的法律”观念，根本不能否定法律规则的存在。而且，主张法律的核心要素在于“权威机构”，进一步问题依然存在：为什么权威机构具有强制性？如果回答“因为权威机构有物化的震慑力量”，那么，这与强暴者并无二致。如果硬说“权威机构是一种法律机构”，这便会陷入一种不妙的循环说明：权威机构由法律决定，而法律又由权威机构决定。

由此看来，现实主义法律理论在“强制性”的问题上，要比分析法学来得更为困难。

如果将“强制性”视为法律的基本要素是错误的，那么，前一节讨论的现实主义法律理论以法律适用者背后不存在“强制”为由否定法律规则的存在，便是不能成立的。

034. 法律具体判决的最终性

法律适用者背后是否具有“强制”的问题，在另一方面，就是法律具体判决是否具有最终性的问题。在现实主义法律理论中，判决的最终性是其主张行动中的法律概念及否定法律规则的存在的基本理由。这种最终性意味着，无论法律适用者的判决是否正确，其都将在现实社会中发挥实际的效力，即使它和人们认为的法律规则含义不一致也是如此。

但是，将法律视为法律适用者的具体判决，似乎较为狭隘地理解了法律的作用。一般以为，法律不仅具有解决纠纷的作用，而且具有其他方面的行为指引的作用。事实上，人们可以看到，法律的作用更多的是通过普遍的行为指引来发挥的，在法律制度的运行过程中，解决纠纷只是法律的次要作用。同时，虽然可以发现，法官在审判案件时由于具有最终审判案件的权力，因而是不会受到现实其他力量的约束的，然而，这不意味着法官是不受任何因素约束的。在这里，可以而且必须区分强迫做某事和要求做某事。在法律的范围里，对法律适用者来说，只有“要求”含义而无“强制”含义的义务完全是可能的。基于这些看法，有论者指出，不能从具体判决的最终性得出行动中的法律概念，得出法律规则不存在的结论。[①]

此外，有论者以为，现实主义法学极为可能在理论上混淆了法律的效力和实效。在一般情况下，人们在讲述法律有效时，是指法律应该被遵守和适用；而讲法律有实效时，是指法律实际被适用和遵守的事实。法院的具体判决的最终性似乎体现了法律的实效。应该承认，法律的效力与法律的实效有着密切联系。如果一项规范（或规则）在任何地方均不被任何人适用或遵守，那么该规范也不会被视为有效力

① Theodore Benditt, *Law as Rule and Principle*, California: Stanford University Press, 1978, p. 27.

的规范。但是，如果某些法院在某些情况下未适用某一规范，这并不意味这一规范没有法律的效力。一个法律制度在整体上为人们所遵守，其中的具体规范便是有效力的，即使在个别情况下具体规范未获得适用与遵守，也是如此。因此，用法律具体判决的实效彻底否定法律的效力进而否定法律规范的存在，似乎是不能成立的。①

与此类似，有论者指出，有关事物存在的“陈述说明并未告诉我们应该怎样行为，而法律却说明了这一点。科学说明要么是真的要么是假的，而法律不存在真假的问题。在这些方面，法律像要求。一个关于语言活动分类的有说服力的理论告诉我们，陈述语气的句子（如预言）的目的在于告诉我们情况是（或将是）怎样的，而祈使语气的句子则告诉我们要做什么”②。这样，用法律具体判决的实际状态否定祈使语气的法律规则，似乎是错误的。③

现实主义法学具有这样一个观念：一般认为的法律具有普遍行为指引作用的概念，是假定了普遍规范性的法律规则的预先存在，因此，用这种概念来证伪具体判决是法律的概念，并证明法律规则从而是存在的，显然是无效的。另一方面，即使承认这类普遍指引作用的存在，同样可以看到，这种指引的实效时常是以法律适用者具体判决为转移的。当人们依照所谓的法律规则实施某种行为时，如果法律适用者的一个具体判决与人们的法律理解不一致，那么，这一判决便会改变人

---

① ［奥］凯尔森：《法与国家的一般理论》，沈宗灵译，中国大百科全书出版社1996年版，第42—45页。

② David Lyons, *Ethics and the Rule of Law*, New York: Cambridge University Press, 1984, p. 40.

③ David Lyons, *Ethics and the Rule of Law*, New York: Cambridge University Press, 1984, p. 40.

们对法律的理解。这表明具体判决要比想象的规则指引来得更为重要。就效力与实效的区分和祈使语气语言的存在而言，现实主义法学可以认为，这同样是假定了规则的预先存在。

从法律适用者的角度来看，将其适用法律的义务视为受到某种规则的约束似乎是不能成立的。如果认为这种约束是种类似道德的约束，那也未尝不可。然而，这类约束无论如何是种非强制的约束，认为非强制的约束仍然可以构成一个法律义务，便等于将法律与道德之类的约束混为一谈。以此为依据，现实主义法学以为，必须承认法律适用者事实上是不受约束的。

法律具体判决的最终性的问题十分重要。用法律存在指引作用、区分实效与效力、指出祈使语气的语言存在作为理由，似乎不能有效地化解这一难题。以法律适用者可以受到某种类似客观存在的道德规则义务的约束作为理由，同样不能起到化解的作用。但是，这些批评理由的不成立，并不意味着现实主义法律理论是正确的。在强调这一最终性时，该理论实际上依赖了自身暗含的"法律强制"的概念。如果这一概念是错误的，那么对法律适用者本身的最终性便会产生新的理解与认识。我们已经看到，"法律强制"的概念的确是错误的。

035. 法律的阅读与理解

与判决最终性问题密切相关的一个问题是：法律适用者对制定法或判例之类的白纸黑字的阅读与理解是主观的还是客观的？现实主义法律理论极为强调，与一般人们的设想不同，这种阅读理解产生的意义或曰法律的含义，只能依赖于法律适用者，因而其本身只能是主观的。这意味着法律含义是由阅读理解者决定的，从而意味着法律是由阅读理解者"制定"的。这一强调的理由有两个：第一，法律适用者在阅读理解时已有先存的观念或判断；第二，阅读理解并不存在唯一正确的客观结论。

有论者认为，第一个理由是偏颇的。阅读理解者已有先存的观念或判断，不意味着阅读理解只能是主观任意的。当阅读理解者与制定法及判例的制定颁布者具有类似的文化认识结构，类似的价值选择，阅读理解者的法律解释便可产生一定的客观性。这种客观性产生的法律内容与制定法及判例的内容不能认为是不一致的。

另有论者认为，第二个理由实际上是基于对“正确”或“客观”等概念的不恰当理解而产生的。在法律的语境中，“正确”与“客观”是相对而言的。为了确立法律解释的正确性或客观性，只需确定一种可能性：由于具有分量较重的理由支持，一种法律解释胜过另一种法律解释。“现实主义法学似乎混淆了是否存在客观标准和正确结果的问题，和是否可以确定我们的标准和法律结果是正确的这样一个怀疑性的问题。后种怀疑可以认为是十分恰当的……但是，这不应使我们怀疑谈论正确结论的意义。”[①] 此外，当对制定法和判例的阅读理解出现疑难时，可以利用一些辅助手段解决问题。比如，可以参考法律的“目的”，通过对“目的”的认识来获得较为正确及客观的阅读结论。[②]

然而，现实主义法学仍然可以认为：虽然法律适用者的阅读理解在某些情况下可以与制定法及判例具有类似的内容，但是，这仅说明一定条件下两者的一致性，并不能够说明制定法及判例本身可以约束

---

① Theodore Benditt, *Law as Rule and Principle*, California: Stanford University Press, 1978, p. 37; Kent Greenawalt, *Law and Objectivity*, New York: Oxford University Press, 1992, p. 15.

② Lon L. Fuller, *Lon L. Fuller Papers, Fuller to F. Olafson*, Harvard Law School Library, 1960: Mar. 22.

控制法律适用者的阅读理解。这一情形不能否定制定法及判例的意义决定于法律适用者的结论。就“分量较重的理由”以及其他可依赖的辅助手段而言，它们同样存在阅读理解的问题。什么是“分量较重的理由”？一部制定法与一个判例中的具体“目的”的内容是什么？这些仍然需要阅读与理解，它们本身同样存在着“是否具有正确性客观性”的问题。此外，“相对的分量较重理由”的概念的提出，本身便是承认了“客观或唯一正确的结论”是不存在的。因此，“正确结论”或曰解释标准的客观性问题仍存疑问。

应该指出，现实主义法律理论在认识论方面最具刺激的观点是否认法律适用中存在唯一正确的结论。对于批评者，这一问题可能具有中枢作用。换言之，如果可以证明法律适用中“正确结论”是存在的，那么，似乎便可以通过“正确”的解释方法解决解读的多样性，法律适用者不受约束的问题也就不存在了，而其他现实主义的发难亦可迎刃而解。

这一怀疑观点对后面阐述的一些法学理论具有十分重要的意义。许多法律理论，在不同程度上均以此作为出发点，并深化了现实主义法学的理论依据。在后面第095、096小节，我们将详尽探讨这一问题。

五、实用主义精神

根据现实主义法学的上述观点，法律适用者判决式的法律是极为不确定的和几乎难以预见的。这样的法律对一般人来说，究竟意义何在？

分析法学说，法律存在于制定法或判例的白纸黑字的规则中，这种规则具有普遍的约束性，以其作为依据的具体判决是真正的法律适用；另一方面，在特殊情况下，法律适用者可以具有自由裁量权，根据法律规则之外的规范内容作出具体判决。问题是：后一种判决是不是“法律的”判决？如果是，理由是什么？显然，分析法学以为后一种判决是法律判决，但是并未给出理由予以说明。而且，即使能够提出理由给予说明，仍会在其中得出一个不同于白纸黑字观点的法律概念。因此，分析法学的法律概念学说实际上暗含着一个不可解决的两种法律概念的彼此矛盾。

尤为重要的是，这种矛盾展示了一个紧张关系：白纸黑字的主导法律概念始终包含了对法律适用者的自由裁量的否定，使后者无法得到证明自身合法的正当理由。

而在现实主义法律理论中，白纸黑字的法律概念是错误的，真实正确的法律概念是后一种的法律适用者自由裁量的概念。这种法律尽管是不确定的、不可预见的，但似乎能使法律概念学说一以贯之，而且在实用价值观念的关照下，能使一般所说的“自由裁量”得到自证合法的正当理由。

据此，现实主义法学相信，行动中的法律概念对人和社会来说不仅不是一个不幸，而且不是一个价值上应予否定的法律认识。相反，它具有重要的实践意义。

036. 法律与社会的需要

在弗兰克看来，一般人们普遍期待法律的确定性，并相信法律可以是稳定的、固定不变的，其本身就是追求从未实现过的“法律神话”。经过对法律适用者的法律适用的详尽分析，人们可以清楚地看到，法律仅仅存在于法律适用者的行动中。如果正视这一事实，并且抛弃孩提时代留有的“恋父情结”的残余，抛弃在法律中追寻父亲般的固定性、可靠性、确定性和万无一失性的替代物，便会自然而然地看待法律现象，并且不会再去幻想式地寻求原本不存在的确定性。[①]

弗兰克以为，在变动不居的社会状态中，法律的不确定性正是人们对实际生活采用积极且实用的法律态度的最佳契机。其巨大的社会价值就在于，人们可以根据社会的实际需要来确立法律的含义及内容，使其更为有益地适应社会实践的期待与展望。因此，人们不应对法律的不确定性感到悲哀。

现实主义法学进而指出，作为法律产生发展的主体，法律适用者应当在价值取向上努力探明某种判决方式的实际效果，然后根据对这些效果的评估作出判决。“如果推理不能解决案件而只能表明特定前提的效果，而且如果存在一个可以利用的、争议性的但同样具有权威性的前提导致一个不同的结论，那么，在这里便存在一个选择，一个需要确证的选择，一个只能作为政策问题进行确证的选择……只有政策考虑及面对政策考虑，才能确证相关判例总体的某种‘解释’。”[②]某些现实主义法学家主张，在估价实际效果和选择政策时，应当权衡相互冲突的利益，其中尤为应当注意社会效益。他们相信，许多法律问题可以根据社会风险的适当分配获得有益的解决。

在此，现实主义法学的潜在设想是：法律只能是法律适用者行动中的法律，因此，如果认为一般的立法者可以根据社会需求制定“白纸黑字”，那么，便应承认真正的法律拥有者同样可以这样制定法律。

---

① Jerome Frank, *Law and Modern Mind*, Garden City: Doubleday & Co., 1963, p. 6.

② Karl Llewellyn, “Some Realism About Realism”, *Harvard Law Review*, 44 (1931), pp. 1252-1253.

037. 实用主义和法律的正当性

显然，现实主义法律理论是以张扬包含社会功利主义内容的实用主义来淡化人们对法律不确定性的固有反感。它不仅试图动摇一般人们接受的法律概念，而且试图用实用主义的效用观，动摇一般人们认可的确定性、稳定性和可预测性等法律价值。

在现实主义法律理论盛行之时，实用主义哲学是颇具吸引力的。这种哲学极为强调真理、知识的有用性，极为强调事物的未来价值。美国哲学家詹姆斯（William James）说："根据实用的原理，如果一个设想可以带来有益的结果，那么我们是不能将其拒之门外的。普遍的观念……如果没有用处，则的确没有意义或现实性。反之，它们便会具有意义。而且当意义的用处与生活中的用处相当时，它才是真实的。"①"对于我们来说，正像健康、财富、力量等是与生活有关的实现过程的名称一样，真理同样是一组实现过程的名称。人们追求真理是因为可以获得回报。与健康、财富和力量一样，真理是在经验的过程中被创造的。"②在实用主义的哲学中，一切有用的便可成为人的工具。因此，弗兰克认为：真实正确的事物依赖于"与你愿望的和可能实现的价值与理想的一致性，依赖于可以促进这些价值与理想的有效性"③。

但是，不论实用主义如何强调实际的效果、如何强调事物的工具意义，人们仍会对行动中的法律的正当性提出疑问。

---

① William James, *Pragmatism*, ed. Fredson Bowers, Cambridge: Harvard University Press, 1975, p. 131.

② William James, *Pragmatism*, ed. Fredson Bowers, Cambridge: Harvard University Press, 1975, p. 104.

③ Jerome Frank, *Court on Trial*, Princeton: Princeton University Press, 1949, p. 353.

长期以来，人们不仅认为而且希望法律不溯及既往，具有稳定性、确定性和可预测性，因为这些对社会的正常运行是不可或缺的。如果法律是溯及既往的、朝令夕改的、含糊的和无法预知的，那么，人们将难以确定自己的行为后果从而难以确定行动方式，社会也将是不稳定的。因此，奉劝人们放弃追求这些法律价值似乎要比奉劝人们抛弃“恋父情结”来得更为困难。此外，如果法律全部成为法律适用者的判决或行动，那么，这也将与长期以来形成的立法与司法相分离的观念以及民主的价值取向发生严重的冲突。首先，人们认为立法与司法应分离的理由是：两者合而为一将会导致专制。而法律如果变成法官的判决，那么立法与司法的界限显然就不存在了。在现代，有人便以为，随着法律不断的复杂化和专业化，作为职业性的、专业性的法官阶层有可能成为一种新的“专制”阶层。这样，在这种情况下，法律适用者中心论的法律概念极为可能是令人失望的。其次，一般认为，在政治上法律应由民选的机构来制定，起码基本的法律结构及内容应当由这样的机构来确定，这是民主的要求。而法律适用者通常不是民选的，其各种意见的形成及其程序与民众的愿望并不直接发生关系。而依照现实主义法学的观点，甚至基本的法律结构及内容都将不可避免地由法律适用者来确定。这样，法律以及法治与民主必须相结合的要求是不可能实现的。上述这些问题尤其是后面的问题表明，法律适用者行动中的法律概念缺乏一种正当性的基础。

分析法学虽然认为法律是主权者的命令，但是，它认为主权者可以是民主代议机构或一般公众，而且法律具有普遍性、确定性和可预测性，法律适用者通常仅是“适用”法律。这样，其理论在某些时候似乎并未面临严峻的正当性问题。在这方面，如果认为现实主义法学要比分析法学更为有趣地说明了“法律是什么”，那么，它比后者更为困难地无法说明法律的正当性。

六、作为一种没有“规则”内容的社会现象的法律

现实主义法学竭力主张“行动中的法律”，否定“本本中的法律”，但是像分析法学一样坚持“实然”与“应然”的分开。在现实主义法学看来，如果“本本中的法律”观念是无意义的，那么，运用价值判断去分析法律的存在与否便更是无意义的。对于当事人来说，不论其对法律及其效力持有何种的主观评判的观念，对其具有实际影响力的只有法律适用者的具体判决。

038. 实然与应然·法律社会学

然而，在分析法学中，将“实然”与“应然”分开的意义是十分重要的。当判断法律实际上是什么时，应当运用一种客观的事实标准；而当判断法律的优劣时，完全可以运用主观的价值标准。之所以必须用事实标准判断法律的存在，是因为法律的义务性质的“规范”要求无论在实践上还是在理论上都具有首要的意义。在实践上，“规范”要求可以使人们明确自己在社会中的地位、角色以及应当做什么，没有这种明确，社会的存在将是难以想象的；在理论上，“规范”的要求是法律的重要品格，也是人们把握法律现象的必要途径，是人们形成有实践意义的法律知识的必要途径。而在现实主义法学中，虽然应当区分法律的“实然”与“应然”，但是这种区分似乎并不十分重要。因为，法律是法院的判决或官员的行动，在当事人这一方是一种对法院将如何判决的预测。这样的法律似乎没有而且无法具有“规范”要求的性质，它只给当事人实际的法律结果。

区分法律的“实然”与“应然”是一种实证主义的立场。从这一角度来看，现实主义法学也可以认为属于法律实证主义。法律实证主义的基本观点之一是：法律是一种客观的社会现象。如果法律是一种客观的社会现象，那么采用哪种基本事实作为分析的出发点便是颇为重要的。分析法学关注的基本事实是主权者的立法内容，而现实主义法学关注的基本事实是一般官员的法律行动。

另一方面，现实主义法学融汇了实用主义的意念，从而使法律的实然研究变成了另一层次的实验效果研究。美国法学家宾翰姆（Joseph W. Bingham）以为：“在观念之外并不存在规则，规则本身是不可发现的，因为，它们是心理现象。”[①]简单地说，法律规则和原则是将实际法律现象合理化的心理过程。心理过程只能由外在的行为加以研究。由此，法律研究应该集中在“政府机构的组织、它们的具体运作及效果和导致这些运作的因果事实”[②]。卢埃林指出，法律研究应该涉及“工具主义、法律适用中实用的社会心理的影响”，应该包括法律判决对社会的具体效果。[③]在这里，现实主义法学将法律适用者中心论和实用主义融为一体，建立了别有一番意义的法律社会学。

039. 内容不确定的法律知识

从法律知识的角度来看，“实然”与“应然”的分开暗含着两个重要结论：第一，可以找到一个标准来区分法律和非法律；第二，可以找到一个标准来确定某一法律的法律效力。分析法学相信，“主权

① Joseph W. Bingham, “What Is Law”, *Michigan Law Review*, 11 (1912), p. 35.

② Joseph W. Bingham, “What Is Law”, *Michigan Law Review*, 11 (1912), p. 9.

③ Karl Llewellyn, “A Realistic Jurisprudence”, *Columbia Law Review*, 30 (1930), p. 447.

者发布的一般性命令”便是区分法律与非法律的一个标准，也是确定某一法律的法律效力的标准；而现实主义法学则认为，官员的行为才是区分法律与非法律的标准，才是确定法律效力的标准。虽然两者存在着重要区别，然而两者都确信上述标准是存在的。

作为一种法律知识理论，分析法学似乎可以告诉人们具体的法律内容是什么，因为人们可以根据其给出的标准首先确定什么是法律，然后了解法律的具体内容。假设 A 希望收养 B，A 便可根据“主权者的命令”这一标准，确定权威立法机构制定的规则是法律，并在这种规则之中了解收养 B 的条件、程序，以及收养之后的具体权利和义务。而根据现实主义法学，虽然可以知道法律适用者的判决就是法律，但似乎不能事先了解法律的具体内容而只能对其进行预测，因为在法院判决之前似乎无法知道法律的具体内容。如果 A 具有同样的收养愿望，那么，除了知道法律适用者的具体决定是具有实际效力的法律之外，根本不知收养 B 的实际条件与程序，而且，更是无法知道收养后的真正具体的权利与义务。

现实主义法学的“知识论”具有极强的怀疑色彩。这使其“法律知识”理论在具体内容层面上变得毫无意义。同时，可以发现，如果法律在具体内容层面上是不可知的，那么在一般层面上的法律知识的意义似乎是值得怀疑的。因为，人们除了知道法律就是法院的判决或预测之外别无所知。分析法学不仅主张在一般层面上运用一个标准可以知道什么是法律，而且主张在具体层面上可以得知法律的具体内容，这样，其法律知识的理论在基本方向上变得具有意义。

当然，现实主义法学的怀疑论可以使人们注意到，由于法律运行过程的复杂性和多样性甚至一定的不可预测性，一般法学（像分析法学）所期望的“法律知识论”在实践中的意义似乎也是有限的。在实践中，法官或其他官员在某些情况下似乎并未完全依据统一的“法律知识”指导行动。应当指出，现实主义法学的怀疑论在“法律知识”的问题上的确开辟了一个重要的理论战场：法律知识的意义究竟是什么？在后面第四章，我们将深入探讨这个问题。

七、小结

从法律本体论的角度来看，现实主义法律理论的核心观念是：（1）法律存在于法律适用者的行动中；（2）这种法律的特征在于只可预测不可预知，它是不确定的。

这一观念的依据有三个：第一，法律适用者的推论是复杂的；第二，任何法律的最终解释不能离开法律适用者；第三，法律适用者的判决具有现实的影响力。

就第一点而言，由于法律适用者在解决具体法律问题时，并不以白纸黑字的规则作为唯一依据，其所形成的判决依据的渊源因而是多方面的。推论的复杂，使法律解释的结论时常因人而异。这种局面的出现时常与法律适用者是否自律的问题无关。因为，在疑难案件中，一般设想的白纸黑字规则是不能直接适用的，更为重要的是，法律适用者的阅读理解本身就存在差异，其中并不存在唯一正确的解释结论。

就第二点而言，法律适用者适用法律，必然涉及对法律的解释，无论这种法律是“本文”之中的白纸黑字还是“读者”头脑中的主观理解，都是如此。只有经此过程，法律适用者才能形成一个法律的意念，并将其用于现实之中。这里似乎已经表明，法律适用者始终处于法律运转的最终性地位。

就第三点而言，法律适用者的具体判决要比通常所说的规则，对人们具有更强的真实有力的影响。人们似乎也会更为关注法律适用者的具体判决。尤为要提到的是，正是因为法律适用者本身不受任何其他的实际因素的约束，其判决的影响才真实有力。

现实主义法律理论的三个依据的潜在前提是：现实的强制力是法律的必要因素。这一观念强调，任何法律概念学说的思考都不能离开外在行为制裁的假设。但是，在本章和前一章，我们已经看到，这种假设是错误的。

由于以这个错误的假设为前提，现实主义法学至少展示了如下两个理论困难：第一，不能说明法律语境中具有正面心理的人的存在，尤其不能说明法律适用者自身法律义务的性质；第二，不能说明，在制定法与判例存在的情况下法律适用的方向，为何不同于它们不存在的情况。

从价值论的角度来看，现实主义法学在确定“行动中的法律”概念的基础上，提出了实用主义的期待与展望，并试图改变通常理解的确定性、可预测性及不溯及既往的法律价值。但是，这一思想面临着极为严峻的正当性问题。如果在法律适用者身上出现了立法与司法的合而为一，那么，民主及立法与司法分立的价值似乎便受到了不应有的挑战。而且，在法律的语境中，正当性的优先似乎足以成为否定实用主义的基本理由。

从知识论的角度来看，由于主张行动中法律的不确定，现实主义法学从而实际上主张了法律知识虚无论。这种虚无论，不论人们可以对其提出怎样的批评，的确提醒人们应注意一般法学所说的法律知识在实践中的真实意义。这一问题，是后来法律概念学说的一个重要的理论战场。

现实主义法学与分析法学的相同点是：以“强制力”作为法律的

必要条件。两者的基本区别是：（1）前者强调了“司法式”的法律适用者的法律中心地位，后者强调了“立法式”的主权者的法律中心地位；（2）前者抛弃了法律的普遍性、确定性和可预测性，后者保留了这些性质。

CHAPTER 3

官员统一实践中的法律

不是由于惧怕，而是由于义务，应该不做有罪的事。

——德谟克利特

分析法学法律命令说的目的，是要为人们确立一个标准，通过这个标准，人们便可以知道何种规范可以视为法律规范。在分析法学看来，凡是主权者发布的一般性命令就是法律。命令、义务和制裁是一个事物的三个方面。当A因疏忽造成B的财产损失，A便有义务予以赔偿。因为，“疏忽造成他人损失者负有赔偿责任”是主权者的一般性命令，这种命令是主权者的意愿或意志，以主权者的暴力制裁为后盾。这一理论可以说明部分的法律现象，比如消极的法律义务，但不能说明其他的法律现象，如具有自愿内容的法律权利和没有制裁的积极义务；而且，不能说明某些法律为何是存在的，如使立法权力正常承继成为合法的法律。特别重要的是，该理论不能说明为何主权者的要求可以成为法律，而强暴者的要求不能成为法律。分析法学的设想是：确立法律的强制模式，可以清晰有效地区别法律与道德或其他的社会现象。然而，实现这一目的的代价无法令人接受。

从“在法律适用中没有唯一正确的解释结论”、“现实的强制意义”和“法律适用的最终性”出发，现实主义法学主张，必须从外在观察的“坏人”角度看待法律现象。这似乎是认为，像分析法学那样确立一个一般性的命令“规则”标准，显然无法把握法律的实质；只有思考现实中的“强制”和法律适用者的实际行为，才能对法律具有现实的审视与把握。具有现实强制力量的法律适用者的行动，说明法律只能是具体的和不可重复的，而且是不确定的和溯及既往的。但是，作为法律官员的法律适用者，在审理案件的过程中，毕竟有时并不将自己视为外在观察的“坏人”，他们时常采用不同于“坏人”或律师预测的观点。法律适用者有时甚至经常将制定法或判例等视为具有“规则”要求的性质。不仅如此，就是一般人也时常不将自己的角色限于“不良心态”的外在观察者，他们也时常将规则视为具有“规范”要求的性质，并且将其作为行为的标准。这表明，“法律适用中没有正确结论”、“现实强制”和“法律适用的最终性”对其并不存在实质的意义。

分析法学与现实主义法学各有不同，但在一点上却是较为一致的：在法律的实施上，两者都强调“强制制裁”的独有意义，在其看来，法律缺乏“强制制裁”是不可思议的。就此而论，两者再述了历史上西方法理学区别法律与道德的基本标准：外在的强制。这一观念的潜在前提是以怀有负面心理的主体作为分析的角色。这意味着，两者忽略了对规则怀有积极态度的主体的存在。

由于分析法学与现实主义法学均忽略了怀有正面心理的主体的存在，从而强调了法律的“强制”性质，这样，它们便必须共同面对一个基本的事实问题：法律的“强制”意义对怀有正面心理的主体来说似乎是不存在的，如果认为法律对其一定有影响，那么这种影响也只能是积极义务式的“规范指引”。这对法律适用者来说尤其如此。

主张法律具有强制性，最为重要的困难在于不能使法律区别于强暴者的要求。在此，分析法学和现实主义法学面临同样的两难选择：要么彻底承认法律完全等同于强暴者的要求，要么认为两者存在着区别，从而将自身的法律概念理论的建构彻底否定。从两者的理论论证方式和内容来看，它们似乎确认了法律与强暴者的要求并无二致，物化的“强制”是法律概念分析的逻辑终局。

可以看出，主张法律的“强制”性质，并非对所有法律现象的分析与推论，而是对其中部分现象的理解与强调。因此，它最终是一种姿态的选择。如果这是一个姿态的选择，那么它是将法律展示成人们最不愿接受的“暴力”形象。

一、规则的内在方面

于是，以英国法学家哈特为代表的新分析法学以为，必须抛弃法律的暴力形象，必须选择新的姿态。新姿态的出发点即在于认识具有正面心理的人的主观态度。

040. 习惯行为模式·规则行为模式·被迫行为模式

在社会行为中，可以看到一些具有一定规律性的行为模式：每天早晨跑步、饭后吸烟、晚上 10 点钟睡觉、喜欢开玩笑、星期六郊游和看电影、每天准时上班、进教堂脱帽、正式场合西装革履、每天为他人做奴隶般的工作……这些行为之间有何区别？如何分类？

有人可能以为，其中可以分为两种基本行为模式：习惯行为和规则行为。两者的区别在于：后者包含着一种“要求”，前者并不包含。当没有他人“要求”时，每天早晨跑步、饭后吸烟等行为可视为习惯行为模式。每天准时上班通常来说是一种规则行为模式，因为，对行为者存在某种“要求”（如国家要求、雇主要求等），进教堂脱帽和正式场合西装革履也是因为存在某种要求。而且，这类要求是外在于行为者的，即它是非行为者向行为者提出的，而提出者本身不一定具有这样的行为模式。

但是，这种回答忽略了行为者本身的态度问题。有时可以发现，行为者同样会向另外的行为者提出这种“要求”，因为他认为，这种“要求”是正确的、正当的，其他行为者违背要求便应受到谴责。当某个政府职员时常迟到不准时上班时，某些职员便会认为这是不对的而且应受到批评，同时会认为，对其给予惩罚具有正当的理由。当有人进教堂不脱帽，有些朝圣者便会认为这是渎神的、应予谴责的；当有人在正式场合衣衫褴褛，有些衣着整洁者便会认为这样有失礼节，是对他人的不尊重从而应予批评。在规则行为模式中，这种持批评观点的行为者一定是存在的。因此，应当看到，习惯行为模式和规则行为模式的真正区别更在于某些行为者具有积极的主观态度；在规则行为模式中并不只有因他人要求而被迫的行为。在两种行为模式之外还有被迫行为模式，这一模式仅仅具有外在的他人“要求”，而无行为者本身的积极态度。

根据这一思路，哈特认为，习惯与规则行为模式的真正基本区别是：第一，在前者中，行为者对偏离行为不存在任何形式的批评，在后者中则有，而且偏离行为会遇到行为者要求遵守“行为模式”的压力；第二，在前者中，不存在批评理由的问题，在后者中，人们有时不仅事实上作出批评，而且认为偏离行为本身便是应受批评的理由；第三，在前者中，群体成员在任何意义上都无需想到一般行为，甚至无需知道“行为模式”具有普遍性，更无需作出传授的努力或者具有维持的意图，就其自身来说，以他人事实上同样这样做的方式行为便足够了，而在后者中，至少某些人必须将“行为模式”视为群体整体遵循的一般准则。[1]

在哈特看来，将规则行为模式的特点理解为存在一种外在的他人要求，与行为者的自愿态度无关，等于承认了规则行为都是被迫的，等于将规则行为模式完全等同于被迫行为模式（如每天为他人做奴隶

① H. L. A. Hart, *The Concept of Law*, Oxford: Clarendon Press, 1961, pp. 54-55.

般的工作)。这是分析法学和现实主义法学“暴力解释法律”失败的关键。

041. 规则的内在方面和规则的存在

哈特以为，在规则行为模式中，正面心态行为者“反省”的主观意念是“规则的内在方面”，行为的规律性是“规则的外在方面”。没有“反省”性质的内在方面，行为模式便会成为诸如习惯等类的行为模式，或者成为仅有强暴要求逼迫的被迫行为模式。“内在方面”而非外在他人的“要求”，是规则存在的至关重要的本质特征。在任何规则存在的行为模式中，都可以发现这种“内在方面”。在象棋规则存在的比赛中，比赛者显然不是以外在观察者可记录到的那种方式仅仅具有移动棋子的习惯。对移动棋子的行为模式，比赛者存在一个反省性质的批评态度，即将这种行为模式视为针对所有参赛人员的准则。比赛者个人不仅本身以一定方式移动棋子，而且对所有以这种方式移动棋子的行为“具有看法”。当偏离行为实际出现或将要发生时，这些看法便在对他人的批评、对他人的要求以及他人遇到批评和要求时对两者的承认中表现出来。广泛的“规范性”语言，例如，“我(你)不应这样移动棋子”，“我(你)必须这样做”，“这是正确的”，“那是错误的”，被正面心态行为者用于这种批评、要求和承认的表述之中。[1]“任何社会规则的存在，包含着规则行为和对作为准则的规则行为的独特态度之间的相互结合。”[2]

在哈特的理论中，“规则的内在方面”意指规则行为模式中出现

---

① H. L. A. Hart, *The Concept of Law*, Oxford: Clarendon Press, 1961, pp. 55–56.
② H. L. A. Hart, *The Concept of Law*, Oxford: Clarendon Press, 1961, p. 83.

的行为者将行为模式视为自己行为及批评他人的理由和确证的主观方面。哈特相信，法律行为模式是一种规则行为模式，当其存在时，必然具有“规则的内在方面”，而这一行为模式中的内在方面，则决定了法律规则的存在。

042. 内在方面·法律权利·积极义务·法律规则

“内在方面”是哈特理论的出发点。哈特以此作为治疗分析法学和现实主义法学共同弊病的首要良方。

根据分析法学的法律命令说，如果一个法律的规则行为模式是存在的，那么其原因有三个：第一，某个主体颁布了一般性的命令；第二，背离命令规定的行为模式可能会受到惩罚；第三，行为者惧怕制裁。这意味着，法律义务的产生便是基于这三点。然而，这种说明似乎无法区别“有义务做某事”和“被迫做某事”，无法说明制定规则的主体自己遵守规则的情形，无法解释放弃权利的行为的自愿性，而且最为重要的是，无法解释在法律制度中具有举足轻重地位的法律适用者是如何在不可能存在强制制裁逼迫的情况下，自觉适用规则的行为。

哈特相信，引入“内在方面”的概念，便可极为成功地区别“有义务做某事”和“被迫做某事”，说明放弃权利的自愿性，说清制定法律规则的主体及法律适用者怎样自觉遵守和适用法律规则。根据这一概念，如果某人认为有义务纳税，是因为他意识到纳税是正确的，否则便是错误的，其心理主观状态与“被迫的感觉”毫无关系。制定法律规则的主体遵守法律规则以及法官自觉适用法律规则，是因为他们具有同样的主观意识。而某人根据授权规则放弃追索债务的权利，这既是自愿的又是有理由的。由此可看出，法律的规则行为模式的存在主要来说并不在于命令、惩罚和恐惧，而在于行为者的“内在方面”，它与被迫行为模式的存在是不同的。

现实主义法学认为，法律存在于法律适用者的行动之中，对于法律只可预测不可预知，因为，法律适用者的行动存在着任意的主观性。在前面一章，我们曾经指出，现实主义法学的这一观点忽略了“好人”的存在，尤其是忽略了作为“好人”的法官的存在。因此，哈特确信，注入“规则的内在方面”的概念，便可理解“好人”在法律理论中的地位与意义，便可初步纠正现实主义法学的理论偏差。可以看出，“好人”自觉遵守“一般性的要求”，是因为其具有积极的主观态度，其相信这样做是正确的。

哈特区分了具有内在方面的行为与习惯规律的行为。他以为，现实主义法学仅关注法律适用者外在行为的一个症结，即在于仅仅关注“习惯”式的行为规律。其未意识到，内在方面的行为与习惯规律的行为之间存在区别。习惯做某事并不意味着具有内在方面。法官每天吃饭、看电视是一种习惯行为，但在固定时间去法院审判案件则时常是具有内在方面的“规则”行为。

概言之，内在方面，是理解法律权利和法律的积极义务的必要途径。

此外，如果内在方面的确是存在的，那么，在另一方面便有理由认为法律规则是存在的。现实主义法学否认法律规则的存在，理由之一在于法律适用者事实上时常背离制定法或判例中的规则要求，而且，极为强调如果法律适用者愿意，便可以将通常所说的法律规则搁置一旁。但是，在规则行为模式中，具有积极反省态度的行为者是不会背离规则要求的，他会像其他行为者适用规则那样去行为。而且，只要其有这种态度，似乎便不存在“愿意背离规则”的问题。因此，在规则行为模式中，不能认为规则是不存在的。

043. 对待规则态度的种类

哈特的内在方面的理论，来自英国社会学家温施（Peter Winch）的社会规则学说。温施以为，有意义的行为事实上是一种规则约束的行为。因此，必须理解规则对于行为者的意义以及行为者对规则的态度。① "'理解'……是把握人们所说所做的要点和意义。这一观念远离统计和因果律的世界。它更为接近主观表达的领域，更为接近联系主观表达领域各个部分的内在关系。" ② 这种规则理论强调关注行为者对规则的正面的积极态度。

有学者指出，哈特对规则的内在方面的分析似乎不够精确。在现实社会中，可以发现规则的内在方面或曰内在观点，并不限于哈特所分析的那类积极自愿行为者。另有行为者，对规则采取了一种"不热烈的""勉强的"接受态度。这种态度是一种较弱意义上的内在观点。这类人意识到：（1）存在着积极自愿接受规则的人；（2）规则亦适用其本身；（3）有理由服从规则从而避免受到批评；（4）有理由喜欢规则适用于所有人而不喜欢他人利用自己的"勉强"态度。一般来说，在社会中自愿接受规则的行为者并不占据大多数，大多数人对规则的态度正是这种"不热烈的""勉强的"态度。③ 事实上，只要后一种人在社会中是大多数，则规则便可说是存在的。

有论者认为，哈特的"内在方面"忽略了律师和法学家一类实践

---

① Peter Winch, *The Idea of a Social Science and Its Relation to Philosophy*, London: Routledge & Kegan Paul, 1958, pp. 52, 133.

② Peter Winch, *The Idea of a Social Science and Its Relation to Philosophy*, London: Routledge & Kegan Paul, 1958, p. 115.

③ Neil MacCormick, *H. L. A. Hart*, California: Stanford University Press, 1981, pp. 35, 43.

者的另外一种态度。他们“可以使用规范性质的语言而不必因此具有对法律的道德权威式的态度”①。尤其是法学家的态度，是一种“说明式”的态度，这种态度不同于实践参与者的积极态度，也不同于一般分析法学和现实主义法学设想的负面心理的态度。这类“说明式”的态度可以观察认识具有内在观点的参与者如何接受规则，但自己并不接受规则，或拥有规则的观点。②

这些批评者从另一方面指出了除消极心理态度和“内在方面”态度外，存在各种其他的复杂态度。用一种较为简单的“内在方面”说明行为者可能是不恰当的。正是因为如此，哈特后来也承认：“那类‘态度超然’的陈述构成了一种第三类的陈述，它和我区别的两类陈述（内在陈述和外在陈述）一起构成了三种陈述。”③

但是，哈特承认存在第三种较为中性的态度，并不意味着放弃了说明规则内在方面的积极态度的重要意义。应该注意，第三种中性态度对于抵御分析法学和现实主义法学的“暴力解释法律”的姿态，缺乏应有的力量。尤其在说明至关重要的具有法律最终性的法律适用者的作用上，积极态度仍具有首要的意义。从法律运转的整体上看，如果将视线集中在这类“不热烈的”接受者身上，便不能有效回应分析法学和现实主义法学的法律强制的暴力学说。

---

① Joseph Raz, *The Authority of Law*, Oxford: Clarendon Press, 1979, pp. 154, 156.

② Neil MacCormick, *H. L. A. Hart*, California: Stanford University Press, 1981, pp. 34–40.

③ H. L. A. Hart, *Essays on the Jurisprudence and Philosophy*, Oxford: Clarendon Press, 1983, p. 14. 内在陈述对应内在观点；外在陈述对应外在观点；超然陈述对应超然观点。——笔者

044. 内在方面与义务

在哈特的理论中，至少应存在某些人的积极反省态度，否则规则的行为模式是不存在的，从而规则也是不存在的。反之，某些人的正面心态决定了规则的存在，而规则的存在便意味着义务的存在。当存在纳税的义务时，是因为某些纳税人觉得纳税是正当的，他们会对偷税逃税的行为表现出批评的态度。他们纳税是因为自己就有积极的反省态度。

然而，这一理论似乎并未精确说明：为何没有积极反省态度的行为者仍然具有义务？有些人虽然纳税但并不具有积极的反省态度，他们可能认为，不纳税便会遭到惩罚，所以迫不得已去纳税。为何这些人具有纳税的义务？仅仅是因为有些纳税人认为应该如此。[①]

哈特的理论的确认为，规则行为模式中某些人的积极反省态度，是负面心理人被迫依照一定行为模式行为的义务根据。但是，有时有人反对纳税是因为认为纳税是错误的、不公正的，其心理并不在于偷税漏税以损公肥己，他的确认为，国家征税没有正当的道德根据。不论这种观念是否正确，这类人被迫纳税的确是一种可以理解的“被迫”行为。在这种情况下，仍能认为积极态度的内在方面是其纳税义务的根据吗？对于更有争议的问题，这一理论便会遇到更为严峻的疑问。比如，对于“安乐死”“堕胎”等行为，是否反对者的积极态度足以成为赞同者不得如此行为的义务根据？如果可以，那么理由何在？在此，可以看到，从哈特的理论中似乎只能推出这样一个结论：某些人认为“正确”足以成为他人的义务根据，即使这些人是社会中的少数。

---

① Theodore Benditt, *Law as Rule and Principle*, California: Stanford University Press, 1978, pp. 82-83.

顺此思路，如果对立观点不可调和，那么最终结果似乎只能是掌握权力者来决定谁是“正确”的，从而决定义务是什么。在后面，我们可以看到，哈特的确认为法律制度（及法律义务）存在的关键在于官员世界（即使相对于社会来说是少数）的“内在方面”。如果是这样，义务的根据表面上看是由于行为者的积极态度，而实际上则是由于权力的最终决定。如果是权力的最终决定，哈特的理论似乎与分析法学和现实主义法学具有类似的结果，其同样最终不能回避“权力暴力”的问题。

这一分析本身似乎从相反方向表明：就那些被迫的义务而言，分析法学与现实主义法学的理论并非毫无道理。哈特的规则内在方面的观念同样只说明了法律中的部分现象，尽管这些现象是颇为重要的。

045. 义务与规则

根据内在方面的学说，在社会中，如果某人提出一项义务的主张，比如“应当这样行为”，那么便意味着此人既预先说明了有关这项义务的规则的存在，又积极接受了这一规则。换言之，如果有人认为有义务不说谎，那么这就表明此人已说明了“不说谎”的规则的存在，而且也积极接受了不说谎的行为。

但有论者指出，这可能是不正确的。对于宣称“进教堂应脱帽”的朝圣者，这也许是恰当的，然而对于说“有义务不说谎”的人来说，也许不恰当。因为，当某人说“人们有义务不说谎”时，可能在社会上并不存在这样的规则。此人所表述的“内在观点”也许仅仅是一种伦理道德的意见表示。素食论者的例子，可以更为清楚地说明这一点。素食论者一般会认为，人们没有权利杀死动物以求食。因为，在任何情况下以任何方式涂炭生灵都是不道德的。可是社会上显然不存在“不杀死动物”的规则，而且，素食论者也会承认，社会中极少有人会接受这样一种有关义务的看法。[①]

从道德理论上看，哈特的理论似乎忽略了两种社会道德形式的区别。前者是共时（concurrent）道德，后者是历时（conventional）道德。在历时道德中存在行为一致因素，在共时道德中并无这种行为一致因素。当人们提出一种规范性主张，而又不将这种主张的社会行为一致性视为主张的基本根据时，这便是一种共时道德的表现。当人们提出规范主张且将其社会行为一致性作为主张的基本根据时，这便是一种历时道德的表现。如果一名朝圣者认为所有人都有义务在教堂脱帽，并且这种观点是因为社会上的主张及行为的一致性，那么我们看到的是一种历时道德的状态。如果有人认为不应说谎，而且，即使大多数人说谎他也如此认为，那么我们看到的则是共时道德的状态。[②]

就此而论，规则的内在方面理论至少没有说明素食论者以及共时道德状态中表现出的“义务模式”。

针对这一批评，哈特可以作出如此回应：素食论者及共时道德中的情形并不表明一种标准的、正确的“义务表现”方式，实际上，他们表现了这样一种要求，即由于存在极强的根据认为不应杀生或不应说谎，社会应当存在这样的规则。

但是，这种回应似乎并不符合实际情况。因为，素食论者及反对说谎的人极为可能认为人们从未有过杀生或说谎的权利，极为可能认为，尊重生命的道德义务的存在或不说谎的义务的存在才是这样的规则存在的理由，而不是反之。换言之，在这些情况中，先有义务的存

① Ronald Dworkin, *Taking Rights Seriously*, London: Duckworth, 1978, p. 52.

② Ronald Dworkin, *Taking Rights Seriously*, London: Duckworth, 1978, p. 53.

在，后有规则的存在，而不是先有规则的存在，后有义务的存在。

此外，在法律实践上似乎亦可发现先有规则后有义务的观点的错误。比如，根据哈特的理论，一名法官必须适用一项法律规则的义务来源于一项较高法律规则的义务规定。但是，人们可以提出这样的问题：为什么这名法官有义务遵守较高的法律规则？如果说因为这是宪法的规定，那么完全可以继续追问：为什么法官有义务服从宪法的规定？显然，这样追问下去，我们将不得不作出义务在根本上来源于社会规则以外的东西的结论。

这表明，某些义务甚至法律义务的存在，与规则的行为模式或规则没有关系。规则的内在方面理论不能解释这类义务的存在。

二、次要规则

哈特认为，规则的内在方面或曰行为主体的内在观点，决定了规则的存在。但是，许多规则如道德规则、礼仪规则、宗教规则等，其存在都具有“内在方面”。法律规则与其的区别是什么？哈特指出，法律规则与非法律规则的区别在于前者包含着社会官员内在观点所接受的“次要规则”。就“规则行为的内在方面”而言，法律规则的存在尤其依赖社会中官员的“内在观点”，即官员对待规则的积极态度。从官员对规则的积极态度去审视，便可部分地清晰分辨法律规则和其他种类的规则，看出法律规则与其他规则的相互区别，看出其中包含了特殊的“次要规则”。

046. 法律规则的种类

从表象上看，官员内在观点视域中的规则具有不同的种类。“一类规则人们可视为基本规则或主要规则，根据这类规则，人们必须为或不为某些行为而不论愿意与否。另一类规则在某种意义上从属于或辅助前一类规则，因为它们规定人们可以凭借做某些事实或说某些言论的方式采用新的主要规则，废除或修改旧的主要规则，或者以各种方式决定主要规则的影响范围或控制它的作用。前一类规则设定义务；后一类规则授予公共权力或个人权利。前者涉及人们行为的活动或变化；后者具有不仅引起人们行为的活动或变化，而且引起创立或改变责任或义务的作用。”①换言之，“某些规则就其要求人们以某种方式行为（如纳税或不得使用暴力）而言具有命令性，它们不管人们愿意与否；而有些规则如那些规定结婚、立遗嘱和订立合同的程序、手续及条件的规则，说明人们为实现愿望必须做什么”②。

前一类规则叫作主要规则，后一类规则叫作次要规则。前者与义务有关，后者与权力或权利有关。

哈特以为，法律便是这样两种规则的结合，即主要义务规则和次要授权规则的结合。

047. 三种次要授权规则

次要授权规则包含承认规则、改变规则和审判规则三种。

为说明三种次要规则的具体含义，以及它们如何与主要规则相结合，可以设想一个像原始社会那样的简单社会，其中只存在主要义务规则，如“要信守承诺”“不得谋杀”等。

不难发现，在这样一个社会里，主要义务规则至少存在三个不足：

---

① H. L. A. Hart, *The Concept of Law*, Oxford: Clarendon Press, 1961, pp.78-79.

② H. L. A. Hart, *The Concept of Law*, Oxford: Clarendon Press, 1961, p. 9.

第一，人们容易对其内容是什么或其精确范围是什么产生疑问，比如，“要信守承诺”包括哪些内容？是否包括“全部履行”“依时履行”“在对方违约时依然履行”等内容？如果部分履行、因特殊情况推迟履行或在对方违约时依然履行，是否属于信守承诺？经不治之症者同意而使其安乐死亡或者堕胎，是否属于谋杀？第二，其变化发展及取舍完全是习惯性的，人们在主观上无法控制（如果想要控制的话），比如，如果想让人们接受安乐死，只能等待人们慢慢地改变习惯。第三，用其解决纠纷缺乏一个令人信服的、稳定的权威，当人们因协议发生纠纷时，谁来解释说明“要信守承诺”的含义？谁来判定争议者的权利和义务？

显然，要使主要义务规则发挥有效的作用并使这样一个社会顺当地发展，就必须出现另外一些规则弥补这些不足。

首先，需要一类规则用以明确主要义务规则的内容及范围，它可以说明在何处可以发现“要信守承诺”规则和“不得谋杀”规则的具体内容和范围，说明这些义务规则的效力如何。这种需要的规则是哈特所说的“承认规则”。其次，需要一类规则控制主要义务规则的发展变化并用以确定取舍，当社会大多数人要求允许安乐死和堕胎时，需要这类规则来说明安乐死和堕胎何时有效；有时，当债权人想要豁免债务人的债务时，也需要这类规则来调整这样的权利放弃。这类需要的规则是哈特所说的“改变规则”。最后，需要一类规则确定一个权威以解决纠纷，如果某人违反了承诺或与他人发生纠纷，这便需要确定谁最终有权去认定是否违反了承诺，根据主要义务规则认定纠纷的责任。这类需要的规则是哈特所说的“审判规则”。

哈特认为，次要规则“可以被说成是与主要义务规则处于不同的层次上，因为它们都是关于主要规则的规则。在这点上，主要规则涉及个人必须做或不得做的行为，而次要规则涉及主要规则本身。次要规则说明主要规则可以最后被查明、采用、消除、改变的方式和违反主要规则的事实被查明的方式”[1]。

048. 承认规则的作用及其存在方式

在次要规则中，承认规则是最重要的。因为，它可以回答法律是什么，可以确定某种渊源（如立法机关制定的规则或判例）是否为法律的渊源，并对一个法律制度何时存在提供一个标准。

哈特提醒人们注意，不能将承认规则的存在方式等同于常识一般理解的法律规则。常识一般理解的法律规则是权威机关制定的或以司法部门的判决方式出现的，而承认规则既可以是成文的，也可以是不成文的，它可以以各种表述方式存在于人们的日常实践中。例如，“凡是英国议会所颁布的就是法律”“一个规则是一个法律制度的规则，当且仅当这个规则由立法机关颁布，或者来自立法机关颁布的规则”等表述，不一定是权威机关制定的或以司法部门的判决方式出现的，但它们的确是承认规则的一种表现形式。就规则的存在而言，其他规则作为法律规则而存在，一方面是因为人们具有的“内在观点”，另一方面便是因为承认规则自身所确立的标准。而承认规则作为法律规则而存在，则仅是因为人们所具有的“内在观点”。换言之，承认规则的法律性质的存在，仅仅因为官员和个人在确定何为法律时，必须以其作为确定的标准。因此，“承认规则仅仅是作为法院、官员和个人在依据某种标准确定法律时从事的复杂但

① H. L. A. Hart, *The Concept of Law*, Oxford: Clarendon Press, 1961, p. 92.

又正常一致的实践而存在的”[1]。

就存在方式而言，改变规则和审判规则与承认规则具有类似的地方。

049. 次要规则的法理学意义

次要规则是以“法律的要素”的身份来展示法理学意义的。没有次要规则，主要义务规则便失去了法律的性质。运用次要规则的概念，哈特首先试图纠正分析法学的两个缺陷：（1）无法解释立法机构正常交替时某种法律的存在；（2）无法解释授权法律的非强制性。根据哈特的设想，正是通过实践中内在观点体现的次要规则的存在，立法机构的交替以及先前的法律才可延续有效。例如，当某个制定规则的主体去世后，正是因为改变规则的存在，其制定的规则才继续有效，而且新的立法者才具有合法性。而授权法律如规定自愿立遗嘱的法律等本身就是不同于主要义务规则的规则，它们本身就是改变规则。这样的规则的存在，使得主要义务规则设定的义务可以产生或消灭。它们当然不具有强制性。

其次，哈特希望解决分析法学与现实主义法学均无法解决的一个理论困难：如何判定某类人为立法者或法官那样的官员。分析法学以为，在法律的产生上，主权者也就是立法者。但是，为何说主权者是立法者？立法者的定义是什么？在分析法学的学说中，人们似乎只能得出一个不是结论的结论，或者一个循环定义：主权者因为立法了所以是立法者，立法者就是立法的人（如果认为主权者具有暴力所以是立法者，便会出现前面说过的“强暴者难题”）。显然，这种回答或定义是一种无可奈何的表现。哈特指出，主权者之所以成为立法者，是因

---

① H. L. A. Hart, *The Concept of Law*, Oxford: Clarendon Press, 1961, p. 107.

为在人们具有“内在观点”的日常实践中存在一种承认规则，这种规则授权、规定即说明了主权者是立法者。主权者成为立法者不是自身的缘故，而是自身以外的缘故。可以看出，依据承认规则这类次要规则的设立来说明立法者的性质，其解释力当然是分析法学的上述回答与定义无法比拟的。而现实主义法学在主张法律适用者所说所做的就是法律的同时，根本不谈用何种标准来确定何者为法律适用者。其实，在其理论中，似乎只能认为法律适用者就是在法院掌管判决的人。可以发现，如果说，因为人们在日常实践中以“内在观点”接受了一项审判规则，其中授权、规定并说明某类人如在某一地方负责适用义务规则即为法律适用者，所以这类人才是法律适用者，那么，在理论上人们似乎才能自圆其说。

最后，尤为重要的是，哈特希望避免分析法学的最为致命的一个弱点：无法说明为何主权者的要求可以成为法律，强暴者的要求不能成为法律。实际上，分析法学的“大多数人习惯服从”的概念，表明其意识到在一个法律制度中，大多数人的态度与行为是至关重要的，如果这些人对规则不采取合作的态度与行为，法律制度的基础或实效便可能无从谈起。令人感到奇怪同时感到遗憾的是，分析法学并未从这种意识中得出一个类似包含“内在观点”的“承认规则”的概念，反而得出一个“制裁威吓”的命令概念。哈特以为，“习惯服从”的概念所描述的情形，实际上是“大多数人接受”的情形。正是因为大多数人接受了某种规则，并用其来确定其他规则的具体内容，所以，其他规则才取得了法律的效力。某种规则成为法律，或说具有法律的效力，与主权者的“制裁威吓”并无关联，而是大多数人接受的“承认规则”使然。当明白了承认规则的性质与表征，就会明白为何主权者的命令有时会成为法律，而强暴者的命令从来没有成为过法律。

050. 承认规则与法律性质（或效力）的来源

哈特相信，分析法学解释“为何某种要求是法律”或曰“为何某种要求具有法律性质（或效力）”这类问题的思路，是极为不可取的。实际上，这类问题应被视为一种有关“合法性”的问题，它们与“暴力”之类的东西完全分属不同的领域。依照“合法性”的思路，当问：为何某种一般性的要求是法律或具有法律性质？回答是：因为它是立法者制定的。为何立法机关制定规则的行为具有法律性质？回答是：因为有种规则授权或承认其具有法律效力。这样，人们就会引出一个有点类似于凯尔森（Hans Kelsen）的“基本规范”的基本规则，权且称为承认规则。当然，后者不像前者那样存在于纯粹的应然世界中，而且其本身亦不存在法律性质来源的问题。哈特乐观地认为，这一思路显然优于“以暴力为后盾”的思路，并且可以有效地解决为何主权者的要求可以成为法律，而强暴者的要求不能成为法律。

主要义务规则的法律性质（或法律效力）来自承认规则，而承认规则的法律性质，来自大多数人或主要是“官方世界”的接受。换言之，“接受”可以使承认规则这类规则具有法律性质。

凯尔森以为，只能用“基本规范的假设”来处理法律性质的最终来源。法律性质的最终渊源是基本规范，基本规范本身只能是康德（Immanuel Kant）式的“应然世界假设”。凯尔森如此处理，是因为其深感对法律效力、法律义务、法律权利、法律权力的来源的连续追问，必然导致一个无法回答的终点。比如，如果认为一个法院判决的效力来自一个具体法律规则，那么后者的效力来自哪里？如果认为来自较为一般的法律规定，那么这一法律规定的效力来自哪里？如果认为这一法律规定的效力来自更为一般的法律规定，那么后者的效力来自哪里？……如此追问，必然导致一个无法回答的终点。如果认为一个具体的法律义务来自一个具体法律的规则，那么人们便会问遵守这个具体法律规则的义务来自哪里。如果认为来自更高一层的法律规定，那么仍然可以问遵守更高一层法律规定的义务来自哪里……这里同样存在一个无法回答的终点。对于法律权利和权力来说，问题亦是如此。分析法学的处理方式是：法律性质的来源就是主权者的命令。这种方式的结果是无法使法律区别于强暴者的要求。凯尔森一方面想避免分析法学的结果，同时又想对此连续追问作出必要的回答，故而采用了假设的方法。

哈特知道类似基本规范的承认规则的法律性质来源问题是个棘手的问题，但其认为，假设的方法使法律性质来源的分析变得晦涩神秘，而且，“假设”本身等于承认任何假设（如中世纪神学家假设法律性质来源于上帝的意志）都有理由存在。因此，哈特干脆用社会学的“接受”方式解决问题：承认规则的法律性质就是来自实践中的接受。如果要问这种接受为何使承认规则具有法律性质，那么，这等于在问作为所有公尺量度的“巴黎公尺线”为何具有标准性质。只能认为，“巴黎公尺线”的标准性质完全在于人们的接受，而不来自其他标准。因此，提问本身没有意义。

哈特希望，法律性质来源的分析最终能以“社会事实”作为起点，并以为，这样才能使法律要素的分析具有“现实”的基础。但是，可以看出，在推论的层面上，哈特的方法像凯尔森的“假设”一样，同时，也像分析法学的方式一样，并不具有充分的论证说服的性质。在此，似乎只能认为，它们都是“选择”了某个出发点：哈特选择了“接受”，凯尔森选择了“假设”，而分析法学选择了“暴力”。

051. 区别法律制度与其他社会制度的要素

通过“官员的内在方面”所表现的事实，可以发现承认规则的存在；而通过承认规则的存在，便能发现法律是什么从而确定法律的效力。这是哈特用来区分法律制度和其他社会制度的基本手段。换言之，上述标准存在区别法律制度和其他社会制度的基本要素。与边沁、奥斯丁的分析法学相类似，寻找一个基本的法律要素亦是哈特法律分析的一个基本目的。然而，不难发现，某些社会制度似乎具有哈特所述的类似结构。比如，在宗教制度中，可以发现宗教官员的内在观点，可以发现类似法律承认规则的用以确定宗教义务规则含义及范围的基本规则。在某些俱乐部组织中，也可看到类似的要素。哈特并未对此作出深入的说明。

为了区别法律制度与其他社会制度，人们首先会想到法律具有强制性。可是，宗教等制度同样具有强制性。有人以为，法律或政治国家在社会中享有的强制性具有垄断性，而且其他制度的强制运用须经法律的允诺。但是，在西方历史上可以发现，宗教制度中的强制有时不仅与法律强制并行不悖，无需政治国家的法律的允诺，而且从其自身角度来看，法律强制的运用倒应经过宗教制度的承认。此外，如果认为强制性是法律的独特性质，就难以避免前面多次分析过的法律命令说的种种困境。所以，有论者指出强制性似乎不能达到区别的目的。[①]

那么，能否认为，法律制度与其他制度的区别在于前者享有高于后者的独一无二的权威地位？可以发现，许多社会组织只有符合法律的规定才能存在。这是否意味着所有组织的合法性都来自法律的承

---

① David Lyons, *Ethics and the Rule of Law*, New York: Cambridge University Press, 1984, p. 54.

认？似乎不能这样认为。上述宗教组织的情形表明，从宗教角度观察的“合法”与否和法律的角度可以同样存在。在历史上以及在现代宗教国家中，均可找到法律的“合法”与否取决于宗教制度的承认的例子。因此，这种设想恐怕亦无法达到区别的目的。

有人认为，法律制度与其他制度的区别在于前者对于全社会成员具有约束力。可以看到，随着法律制度的发展，其约束的广度与深度越发令人叹为观止，几乎已渗入人们生活的方方面面。但是，另有论者指出，似乎没有什么可以阻止其他制度实现同样的约束。其他制度只要愿意，其约束也可实现相当的广度与深度。①

一般来说，人们相信，像找出“理性”是人类独有的品质从而可以区别人类与其他生物一样，完全可以找出法律的独特品质以实现类似的区别。然而上述的努力似乎告诉人们这一目的不能实现。问题出在哪里？究竟是尚未找到法律的独特品质，还是这种探索方式本身就有问题？

有批评者指出，通过科学的发展，人们可以发现，以往的前科学观念仅仅适合于对世界实际构成方式的最初理解。以科学理论的发展为基础的观念，有可能修改或者替代它们。例如，有关水的前科学观念便是参考容易确认的物质实体的特性而形成的。水被设想为无色无味的液体。反之，无色无味的液体被认为是水。但是，后来的自然科学理论表明，这种观念严格说来是粗糙的、肤浅的，因为并不符合自然现实。科学告诉我们，具有同样分子结构的物质可以以不同的物理形式而存在，同样物理形式的物质，可以具有不同的分子结构。这样，

---

① David Lyons, *Ethics and the Rule of Law*, New York: Cambridge University Press, 1984, pp. 54-56.

最初被认为是水的东西现在被理解为是由其他物质构成的，最初不被认为是水的东西反而被理解为在某些重要的物理方面与水一致。因此，如果将法律现象视为一种经验研究的对象，就应意识到，法律具有的"显现"现象在其他事物中可能同样存在，其他事物具有的结构可能与法律是一致的。于是，找寻一种独特品质以区别法律现象和非法律现象的思路可能不会成功。①

不过，这种评论可能不完全正确。因为，实证分析法学可以将法律的"独特品质"理解为多种要素的组合，而不理解为一种特性。这样，通过对社会现象的观察，可以分析出功能的要素、结构的要素以及相应的人文要素（因为法律与人的作用不能分开），并将之组合起来。似乎能够认为，通过这种组合的特殊性，可以分辨作为人类规范的法律与其他规则。如果这种要素组合的方式仍不能达到区别的目的，那么，在科学的意义上就没有可能区别两种事物或现象。事实上，对自然现象的区别与认识，有时便是通过要素的组合来把握的。实证的法学方法在这方面出现的问题也许没有想象的那样严重。

稍后（第 053 小节），我们将尝试继续探讨这个问题。在此只需明了，哈特的理论似乎未能实现分析法理学的"区别"目的。

052. 法律适用者的实践与承认规则

在基本方面来看，哈特与分析法学一样，认为通过某种"出处"就可以发现法律的存在。分析法学将"出处"视为主权者发布命令的行为，哈特将其视为官员内在观点中的承认规则。像分析法学认

---

① David Lyons, *Ethics and the Rule of Law*, New York: Cambridge University Press, 1984, pp. 57-58.

为在任何法律实践中一定存在主权者的命令一样，哈特认为一定存在承认规则，而且人们是用承认规则来确定法律的具体规则内容的。

有学者指出，在法律实践中，至少在疑难案件中，官员以及一般公民时常并未像哈特所说的那样用承认规则来确定法律的内容。人们“无法揭示法律工作者为将法律标签贴在事实上而遵循的共同基本规则，因为不存在这样的规则”[①]。在里格斯诉帕尔玛案中，法律适用者根据普通法长期以来形成的“任何人不应从自己过错中获得利益”这一原则，作出了判决。在麦克劳夫林诉奥布莱茵案中，初审法院运用了普通法中的“疏忽行为者仅对自己可合理预见的伤害负责”的原则；上诉法院思考了某些制定法所蕴含的避免诉讼成本增加以及社会责任保险成本增加的“政策”；上议院思考了制定法以及判例中潜在的法律上平等对待的政治道德准则。这些法律适用机构在运用思考这些原则、政策和政治道德准则时，似乎同样认为是在运用法律，并未用承认规则来确定只有制定法及判例中的具体规则是法律。因此，法律实践中并不存在承认规则。

这里涉及一个问题：这些法律适用者适用的原则、政策或政治道德等准则能否被视为法律？如果不能，则哈特的理论在整体上仍然可行；如果反之，则结果可能便是另外一种样子。批评者相信，如果认为制定法及判例中的具体规则是法律，就没有理由认为上述原则、政策及政治道德准则不是法律。因为，第一，法律适用者在法律适用中改变、撇开具体规则时有发生；第二，他们在法律适用中有时运用原则、政策及政治道德等准则，有时则不运用，这与运

① Ronald Dworkin, “Legal Theory and the Problem of Sense”, in *Issues in Contemporary Legal Philosophy: The Influence of H.L.A.Hart*, ed. Ruth Gavison, Oxford: Clarendon Press, 1987, p. 15.

用具体规则的情形并无实质性的区别；第三，如果认为，法律适用者可运用也可不运用原则、政策及政治道德等准则这种情形表明这些准则不具有约束力，因而不是法律，则亦有理由认为，具体规则不具有约束力因而不是法律；第四，但人们并不因为他们有时改变、撇开具体规则，从而认为具体规则对其不具有约束力因而不是法律。

于是，没有理由否认上述被法律适用者适用的原则、政策及政治道德等准则具有约束力，从而是法律的一部分。“除非我们承认至少某些原则对法官是有约束力的，要求他们作出具体判决，否则便没有或几乎没有什么规则可以说成对他们是有约束力的。”①

哈特虽然原则上认为，在特定的法律制度中存在基本的承认规则，但是又指出，“在发达的法律制度中，承认规则当然是复杂的。人们在确定规则时不是仅仅以条文或目录作为承认规则的根据，而是以某些主要规则所具有的一般表现特征作为承认规则的根据。这些表现特征也许是这些事实：主要规则已由特别机关颁布；长期实践习惯；与司法机关有某种关系。此外，当不止一个这样的一般表现特征被视为确定标准时，人们或许用优先次序的安排作出规定以解决他们之间可能的冲突，正如通常使习惯或判例的地位低于制定法而使后者成为法律的‘高一级渊源’”②。哈特的这一观念，一方面引起了后起的新分析实证法学内部的争论，另一方面亦被其中的某些学者用来回应上述批评。

赞同哈特理论者指出，即使承认法律适用者适用的原则、政策及政治道德准则是法律的一部分，人们同样可以通过观察“司法惯例”从

① Ronald Dworkin, *Taking Rights Seriously*, London: Duckworth, 1978, p. 10.

② H. L. A. Hart, *The Concept of Law*, Oxford: Clarendon Press, 1961, p. 92.

而分析其中的哈特式的承认规则，[1]以确定某些原则、政策及政治道德准则是法律的一部分。如果许多法律适用者在一定时期之内将具体的原则、政策或政治道德准则作为法律来考虑，那么，这一司法惯例本身便表明存在一个类似于哈特承认规则的规则，这个规则同样具有“识别功能”的法律基本标准的性质。根据这一惯例，同样可以确定某些原则、政策、学说及道德观念不是法律的一部分。因此，司法惯例本身可以和承认规则一起形成一组具有“识别功能”的法律基本标准。[2]

但是，“司法惯例”本身似乎不能成为识别功能的基本标准。因为，法律适用者在适用上述一类原则、政策及政治道德准则时，正如素食论者提出“不得杀生以求食”一样，是以“主观规范性的要求”作为义务的根据。批评者指出，法律适用者适用上述原则、政策及政治道德准则，实际上是认为自己的义务来自社会规则或惯例以外的其他“要求”。因此，就像不存在承认规则一样，不存在所谓的“司法惯例”。[3]

另有赞同者认为，批评者的观念可以纳入哈特的理论框架。人们可以区分两个层次的规则系统，哈特的承认规则属于第一层次，适用原则、政策及政治道德准则的“要求”属于第二层次。这就如同“凡主权者莱克斯所制定的即为法律”（承认规则）是第一层次，莱克斯所说的“所有纠纷按照正义要求来判决”是第二层次。只要在实践中发现法律适用者时常适用第二层次的“要求”，那么，便可认为他们

---

① 哈特的承认规则本身就存在于官员的“接受”行为之中。

② Joseph Raz, “Legal Principle and Limits of Law”, *Yale Law Journal*, 81 (1972), p. 852.

③ Ronald Dworkin, “Social Rules and Legal Theory”, *Yale Law Review*, 81 (1972), p. 860.

接受了第一层次的承认规则。就那些原则、政策及政治道德与法律是相关的而言，“仅仅是因为这个基本的社会规则指导法官运用这种方法解决疑难案件”[①]。所以，不能否定哈特的承认规则。但是，批评者以为这种理论同样是在假设法律适用者可以具有一致的行为模式，假设法律适用者运用原则、政策及政治道德准则只能是基于社会规则的要求而产生的义务。

053. 制定法及判例中蕴含的原则、政策及政治道德准则的形成机制及运用 · 承认规则

在批评者看来，法律适用者适用这些原则、政策及政治道德准则的义务有时来自社会规则以外的“要求”，其原因在另一方面与这些准则内容的形成机制有着密切联系。

可以发现，制定法与判例中的具体规则通常可以用查阅的方式来找寻，但是，许多原则、政策及政治道德准则不能用这种方式来确定，因为，它们可能从未被人们明确阐述过。在确定及阐述这类原则、政策及政治道德准则时，法律适用者是依据“规范性质”的要求进行推论或讨论的。通常来看，原则、政策及政治道德准则不是以立法或判例的方式确立的，它们有时见诸判例或制定法的前言中，有时可以从判例、制定法或宪法中推论出来，有时则可以直接来自政治道德理论。

在推论或讨论的过程中，法律适用者只能建立一个对审判有用的法律理论，用这一理论表明某一原则、政策或政治道德准则是其中的一部分，并表明该理论能证明已经确立的制定法及判例中的具体规则

① Philip Soper, “Legal Theory and the Obligation of a Judge: Hart/Dworkin Dispute”, *Michigan Law Review*, 75 (1977), pp. 512-513.

是正当的。这个理论包括有关法律具体规则和审判制度的学说，以及支持它们的政治道德理由。例如，在里格斯诉帕尔玛案中，法律适用者必须考虑什么原则是立法至高无上学说中的一部分，什么原则是前例优先学说的一部分，这些学说能否证明现存的制定法或判例中的具体规则是正当的，同时，必须考虑作为其他合同法、侵权法甚至福利法等实体法的基础的政治道德理由是什么，并从中推论出相关的原则体系。①

事实上，确定某一原则、政策或政治道德准则是制定法及判例中所蕴含的，其标准是该原则、政策或政治道德准则构成了最完善的法律理论的一部分，这个理论又能够证明已确立的制定法及判例中的具体法律规则是正当的。“如果一个原则在最完善的法律理论里发挥了作用，这个理论又可以为一个法律制度中的明确的实体制度规则提供确证，那么，这个原则就是法律原则。”②

这一过程表明，法律适用者的推论是件十分困难的工作，他无法而且也不应用具有识别功能的“承认规则”、其他赞同者的“司法惯例”或第二层次的规则系统，来确定法律的具体内容，来区别哪些原则、政策及政治道德准则是法律的一部分，哪些不是。法律适用者必须深刻反省政治道德理论，这种反省是社会规则之外的“规范性质要求”的特殊义务。

但是，如果承认，确定某一原则、政策或政治道德准则是法律的一部分的标准在于其构成了最完善的法律理论的一部分，而该理论又能证明已确立的法律具体规则是正当的，那么，这本身亦可成为一个

---

① 参见引言部分的讨论。

② Ronald Dworkin, “Social Rules and Legal Theory”, *Yale Law Review*, 81 (1972), p. 876.

类似哈特承认规则的规则。因此，赞同者认为，批评者实际上不能避免哈特承认规则存在的结论。[①]“在承认规则和法律原则之间存在一种关系。当然，这种关系不是直接的。规则之所以是法律规则，是由于它们的出处；原则之所以是法律原则，是因为它们发挥着与规则相联系的作用，这个作用是那些使用它们的人在合理化规则时赋予它们的作用。”[②]所以，同样可以认为承认规则对原则、政策及政治道德准则的有效性。

批评者相信，这种反驳仍然不能成立。因为，从这类原则等准则的特性上看，它们的适用较为灵活。一般而言，它们并不表明如符合规则条件将产生何种明确的法律后果，因而适用结果有时具有相对性、伸缩性甚至竞争性。例如，法律适用者在里格斯诉帕尔玛案中适用了“任何人不得从自己的过错中获得利益”原则，并不意味着永远不许从过错行为中获得利益，长期过错侵占，便有可能在某些情况下被允许获得一定的权利。同时，这类原则相对而言不像具体规则那样必须适用或者不得适用，法律适用者适用它们的条件本身就是选择性的。其适用的根据在于自身的分量，在适用中发生竞争时，视其重要性来决定取舍。契约自由的原则在侵权纠纷中可能不被考虑，但在公平买卖的纠纷中可能被认为具有压倒分量而被适用。

在批评者看来，上述分析表明，原则等准则不允许也不可能用承认规则加以确定。承认规则对制定法及判例中具体规则的确立是有用

① Rolf Sartorius, “Social Policy and Judicial Legislation”, *American Philosophy Quarterly*, 8 (1971), pp. 155–156.

② Neil MacCormick, *Legal Reasoning and Legal Theory*, Oxford: Oxford University Press, 1978, p. 233.

的，但对原则等准则的确立不起作用。[①]

在哈特的理论中，承认规则是区别法律与非法律的识别标准，同时也是法律的独特品质。在前面（第 051 小节）我们提到过，与边沁、奥斯丁的分析法学类似，哈特的法律分析的一个重要目的便是寻找法律的独特品质，并用此来“描述性”地区分法律制度与非法律制度。但是，这一努力似乎忽略了人们适用“法律”一词方式的多样性，忽略了观察分析法律角度的多样性。而且，更为重要的是，在法律实践中，法律适用者有时是“推论式”地依照社会规则以外的“规范要求”来确定法律的内容，他们没有而且不能运用单一标准来区分法律与非法律。因此，无论是分析法学还是哈特的承认规则理论，似乎都不能实现区分的目的，即使用结构、功能要素组合的实证方法，同样不能解决问题。

054. 法律的存在与官员

哈特认为，法律的存在或曰“法律制度的存在必须满足两个必要条件：第一，人们必须服从那些根据法律制度的最终效力标准而具有效力的行为规则；第二，官员必须实际上接受法律制度里说明法律效力标准的承认规则……作为共同的公开的官方行为准则”[②]。但是，他极为强调，在某些情况下，即使社会大多数人没有服从主要义务规则，而仅有官员接受并适用承认规则，法律也是存在的。官员对承认规则的“内在观点”，即积极地接受并适用承认规则的实践与态度，是至关重要的。简言之，以官员为视点，准确理解“规则的内

---

① Ronald Dworkin, *Taking Rights Seriously*, London: Duckworth, 1978, p. 37.

② H. L. A. Hart, *The Concept of Law*, Oxford: Clarendon Press, 1961, p. 113.

在方面”和两类规则的结合，便可把握理解法律或法律制度存在的要素的关键。

不难看出，实践中的“官员”的概念在哈特理论中具有至关重要的作用。就此而论，其与分析法学尤其是现实主义法学似乎并无二致。其实，在现当代大多数法律理论中，“官员”（或者“权力机构”）的观念具有基础性质的理论地位。这或许是法律实在无法与掌握权力的“官员”分割开来的缘故。哈特相信，法律最关键的基础在于官员的“内在观点”。通过官员的“内在观点”，可以发现用以确定法律的承认规则，而承认规则的发现则最终解决了法律的存在问题。

根据这一思路，可以设想一种官员逐渐改变承认规则的情形。在某个时期，英国上议院大法官开始决定不再适用英国国会的立法，而是适用美国的模范法典。长此以往，他们便会形成一种新的规则行为模式，而且，社会上的其他多数官员和一般人也会接受这一行为模式。在旧的有关承认规则的“内在观点”看来，上议院大法官开始这样当然是不合法的。然而，不论怎样，他们不断适用的结果会使旧的承认规则彻底改变。可以认为，在这种情形中上议院大法官这类的官员的确改变了承认规则。其实，在许多革命后的政府更替中，旧的承认规则正是在官员态度的转变中改变的。

这种分析表明，官员的态度似乎具有现实主义法学所说的最终性：决定了法律是什么。

当然，可以认为，哈特的理论在如下三个方面不同于现实主义法学：第一，官员的“内在观点”表明，他们是将承认规则作为一种行为准则来对待的。当某名官员不运用绝大多数官员接受的承认规则，便会遭到谴责与批评。这本身便是以法律规则的存在作为前提的。第二，在一定的条件下，规则的含义具有无可争议的确定性，[①]并不是在任何条件下都可以无穷无尽地争论下去，并非每个官员自己所说的规则含义都有道理。第三，虽然承认规则在宏观上会因大多数官员的态度而改变，但是这种改变并不意味着承认规则毫无相对的稳定性，也不意味着这一规则在一段时期内对官员无法具有指导意义。

然而，在某种意义上的确可以发现，前者似乎部分地赞同了后者的观点。

另一方面，在官员的性质问题上，哈特以为虽然承认规则的确定依赖官员，但是官员的确定最终依赖承认规则以外的改变规则和审判规则。这一观点实质上暗含着这样的看法：法律存在的研究不能离开“官员”的分析与把握，而对于“官员”性质的深入研究，在理论的深层方面必然导出改变规则和审判规则。在确定法律是什么的时候，要观察承认规则；在确定谁为官员的时候，则要观察改变规则和审判规则。虽然后两种规则与承认规则不能同日而语，但其像承认规则一样具有“法律的要素”的身份与作用。哈特曾这样论述三种次要规则之间的相互关系：在承认规则和改变规则之间，当后者存在时，前者必然依据立法行为作为规则的确定性特征。在承认规则和审判规则之间，如果法院有权对违反规则的事实作出权威性的判定，那么这也同样是对规则是什么的权威性判定。[②]这是说，三种次要规则是同时存在的。

然而，哈特始终认为承认规则是决定一切规则法律性质的最终标准，于是，改变规则和审判规则的法律性质同样来源于承认规则。如此认为，似乎可能陷入类似现实主义法学可能遭遇的那种显然不妙的

---

① 下面小节将讨论这一问题。

② H. L. A. Hart, *The Concept of Law*, Oxford: Clarendon Press, 1961, pp. 93–94.

循环论证：两种规则的确定依赖承认规则，承认规则的确定依赖“官员”的行为实践，而官员的确定又依赖这两种规则。依此看来，哈特在分析法律存在与“官员”的关系时所呈现的效果，与现实主义法学具有类似的地方。

三、规则的确定性与模糊性

哈特以为，承认规则的意义是区别法律与非法律，在区别的同时，解决主要义务规则内容及范围上的模糊性问题。然而，有何理由认为承认规则本身并不存在这种模糊性？不难发现，承认规则也是语言构成的，语言这样或那样的模糊性似乎使承认规则有时同样具有内容及范围上的模糊性。比如，针对“凡是英国议会所颁布的就是法律”这项承认规则，人们可以问：“议会所颁布”的含义是什么？是否所有颁布的方式，包括皇室琐谈、时事议论等，都属于其含义？对这项承认规则，人们也无法否认其范围上的模糊性。前一议会颁布的内容是否对后一议会具有约束力？依此思路，更为严重的问题是：如果承认规则有时存在内容及范围上的模糊性，那么，用其确认其他规则的法律性质便会产生无法克服的困难，法律从而也会失去稳固的认识基础。其实，现实主义法学发难的出发点之一正在于此。

055. 意思中心与开放结构

基于这种忧虑，哈特意识到阐明并解决规则的确定性与模糊性问题是十分必要的。他指出，构成规则的日常语言既有“意思中心”（core of meaning），也有“开放结构”（open texture）。“意思中心”是指语言的外延涵盖具有明确的中心区域。在此中心区域，人们不会就某物是否为一词所指之物产生争论。例如，“小汽车”、“电车”和“大卡车”属于“车辆”一词所指之物，这是十分容易确定的。人们不会争论这些车是否属于“车辆”。“开放结构”是指语言的外延涵盖具有不肯定的边缘区域。例如，“自行车”和“带轮滑板”是否属于“车辆”一词所指之物，就是难以确定的。人们对其是否属于“车辆”容易产生争论。当存在“开放结构”时，人们会争论语言的意思、内容或范围。

056. 规则的确定性与模糊性

因为语言具有“意思中心”和“开放结构”，语言构成的规则既有确定性也有模糊性。在“意思中心”的区域内，人们不会争论《遗嘱法》规定的“遗嘱必须两个无利害关系人见证方为有效”及“遗嘱必须经遗嘱人签署才能生效”的含义是什么。当两个互不相识的精神状态正常的成年男子见证了遗嘱，人们会认为这种情况当然符合上述规定；当遗嘱人在遗嘱文件上正式签署自己的真实姓名时，人们同样会认为当然符合上述规定。但在“开放结构”的区域内，人们会争论《遗嘱法》的这两条规定。如果一对夫妻见证了遗嘱，是否符合规定？这对夫妻虽与遗嘱内容没有利害关系，但能否因此视为“法律上的两个人”？如果遗嘱人用笔名签署，或别人用其手签署，或遗嘱人仅用名字的开头字目签署，是否符合“签署”的规定？在这些情况中，《遗嘱法》两条规定的含义究竟是什么？[①]

哈特指出，必须看到规则意思的两重性。认为规则只具有确定性是错误的，偏执规则的模糊性同样是错的。而通过官员的“内在观点”所表现的事实，可以发现具有确定性的承认规则的存在；通过具有确

① H. L. A. Hart, *The Concept of Law*, Oxford: Clarendon Press, 1961, p. 12.

定性的承认规则的存在，便能发现法律是什么。

057.“意思中心”·规则的存在·法律的客观性和普遍性

“意思中心”的概念，是以人们在某些情况下对语言所表达的某些意思不存在争议这一事实为基础的。哈特以此作为根据之一，试图抵御现实主义法学的规则怀疑论。

可以看出，规则怀疑论的语言学依据是：所有语言表达的含义都是允许争议的。如果这一依据可以成立，那么规则的存在与意义的确要大打折扣。但是，仔细观察人们对日常语言的含义理解，似乎可以发现情况并非像规则怀疑论想象的那样糟糕。因为，语言本身的含义虽然在不同的语境中会有不同的理解，但在确定的语境中会有相同的理解。含义有时的确是没有争议的。否则，人们的相互理解与交流便是不可能的。由此，哈特一方面反对主张语言的词义在任何语境中都是同一的，另一方面反对主张语言的词义永远不确定。他极为强调，对确定语境中的意思中心熟视无睹，是一种极为偏执的心态表现。“法律规则可以具有一个无可争议的意思中心，在某些情况下，或许难以想象发生关于一个规则的意思的争议。”因此，否认规则的存在是没有意义的。[①]也因此，应该在规则的表现中而不是在个别官员的行动中，寻找法律的概念。

如果认为“规则的内在方面”是哈特法律概念学说的社会学基础，那么，“意思中心”则是其学说的语言学基础。在此可以清楚发现，哈特正是在这两个基础之上试图挽救被现实主义法学严重削弱的规则概念。“规则的内在方面”的存在，意味着法律适用者自觉地看待规则、

① H. L. A. Hart, *The Concept of Law*, Oxford: Clarendon Press, 1961, p. 12.

接受规则，“意思中心”的存在，意味着法律适用者完全可以把握规则的确定性。在社会现实中，这两方面都可以清晰地观察与分析，因为它们是实际存在的。而如果规则是可以发现的，那么，法律便具有普遍性和确定性，便不存在于个别官员的神秘行动中。

运用阐释学理论来看，分析法学认为，白纸黑字的规则这一“本文”是由主权者“作者”创作的，其意义决定于作者，与作为“读者”的法律适用者及一般大众并无关系，因而，法律的客观性和普遍适用性是存在的。现实主义法学认为，法律的意义决定于作为“读者”的法律适用者，而且法律适用者各有不同，这样，法律的客观性和普遍适用性是不存在的。哈特的理论，拒绝了分析法学作者本文统一式的决定论，像现实主义法学一样主张了读者决定论。但是，在主张读者决定论的同时，这一理论又避免了现实主义规则虚无的消极结论。换言之，法律的意义存在于读者之中，但语言有意思中心，而且读者有着内在观点（规则的内在方面），于是，法律的客观性和普遍适用性在新的层次上，仍然存在。

058.“意思中心”与法律适用者的争议

哈特的语言学理论暗含这样一个概念：当存在意思中心时，不会发生有关法律具体内容或法律整体概念的争论。这些争论仅与“开放结构”有关。

试举例分析。假设某规则规定，在公园内禁止停放或通行车辆。在这一规则的意思中心，如汽车、卡车、小轿车等，都属禁止之列。但是在其“开放结构”的地方，自行车、四轮手推车是否属于禁止之列便不清楚了。人们可以就该规则是否可适用于自行车和四轮车，进行争论。但就汽车、卡车和小轿车而言，人们不会进行争论。

然而，有时在这一规则的意思中心，人们同样会出现争论，他们会争论某些汽车是否属于禁止之列。假设在公园内有一病人需要急救，救护车是否可以进入公园？在公园内出现了火情，消防车是否可以进入公园？人们不会争论救护车、消防车是否是车辆，但会争论根据规则它们是否当属禁止之列。有人会认为，应该允许救护车和消防车进入公园救人或灭火，因为这是特殊情况；有人则认为不应允许，因为规则规定禁止车辆进入，救人救火是应该的，但可以采用人工或其他的方式，并不一定要违反规则让这些车辆进入，严格遵守规则是颇为重要的。

因此，某些法律争论与语言问题没有关系。其实，在前面第 017 小节，我们可以看到法律适用者适用了颇能引起争论的原则、政策及政治道德准则。在麦克劳夫林诉奥布莱茵案中，初审法院适用了普通法中蕴含的原则；上诉法院适用了与之不同的各类“政策”；而上议院的某些大法官更具争论性地主张适用法律平等的政治道德准则。这些法律适用机构对适用原则、政策及政治道德准则都有不同的看法，他们会争论应该适用何种才会更为适合判例中的具体规则。但这些争论与语言的模糊不清没有关系。在这些争论中，法律适用者都认为涉及的语言是清楚的，然而却要争论法律的内容是什么。[①]

如果语言的“意思中心”不能确保规则的确定性，那么，哈特希望在此基础上确定承认规则，并用承认规则确定法律的存在，便会遇到相当程度的障碍。

---

① 其实，哈特后来自己也意识到，许多法律争论并不在于语言问题。他认为：“语言哲学方法……不适于解决或澄清反映不同基本观念、价值或背景理论的不同思想的争论，不适于解决或澄清与规则冲突或不完善有关的争论。”(H. L. A. Hart, *Essays on the Jurisprudence and Philosophy*, Oxford: Clarendon Press, 1983, p. 6.)

四、法律与道德的分野

虽然抛弃了分析法学的法律命令说，批判了现实主义法学的规则怀疑论，但是，哈特接受了两者的实证主义的基本立场：法律与道德的分野。

分析法学以为："恶法亦法"。根据这一观点，无论法律怎样与人们的愿望背道而驰，甚至剥夺人们的基本生存条件，都不能否认其法律的性质与地位。在逻辑上，只要承认法律与道德没有必然联系，这一结论便是无法拒绝的。然而，在实践中，即使承认法律与道德没有必然联系，有时似乎也难以接受分析法学的上述结论。

在社会中，人们的价值观念各有所异，在某些方面的确难以确定谁是谁非。像是否应当允许"堕胎""安乐死"等问题，在一定时期人们可以毫无结论地争论下去，人们无法对判断这些问题的是非标准达成共识。如果规则规定允许"堕胎""安乐死"，依照分析法学的观点，将其称为法律是可以接受的。但是，有时人们价值观念的"是非"异常明确，人们对某些问题的是非标准认同一致。像是否应当允许"随意伤害杀害他人"的问题，显然不存在可以争论下去的任何理由。如果规则规定允许"随意伤害杀害他人"，再根据分析法学的主张将其视为法律，这会使任何人都无法接受。在此，人们将不得不怀疑其法律性质与地位。

正是部分出于这样的考虑，哈特在赞同法律与道德分野的同时，又主张法律应具备最低限度内容的自然法。

059. 最低限度内容的自然法

哈特认为，最低限度内容的自然法包括这样一些规则：禁止使用暴力剥夺他人生命伤害他人肌体；要求相互容忍和妥协的义务；要求有限的利他行为；保护产权的合理配置；制裁破坏规则的行为。“对某些十分明显的涉及人性及生活世界的概括（的确是自明之理）的反思表明：只要这些保持善的性质，就存在某些行为规则，而任何社会组织如果打算生存下去便必须具有这些行为规则。在所有发展到法律和道德被区别为不同的社会控制形式这个阶段的社会中，这些规则，事实上的确构成了这些法律和道德的共同内容。”①

从理论的框架上看，分析法学主张法律的命令说，并以为主权者发布任何命令以约束被统治者，是不足为怪的。这样，认为法律与道德没有任何联系并主张法律可以不顾最低限定内容的“自然法”，便势必成为这一理论框架的一个结论。而哈特以为“规则的内在方面”是法律存在的必要条件，没有人们的内在观点，规则以及法律便是不存在的。内在观点自然是以某种基本道德观念为基础的，人们具有内在观点是因为最低限定内容的自然法在规则中获得了肯定。于是，认为法律应具有最低限定内容的自然法，在哈特的法律概念理论中，便是具有另一基石作用的必要陈述。正是因为如此，我们看到，哈特在阐释最低限度自然法内容的同时又极力宣称：“如果一个规则制度打算将强制力强加给任何人，那么自愿接受这个制度的人员的确必须达到充分的数量。没有他们的自愿合作从而创立权威，法律的强制力和管理便不可能确立。”②

可以看出，如果认为法律是主权者的命令，内在观点以及大量持有内在观点的人的存在便无需讨论，法律是否应具备道德上的基本条件，更无需探讨；反之，如果认为法律是两类规则的结合，而且规则

① H. L. A. Hart, *The Concept of Law*, Oxford: Clarendon Press, 1961, p. 188.

② H. L. A. Hart, *The Concept of Law*, Oxford: Clarendon Press, 1961, p. 196.

的存在依赖人们的内在观点，则持有内在观点的人的数量就是颇为重要的一个问题，而法律应符合部分的道德基本要求，便成为不能回避的逻辑结论。所以，哈特在分析最低限度自然法内容的同时又继续强调："一个法律社会包含了一些人，这些人从内在观点将规则视为被接受的行为准则，而不仅仅将规则视为可以依靠的预言（根据这种预言他们可以知道如果违反则在官员手中会有什么结果落在他们身上）。但是，一个法律社会也包括另一些人，对于那些人，行为准则要么因为他们是犯罪分子，要么因为他们仅仅是法律制度中无依无靠的受害者而必须强加强制力或强制力的威吓；他们仅仅将规则作为可能惩罚的渊源而关心规则。这两部分人之间的平衡将决定于许多不同的因素。如果这个制度是公正的，真正迎合了所有那些它要求服从的人的重要利益，那么它可以常常得到并保持大多数人的忠诚，并因此而稳定。另一方面，它可能是狭隘的、排他的并为统治集团而运作的制度，它也许由于潜在的动乱危险而不断地变为更加压制从而更加不稳定。"①

060. 广义的法律观念和狭义的法律观念

在基本面上，哈特主张法律与道德分开的理由，主要在于广义的法律观念优于狭义的法律观念。

广义的法律观念的基本含义是不使用道德观念判断法律的存在与否，狭义的法律观念则反之。哈特以为，从理论上看，采用狭义的法律观念，对科学地研究作为社会现象的法律没有益处，因为这只能诱使人们对具有法律资格的规则视而不见。在历史上，人们并未看到狭义的法律观念具有何种理论价值。从实践中看，采用狭义的法律观念，

① H. L. A. Hart, *The Concept of Law*, Oxford: Clarendon Press, 1961, p. 197.

并非像人们想象的那样可以对邪恶的法律进行积极而有效的抵制。因为，“在面对官方滥用权力时，为了保持头脑清醒，最为重要的是应保持一个判断力：某种法律上有效的资格对遵守问题不是决定性的。无论官方制度可能具有多大的气势或权力，其要求最终必须服从道德的审查。毫无疑问，那些习惯于认为法律可能邪恶的人，而非那些认为无论在哪里只要是邪恶的便不具有法律地位的人，才更为可能具有能力判断在官方制度之外存在某种东西。而根据这种判断力，个人必须解决自己是否遵守法律的问题”①。在理论和实践两个层面上，广义法律观念胜过狭义法律观念。

061. 法律与道德在事实上和概念上的联系

一方面认为法律应具有最低限度内容的自然法，另一方面认为广义的法律观念优于狭义的，从而法律与道德不存在必然的联系，这是否包含着一个矛盾？

这一问题涉及对“内在观点”的详尽分析。哈特指出：“不仅大多数人可能被他们并不视为在道德上有约束力的法律所强制这种状况是不真实的，而且，那些的确自愿接受这个制度的人必定将他们自己设想为道德上必须这样做，这种状况也是不真实的，尽管其这样做时法律制度可能是最稳定的。其实，他们忠实于这个制度也许是以不同的考虑为依据的，如深思熟虑长期利益，无私关心他人，对事物具有不加反省的固有的或传统的态度，或者仅仅希望像别人那样行为。”②换言之，对法律的内在观点并不意味着对法律的道德观点。“那些接受

① H. L. A. Hart, *The Concept of Law*, Oxford: Clarendon Press, 1961, p. 206.

② H. L. A. Hart, *The Concept of Law*, Oxford: Clarendon Press, 1961, p. 198.

法律制度的权威的人从内在观点看待这个权威，用包含于对法律和道德都是普遍的规范语言［‘我（你）应当’‘我（他）必须’‘我（他们）有义务’］之中的内在陈述表达他们对制度要求的感受。但是，他们并不因此信奉一个道德判断，即按法律要求去行为在道德上是正确的。”①

哈特的意思可作两方面的理解。第一，“法律应具有最低限度内容的自然法”与“法律的存在依赖于人们内在观点的存在”这两种陈述，是一个问题的两个方面。规则以及法律存在的必要条件是内在观点的存在，没有内在观点，便不能说某种“要求”（如“不得盗窃他人财物”）是规则，更不能将其视为法律。如果某个“要求”不具有最低限度内容的自然法，人们对其显然无法具有内在观点。所以，只有具备最低限度内容的自然法，人们才可能表达对“要求”的内在观点。也可说，最低限度内容的自然法是内在观点存在的必要条件。如果问：“不具有最低限度内容自然法的规则能否称为法律？”“对其能否拒绝或者反抗？”那么我们首先应该意识到，提问本身就是不恰当的。因为，没有最低限度内容的自然法，便没有内在观点，没有后者便没有规则。如此怎能问某种规则能否称为法律？怎能问能否拒绝或者反抗？第二，人们对最低限度内容的自然法的认同，以及因此而具有的内在观点，并不意味着人们从而具有道德上的要求。因为认同的动机和内在观点产生的依据有时与道德要求并无必然的联系。

由此来看，似乎不能认为存在矛盾。

那么，哈特的广义法律观念优于狭义法律观念的概念，是否承认了法律和道德事实上存在着某种联系？的确如此。哈特以及其他实证主义者其实并不否定这种联系。因为，可以发现，在法律制定和法律

---

① H. L. A. Hart, *The Concept of Law*, Oxford: Clarendon Press, 1961, p. 199.

解释的过程中，使道德准则成为法律的一部分完全是可能的。在美国宪法第五条修正案中就有这样的规定："未经正当程序，……不得剥夺任何人的生命、自由和财产。""正当"本身就是一种道德准则。而且在解释何为"正当"时，我们仍需进一步的道德准则。在这里，法律与道德的确存在事实上的密切联系。这种例子不胜枚举。

然而，这类例子并不说明法律与道德的联系是必然的。可以设想，美国的立法者可以将这条修正案再修正或撤销，这种做法并非不可能。没人会认为，任何宪法都必须具有"正当程序条款"的规定，否则便不能称为宪法。所以，哈特主张的法律与道德分开的观点，是就法律概念上的两者的必然联系而言的。

062. 道德选择的困境与两种法律观念

哈特主张广义法律观念的理由有两个：理论研究的便利；道德选择的慎重。我们先探讨后一个。

众所周知，柏拉图的对话录《克力同》里描述了苏格拉底誓死不越狱的经历。由于传授对诸神不敬的学问，苏格拉底被控腐化雅典青年之罪并被判处死刑。在临刑前，其学生克力同借探望之机极力劝导苏格拉底越狱，并说明了各种越狱的理由。克力同以为，雅典的法律是不公正的，正因为其不公正故没有遵守的义务。但是，苏格拉底却问：越狱是否正当？有无一种服从法律的义务？他以为，对于被判有罪的人来说，即使确信对其指控是不公正的，其也不能认为逃避法律的制裁一定正当。[①] 历史记载，苏格拉底经过慎重选择后饮毒而死。按照

---

① ［古希腊］柏拉图：《游叙弗伦　苏格拉底的申辩　克力同》，严群译，商务印书馆1983年版，第104页。

极端的自然法观点，苏格拉底当然有理由不服从雅典的法律，因为这种法律不公正从而不具有法律的资格与效力。苏格拉底有理由而且应当越狱而走。按照某些实证法学如分析法学的观点，苏格拉底没有理由违抗雅典的法律，人们即使认为法律是不公正的，也有服从法律的义务，因为不公正的法律也有法律的资格与效力，如果可以违反法律，社会秩序便会受到威胁。而且，愿意在一特定社会中居住这一行为本身，就意味着愿意遵守该社会的法律，如果不遵守便是“道义上的”自相矛盾[①]。可以看出，两种观点都自有道理。所以，在此苏格拉底面临的是一种道德选择的困境。

但是，有些道德选择的困境似乎要比苏格拉底面临的困境更为严峻。比如，“二战”后德国法院遇到的告密者案件，便使法院面临着极为艰难的道德选择：要么抛弃罪刑法定这一法治原则，要么抛弃公平正义这一基本道德。在告密者案件中，告密者为了自私的目的而向纳粹德国机构告发了违反纳粹法律的某些人士，并使这些人士遭受了纳粹法律的摧残。从法律上来看，告密者的行为是合法的。从道德上来看，其行为是可憎的。法院在审判告密者时，如果因其行为符合当时法律规定从而宣布无罪，那么便违背了基本正义的要求，如果因其行为违反正义从而认定其有罪，那么便是溯及既往地适用法律，从而破坏了罪刑法定这一法治原则。显然，基本正义和法治原则对于人类来说都是至关重要的。有何理由选择其一而抛弃另一个？

可以发现，后一选择困境要比前一选择困境更为严峻的地方在于：后者是官员的困境，前者是个人的困境。对于社会来说，官员选择的结果是个人无法比拟的。因此，哈特以为，对于选择困境的问题，首

---

① 苏格拉底本身也这样认为。参见《游叙弗伦　苏格拉底的申辩　克力同》。

先应该确定其是哪一类的、哪一层次的困境。这样，才能作出更为明智的、更为有意义的选择。而欲对选择困境有一清楚的观照，便必须具有广义的法律观念，必须知道法律有好坏之分。上述选择困境“引起的道德难题与正义难题是十分不同的，我们需要对之加以分别考虑，而断然拒绝承认恶法有效的法律，无论出于何种目的，是不可能解决这些难题的”[①]。

但是，何者更为严峻的问题，从不同角度来看似乎可以得出不同结论。之所以认为面对告密者案件的法院的选择困境更为严峻，是因为选择了社会的观察角度。如果选择个人的观察角度，便有可能得出两者同样严峻甚至前者要比后者更为严峻的结论。这样，选择的结果都可以具有道德困境的普遍性。就此而论，似乎不能认为广义的法律观念要比狭义的法律观念更能使人理智。在苏格拉底的困境中，苏格拉底的实际选择并不一定比运用狭义观念选择越狱，显得更为理智。

另一方面，如果仅仅关注选择的严峻性，有时就像告密者自己选择了遵守纳粹法律一样，最终便会可能在实践中选择一般人们视为邪恶的结果。而一般人们视为邪恶的结果，无论如何是不能接受的，选择这种结果在任何方面都不能看作一种理智的表现。于是，有时只有选择狭义的法律观念，才能根本避免邪恶选择的结果。对于某些极端邪恶的结果，“如何避免”似乎要比“如何选择”更为重要。在特定的历史文化背景中，当人们对某种邪恶具有较为一致的态度时，尤其如此。

至此，可以看出，如果某些道德选择是一种困境，广义与狭义的法律观念的选择同样是一种困境。选择广义的法律观念，当然可以具

---

① H. L. A. Hart, *The Concept of Law*, Oxford: Clarendon Press, 1961, p. 206.

有哈特所希望的结果，然而也可能带来另一种就连哈特也不希望出现的结果，即极端邪恶的结果；选择狭义的法律观念，尽管可以直接拒绝极端邪恶的结果，但是却会导致社会行为的鲁莽与无序。因此，似乎没有坚实的理由认为哈特的意见更为可取。

063. 法律理论的研究

哈特主张广义法律观念的另一理由是理论研究的便利。在哈特看来，将法律当作一种社会现象，这是法律研究的基本出发点。就像自然科学研究自然现象一样，法律科学同样可以客观地、中立地研究法律现象。如果想要客观地、中立地研究法律现象，研究它的一般特征及性质，研究它的结构与功能，研究者就必须不受价值观念与价值判断的影响。假如根据价值判断将不公正的、邪恶的法律排除在法律现象范围之外，势必与人们长期形成的科学思维方式与研究方式大相径庭，而且，会使法律科学的研究出现畸形的结果。当我们将人作为一种科学的研究对象时，我们会将各种各样的人列入“人”的范畴。如果认为“邪恶的”人、“缺乏人性的”人、“没有理性的”人不应列入“人”的范畴，这种观念显然将被视为莫名其妙的观念而遭拒绝。事实上，在科学的历史发展中，人们似乎从未将“负面的显现”视为否定某事物范畴归属的必要依据。

但是，这里存在一个问题：在实践中，实践主体不仅时常具有欲望、利益、需要，而且有时具有极强的责任感。从社会文化的角度来看，实践主体不仅具有前在的“主观知识”，而且始终处于特定文化语境之中。如果是这样，他能否“科学地”、冷静地、客观地观察他人与社会？其实，不难看出，正是由于实践主体具有欲望、利益、需要或责任感，具有前在的“主观知识”并处于特定的文化语境中，他才会将某些“缺乏人性的”人排除在“人”的范畴之外。对于法律现象，情况可能更是如此。法律不仅对实践者而且对理论者都有权利的授予与义务的约束。面对法律的许可与约束，人们并不可能客观地、中立地用哈特式的法律一般概念看待法律问题，分析法律问题。

哈特希望保留自分析法学以来的作为一般科学的法律科学的意义与价值，以及以往一切试图将法理学变为自然科学式知识的努力的意义与价值。在此可以初步看到，这种希望，可能并不带来对法律现象的真实把握。换言之，理论研究的便利并不一定带来理论研究的实践意义，法律研究模拟自然科学的范式不一定获得同样的实践成效。因为，在某种意义上，法律实践中的主体要比标准意义的自然科学家来得更为复杂。就此而论，广义的法律观念不一定具有哈特想象的那种意义。

哈特会以为，理论中的法律概念与实践中的法律概念是不同的，即使实践者可以具有不同的概念，这也不意味着理论中的概念毫无意义。在下一章，我们将分析一种更具挑战性的法律理论，它说明，理论中的概念是如何与实践中的概念同一的。当思考这一理论之后，便会发现哈特的这一回应似乎是没有说服力的。广义的法律观念，肯定有其局限性。

五、法学是一种客观的法律知识

主张法学是一种客观的法律知识，是主张法律与道德分开的逻辑延续。

像边沁主张法理学的首要任务在于建立“说明性”的法学知识一样，哈特以为，法理学的研究，首先应该成功地建立一个“描述性”

的法学知识。他将法律概念的研究视为社会学式的分析，通过日常语言正常用法的“视窗”，分辨客观存在的法律现象。[①]他相信，通过这种分辨可以把握作为社会现象的法律要素，从而建构一个“描述性”的法律概念。规则意思中心的存在，官员的内在观点的存在，承认规则的存在，便是建构描述性法律概念的“社会现象”。哈特说，“承认规则的存在……是一个事实问题”[②]；“承认规则是否存在，其内容是什么，在一个特定法律制度中效力标准是什么，这些问题……被视为尽管复杂但属于经验的事实问题”[③]。在这些社会现象中，既可以在一般意义上知道“作为科学的法律概念是什么”，又可以在具体意义上知道“具体内容的法律规定是什么”。

从这些方面来看，哈特与分析法学在基本思路上是一致的。

在第二章我们看到，现实主义法学的规则怀疑论使其法律知识论似乎变得没有意义。这种法学的要害结果在于否定法律“一般规范”的意义。法律仅具有具体性，而无普遍性。于是，人们当然只能知道一般意义的法律概念，而无法知道法律规则的具体内容。哈特运用“语言的意思中心”，化解了现实主义毫无节制的“开放结构”，其积极结果在于肯定法律“一般规范”的意义。因此，人们不仅可以知道法律的一般概念，而且可以知道法律的具体内容。

064. 日常语言的正常用法

凯尔森曾经说过，法律定义的出发点是“法律”一词的通常用

---

① H. L. A. Hart, *The Concept of Law*, Oxford: Clarendon Press, 1961, preface.

② H. L. A. Hart, *The Concept of Law*, Oxford: Clarendon Press, 1961, p. 107.

③ H. L. A. Hart, *The Concept of Law*, Oxford: Clarendon Press, 1961, p. 245.

法。[①] 与凯尔森类似，哈特认为，法律分析的出发点是对与规则有关的日常语言正常用法的分析。因此，在建立一般性法律知识时，哈特将日常语言的分析作为切入点。他深信，阐明社会状态、社会关系及其内在的各类现象的最佳策略，便是考察相关语言表述的正常运用。

在日常语言中，可以发现许多与社会规则有关的语词陈述："我迫不得已才这样行为"；"我有义务这样行为"；"这个规则是有效力的法律规则"；"你这样行为是错误的"；"我发现在这个社会中人们遵守着一个规则"；"红灯亮时闯过线是错误的"；"我看到红灯亮时那人停车了"……如果这些语词陈述表达了对社会规则的态度或看法，那么，其中哪些才是与法律存在有关的正常用法？

哈特指出，其中一类（如"我有义务这样行为"）可以视为"内在陈述"。这种陈述是与法律存在有关的正常用法。因为从中可以看到陈述者与法律具有一定的关系，陈述者在作出陈述时，将规则视为自己行为的指导，或视为评价他人行为的理由根据，对规则具有一个积极的反省态度。另一类陈述可以视为"外在陈述"，它不是与法律存在有关的正常用法。因为，这类陈述要么不能区别于"强暴情形"中的用语（如"我被迫这样做"），要么看不到陈述者与法律有关系（如"我看到红灯亮时那人停车了"），陈述者作出陈述时，对规则并不具有一个积极的反省态度。"如果不明了两类不同陈述的这种关键区别，便无法理解法律，也无法理解其他社会结构……只要人们遵守或观察社会规则就会作出这些陈述。"[②] 这表明，在语言层面上，分析法学和现实主义法学没有注意法律语境中陈述的正常用法。

---

① ［奥］凯尔森：《法与国家的一般理论》，沈宗灵译，中国大百科全书出版社1996年版，第4页。

② H. L. A. Hart, *The Concept of Law*, Oxford: Clarendon Press, 1961, p. 1.

但是，当有人说“我被迫做什么”的时候，这一陈述虽然难以区别于“强暴情形”中的陈述，但的确表明陈述者和法律有着密切关系。比如，“我被迫交税”“在法院判决后，我只好将争议的房屋交给原告，其实我认为法院的判决是错误的，我也不愿意执行法院的判决，但不执行的话法院会强制我的”等一类的语言陈述，都表明陈述者和法律有关系。似乎不能认为它们不是与法律有关的正常陈述。其实，即使从官员的语言表现上也可发现类似的陈述：“我不这样判决的话，上级法院就会改判，这样对我很不利。”就此而言，好像不能认为分析法学和现实主义法学是完全错误的。在社会中，毕竟有些人服从法律是出于被迫的原因，因为法律不符合他们的利益、愿望或要求。不能认为，这类陈述的观点没有说明部分的社会现象。因此，人们可以争论什么用法才是与法律有关的正常用法。如果可以争论，那么，对正常用法的不同理解将导致对法律现象的不同观察，从而得出不同的法律知识的结论。

另一方面，在前面第058小节讨论语言的意思中心和开放结构时，我们看到，某些法律争论与语言的正常用法没有关系。如果一项规则规定“禁止在公园内停放或通行车辆”，即使人们知道“车辆”一词的正常用法，将救护车、消防车都视为车辆，人们也会争论法律内容是什么，争论根据规则救护车和消防车是否可以进入公园。在此，正常用法似乎不能用作理解社会现象的“视窗”，从而实现获得法律知识的目的。

065.“出处”“形式”“结构”与“目的”

哈特相信语言陈述是“视窗”。从此“视窗”入手，可以“社会学地”窥视陈述者的主观意念，观察实际存在的社会现象，从中分析法律的知识。

为了“客观”确定法律一般的和具体的知识，一般实证分析法学以为必须要以规则的“出处”、“形式”和“结构”这些可以经验观察的社会现象为依据。通过这些社会现象的要素，便可知道法律的范围，从而知道法律的具体内容。而法律的目的不是一个可以经验观察的现象，相反，像法律具体内容一样，它是在确定法律之后的一个认识结果。因此，目的不能作为分析法律概念的要素。哈特的理论与此一致。

有论者以为，与“出处”、“形式”和“结构”类似，“目的”同样是法律概念的一个必要条件。认识某物，不仅要思考它的出处、形式和结构，而且要思考它的目的。比如认识桌子，不仅要了解它是如何做成的，它的形式和结构是什么，而且要了解它可以用来干什么。否则，便不能更好地理解桌子，知道桌子实际上是什么。同样，人们不仅要认识法律的出处、形式和结构，而且要知道法律的目的，否则只能对法律产生一个片面的认识。因此，不能将法律的目的内容弃之不顾，也因此，在回答法律是什么的时候，不能回避法律应当是什么，在界定法律的概念时，不能抛弃“应然”的标准。[①]

如何看待这一批评？一般来说，在思考桌子的性质时，人们都会考虑其应有的用途，即制造它的目的。对桌子的理解总会是从“结构”到“用途”，从“用途”到“结构”。否则，对桌子的理解便是不全面的。但是对于曾被认为是桌子的物品，如果其失去了用途的功能，如无法在上面书写或放置他物，或者被用于其他人类的目的如睡觉，是否的确没有理由认为它是桌子？通常来看，如果该物品仍保持原有的特定形式与结构，人们不会否认其桌子的“资格”或品质。人们可能会认

① Lon L. Fuller, *The Law in Quest of Itself*, Boston: Beacon Press, 1966, p. 11.

为：该物是个破桌子；该物是个桌子但被当作床了。换言之，我们一般不会因为桌子的实际用途失效或被改变从而否定它是桌子。

根据这种分析，似乎可以认为，对于实证法学而言这一批评是不恰当的。

但是，应该注意，这一回应是在一个假定前提之下展开的：观察者和研究者被设定为没有特定的文化背景，而且，他们与被解释的对象并无实践上的关联。这便是，不论对桌子作何解释，解释结果似乎均不具有特定的文化背景的印记，而且，解释者均不会因此而负何种责任。如果解释者具有特定的文化背景，而且对解释结果应负一定的责任，人们便可发现，当对上述桌子问题再进行探讨时，解释者自然会带有自己的“目的”来理解桌子的“目的”，会提出各种实践上的理由支持自己的解释结论。这样，他也许会认为，无法在其上面书写或放置他物，或被用作睡觉的物品，不能称为桌子，而应称为废品或“床”。因为，这种解释结果与其具有的文化背景是颇为协调的，而且，符合社会对其责任的要求。

如果“目的”可以像出处、形式和结构那样，成为分析法律的定义条件之一，那么，其确定似乎的确不能摆脱观察者与研究者自己对“目的内容”的理解与向往。当分析法学将主权者发布的命令当作制定法产生的“出处”，哈特将官员的内在观点和承认规则当作制定法及判例法产生的“出处”，它们完全可以客观地、中立地陈述自己的观察与研究，不论怎样不喜欢其中的目的内容，它们都会承认这些规则因其具有某种“出处”而具有的法律资格。但是，如果观察者说这些规则的目的必须是能够有效地管理人们在某方面的行为，否则它便不能称为法律，那么，这种陈述就包含了观察者自己对规则目的的价值理解与向往。显然，可以发现，观察者与研究者通常不会认为毫无价值的目的也可成为法律的目的。假设有人认为法律规则的目的仅在于“观赏与游戏”，实证法学不会因此而否定其法律的资格，但上述论者便会坚决地否认，因为这种目的毫无意义。由此可以看出，倘若这种目的论成立，则实证法学的经验的、客观的、中立的观察研究的意愿便会落空。

这种分析表明，似乎有理由怀疑经验主义的实证法学理论的恰当性。解释对象是人们自己设立的法律现象，而解释者又生活在法律现象这个对象之中，这样，在实践中探讨法律现象怎么可能没有解释者的目的？如果承认，每个观察者与研究者都无法摆脱特定文化背景的影响，都处在对象之中解释对象，怎么可能获得一个不受自身文化背景影响的实证的法律概念？这样看来，哈特的法律概念理论在认识论的层面上亦需重新审视。不仅一般的法律知识，而且具体的法律知识，都可能是在解释者特定文化解释中形成的。

六、小结

哈特的理论将“规则的内在方面”、“次要规则”和“规则的确定中心”，作为法律本体论的三个要素。法律，存在于官员行为模式“内在方面”展示的次要规则之一的“承认规则”之中，因为承认规则具有确定的意思中心，因而可以存在明确规则内容的法律。一言以蔽之，法律存在于官员的统一实践中。

就“规则的内在方面”而论，其以如下事实为根据：社会中存在着对规则行为模式的积极反省态度。这一概念具有如下功效：第一，可以说明大多数法律适用者的积极义务；第二，可以说明具有正面心态的一般行为者如何自愿而非被迫地遵守法律；第三，可以说明法律权力或权利的运用如何与强制没有关系。其核心目的在于说明，法律要求与强暴者要求是不同的。

就“次要规则”而论，其具有三个意义：配合“规则的内在方面”说明法律权力或权利的存在，这是其一；其二，表明为何某类人可以成为至关重要的官员；其三，区别法律与非法律。这一概念试图展示，在没有“强制”的情形下法律如何不同于其他社会规则。

就“规则的确定中心”而论，其以日常语言有时不存在争议为根据。它表明，法律规则存在确定性。这一概念，目的在于淡化现实主义的规则怀疑论，挽救法律的“普遍规范性”和“明确性”的观念。

但是，正因为以某些社会现象为依据，“规则的内在方面”的概念从而不能说明，为何某些义务的要求与社会行为模式或规则的存在没有关系，不能说明，某些行为者遵守法律的确是被迫的；次要规则的概念，尤其是其中承认规则的概念，至少不能解释某些法律的内容，如制定法及判例中蕴含的原则、政策及政治道德准则的形成机制和运用；规则的意思确定中心的概念，不能说明某些与语言是否清楚这一问题无关的法律争论。

从价值论的角度来看，哈特主张法律应当存在最低限度的自然法内容。这在暗示，“规则的内在方面”是以此为必要条件的。然而，最低限度内容的自然法的概念，并未妨碍哈特主张法律与道德的分野。在其理论中，广义的法律观念优于狭义的法律观念，因为，前者在使理论研究得以便利之时，可使实践主体在道德困境面前作出较为明智的选择。哈特的理论，包括以往的多数实证法学，并不否认法律与道德在事实上的某些联系，并主张法律应有道德内容，但的确认为，两者在概念上不存在必然的联系。

道德困境的复杂性，有时并未表明广义的法律观念优于狭义的，尤其在出现较为一致的对邪恶的憎恶时，后者可能优于前者。这是哈特实证观点无法回避而且难以克服的实践难题。

在知识论上，哈特希望在日常语言分析的基础上“社会学地”考虑法律现象。日常语言存在正常用法，以此为“视窗”，可以观察现实存在的“规则的内在方面”、“次要规则”和“语言的意思中心”，并从中获得法律的一般知识与具体知识。

但是，在价值观念的影响下，一方面，人们对日常语言的正常用法本身就会产生争论，另一方面，上述社会现象展现的“出处”、“形式”和“结构”，并不一定可以使人们真正认识法律现象。这样，日常语言正常用法的设想可能部分失效。而且，当理解法律不能离开具有特定文化背景的主体对“目的内容”的认识时，社会学式的纯粹客观的认识论本身必须面临严峻的“阐释学”挑战。

哈特的新分析法学与现实主义法学的相同点是：强调了实践中官员或法律适用者的中心地位。两者的不同点是：（1）前者否定而后者承认了“强制力”的法律本体论的地位；（2）前者否定而后者承认了“人性恶”的基本假设；（3）前者保留而后者抛弃了分析法学主张的法律的“普遍性”、“确定性”和“可预测性”；（4）尤为重要的是，前者强调了实践中官员行为的统一性，后者强调了这一行为的差异性。

CHAPTER 4

解释性质的法律

正是说明了一般价值和原则的重要，你应当经验一切。

——巴门尼德

为了纠正分析法学和现实主义法学的理论误区，哈特的新分析法学建构了新的法律概念分析的模式。这个模式，将“规则的内在方面”、“承认规则”和“意思中心”作为基本的结构要素。这一努力一方面获得了部分成功，另一方面推进了人们对法律现象的理解。但是，其在基本面上似乎仍存在重要的理论困难。

如前所述，第一，某些义务的主张，可能不以规则的实际存在为前提。对法律义务的主张同样如此。因此，人们持有的类似“内在观点”的义务陈述需要进一步的分析。第二，如果承认明确法律规则中蕴含的原则、政策或政治道德等准则也是法律的一部分，那么，“承认规则”区分法律现象与非法律现象的功能便会失效。进而言之，“承认规则”就像“主权者命令”一样只能说明部分的法律现象。第三，法律是人类自我的规范体现，它与自然现象十分不同，人们能否身在法律现象之中对法律作出客观中立的实证观察？即使在对自然现象进行科学研究时，人们都会受制于主观中的“前观念”的影响，都会存在“观察渗透理论”的问题。如果是这样，面对法律现象时，观察者岂不更会受到已有的文化背景的影响？而且，面对法律现象时能否抛开主观目的也需探讨。这样，理论中法学与实践中法学的关系显然亦需进一步的分析。

美国法学家德沃金（Ronald Dworkin）以为，哈特理论出现困难的重要原因在于如下三点：首先，这种理论和其他众多法学一样，对法律实践中的一种法院争论即“理论争论”存在一种误读，它们通常认为，法院在适用法律过程中的争论，要么是语词上的争论（如争论语言“开放结构”中的语词含义），要么是历史事实上的争论（如争论以往立法或判例有否作出过规定的争论），要么是“法律应当是什么”的争论，忽略了“法律实际上是什么”这样一种重要的争论，这种争论是“理论争论”，因为争论的根源在于争论者对法律的基本观念具有不同的看法。其次，这种理论由于忽略了“理论争论”的性质，便忽略了“理论争论”所具有的法理学性质，忽略了法律概念所具有的深层的政治道德基础，进而忽略了法律概念所具有的解释性质。最后，这种理论和其他众多法学一样，对法律现象缺乏一个实践的“内在参与者”的观点，在法理学的层面上，仅仅具有肤浅意义上的社会学家或历史学家对实践的“外在观察者”的观点，而除非体验内在参与者的理解，体验法律实践中的推论的优劣，否则，无法切中法律现象的实质。

一、“理论争论”

什么是“理论争论”？为说明这个问题，可以较为详细地“阅读”一下里格斯诉帕尔玛案中法官的真实争论。[①]

066. 法官的不同意见

在该案中，帕尔玛知道祖父已立下遗嘱将其定为遗嘱继承人，且知他将获得大笔遗产。但是，因担心新近重新结婚的祖父可能改变遗嘱，帕尔玛将其毒死。不久东窗事发，帕尔玛被判有期徒刑。死者的两个女儿提起诉讼，要求遗嘱执行人将遗产交给她们而非帕

① 在本书引言中，我们曾假设了他们可能如何争论。

尔玛。她们认为，帕尔玛因遗产而谋杀被继承人，法律当然不能允许其继承遗产。

当时，美国纽约州遗嘱法（主要包含于制定法中）规定了遗嘱的形式要件、遗嘱人的主体资格、遗嘱人的精神条件、遗嘱证明人的资格、遗嘱修改或撤销的有效条件等方面的问题，并未规定遗嘱继承人谋杀遗嘱人后可否继承遗产。帕尔玛的律师宣称，遗嘱没有违反遗嘱法的各项规定，具有法律效力。因此，帕尔玛是合法的遗嘱继承人，法律不能剥夺其继承权。如果法院支持死者女儿的要求，这便是改变遗嘱且用法院自己的道德信念顶替了法律。纽约州最高法院的法官都同意必须依法判决，不否认如果经过恰当解释，制定法赋予帕尔玛继承权，法院便必须向遗嘱执行人发布执行遗嘱的命令。无人认为，在此案中为了正义而必须改变法律。但是，他们的确在争论：法律实际上是什么，如果恰当阅读，则该制定法规定的法律权利义务是什么。[①]

格雷法官（Judge Gray）认为，除非存在有关制定法字面语境的其他信息，或有关立法者主观意图的其他信息，否则，法官必须逐字逐句地解释制定法。现在没有这些信息，因此逐字逐句地严格解释制定法是唯一的选择。经过严格解释，可以看出，真正的遗嘱制定法并未将谋杀者作为一种例外排除在遗嘱继承权利之外。这种解释看似机械，实则慎重。因为，尽管死者如果知道帕尔玛试图毒害他，可能会改变遗嘱将遗产留给两个女儿，但是，死者也可能即使知道帕尔玛的企图，仍然愿意将遗产留给帕尔玛，他可能认为只有帕尔玛是其家族传人，女儿不是。此外，如果帕尔玛因谋杀犯罪而失去继承权，则他

---

① Ronald Dworkin, *Law's Empire*, Cambridge: Harvard University Press, 1986, pp. 15–16.

要遭受服刑之外的进一步的惩罚。然而，惩罚犯罪必须由立法机关事先规定，不能由法院事后追加，这是一个重要的司法原则。

因此，格雷法官支持帕尔玛胜诉。

厄尔法官（Judge Earl）认为，制定法中的“白纸黑字”规则与另一种同样真实的“制定法”规则是不同的。立法者意图既存在于前者之中，也存在于后者之中。如果某种东西不是立法者意图，即使看似包含于制定法的“白纸黑字”规则中，也不属于后种“制定法”的一部分。在本案中，应该思考的是后一种规则。因为，立法者并未就该案情形作出明确的规定。在思考后种规则时，设想纽约州立法者在制定遗嘱法时会有允许谋杀者继承遗产的意图，是十分荒谬的。因此，后种制定法规则并不包含允许谋杀者继承遗产的内容。厄尔法官强调，不应在孤立的历史背景中解释文本中的制定法，而应根据法律的诸种一般原则构成的宏大背景，解释文本中的制定法。法官应使制定法的解释尽可能地符合法律设定的一般司法原则。因为，设定立法者一般认为应尊重传统的司法原则（除非他们明确作出另外表示），是有意义的。而且，由于制定法是法律体系的一部分，其解释便应使法律体系在原则上是一致的。他指出，其他法律尤其是普通法都尊重一个原则：不能因过错获得利益。所以，制定法应被解释为否定谋杀者有权继承遗产，法院应当判决剥夺帕尔玛的继承权。①

厄尔法官支持死者的两个女儿胜诉。

或许有人会问：在此案中，制定法的白纸黑字规定是十分清楚的，当面对如此清楚的制定法文本时，人们怎会争论它的实际含义？

---

① Ronald Dworkin, *Law's Empire*, Cambridge: Harvard University Press, 1986, pp. 16–20.

德沃金以为，必须像厄尔法官一样区别“制定法”一词的两种意义。一方面，它可以描述一种物质实体即印有文字的文件；另一方面，它可以描述更为复杂的由立法行为创立的一类东西即法意。[①]前者可称为“明确法律”（explicit law），后者可称为“隐含法律”（implicit law）。[②]实际上，在帕尔玛案中，所有法官都同意制定法中的“明确法律”是什么，但却争论“隐含法律”是什么，争论“隐含法律”规定的权利义务是什么。

067.“理论争论”

可以看出，在该案中，格雷法官和厄尔法官并未争论遗嘱法的字词含义，也未争论历史上立法者有否制定过有关的法律，更未争论是否应依据正义判决此案。他们在争论立法者制定的“实际制定法”是什么，争论根据实际的制定法，帕尔玛及死者的两个女儿的具体权利义务是什么。而且，在争论中，各自的理由陈述是在自己认为的制定法所依据的“根据”（ground）和原则（principle）（如法无明文不处罚、恰当的意图）的层面上展开的。他们运用这些“根据”和原则，争论“遗嘱法实际上是什么”。因此，其争论不仅是“具体的”，而且是“抽象的”；不仅是“实践”的争论，而且是“理论”的争论。“他们也许争论法律的根据，争论其他种类的当其为真时使具体法律命题为真的命题。在经验的意义上，他们也许同意制定法文本和以往司法判例关于……已经说过什么，但是争论关于……法律实际是什么，因为，他

---

① Ronald Dworkin, *Law's Empire*, Cambridge: Harvard University Press, 1986, p. 16.

② Ronald Dworkin, *Law's Empire*, Cambridge: Harvard University Press, 1986, pp. 123–124.

们争论制定法文本和司法判例是否满足了恰当的法律根据。我们可以将此称为关于法律的‘理论’争论。”[①] 正是由于这种争论在根本上是一种“法律根据”的争论，而“法律根据”本身又是抽象的、理论的，这样，德沃金便将其称为“理论争论”。

068.“理论争论”的法理学问题

在“理论争论”中，可以发现重要的法理学问题。

第一，法官体现了一种类似哈特所说的“内在观点”，即愿意遵守法律义务的主观状态。但是，这种主观状态并不意味着他们接受了共同一致的法律准则（像哈特认为的那样）。他们认为必须遵守法律，这是法官的基本义务，但是他们同时对“法律是什么”具有不同的看法。进而言之，在类似帕尔玛案的疑难案件中，并不存在法官一致同意甚至大体同意的法律准则。格雷法官和厄尔法官都认为，针对帕尔玛的行为一定存在法律规定，而且认为必须遵守之，但并不因此就存在他们一致同意的法律规定。

第二，在争论中，法官使用了不同的“根据”和原则作为标准来确定法律的具体内容。他们表面上在争论法律的具体内容或含义是什么，但实际上他们在争论用什么“根据”和原则作为标准来确定法律的具体内容或含义。换言之，他们并未接受共同的确定法律是什么的“根据”和原则。格雷法官认为，应用法无明文不处罚的原则作为标准来思考法律是什么，厄尔法官则认为，应用立法者的恰当意图的原则和法律体系协调一致的原则作为标准，确定法律是什么。他们并不同意使用同一的“根据”和原则作为标准。

---

① Ronald Dworkin, *Law's Empire*, Cambridge: Harvard University Press, 1986, p. 5.

第三，法官在争论中使用了不同的标准确定法律的具体内容，因此，他们主观中的法律概念便是不同的。对于一般意义的法律是什么的问题，法官具有各自的看法。格雷法官可能认为，立法机关写下的白纸黑字便是法律（除非具有有关立法者意图的其他明确信息）；厄尔法官可能认为，可以合理理解的立法意图和法律体系不能自相矛盾才是法律的必要条件。

第四，从上述三点可以看出，法官在疑难案件中的争论不仅是法律家的争论，而且是法学家的争论。严格地说，任何法律实践中的争论，在深层上都体现了抽象意义的法律一般理论的争论。不仅如此，这种争论更为深刻地体现了政治道德方面的不同态度。如果格雷法官认为立法机关写下的白纸黑字是法律，那么他可能持有一种较为保守的有关法院功能的政治态度，可能持有一种过于中立的道德态度。如果厄尔法官认为恰当的立法意图和法律体系不能自相矛盾是法律的必要条件，那么他对法院的功能可能持有一种较为激进的政治态度，对社会纷争可能持有一种易于倾斜一方的道德态度。

第五，尤为重要的是，从法律的成分上看，因为法官在确定法律的具体内容时运用了各种潜在的法律“根据”，因此，法律不仅是由具体规则构成的，不仅包括在前述第 052 小节描述的法律原则、政策或政治道德准则，而且，包括一般法律理论和政治道德姿态。

于是，德沃金指出：“法律哲学家对任何法律推论必须具有的一般性问题，对任何法律推论必须具有的解释基础，具有不同的意见。我们可以将硬币翻过来。任何实践的法律推论无论怎样具体或局限，都预设了法理学提供的那类抽象基础。当对立的抽象理论基础相互对抗时，一种法律推论总是接受一个而拒绝其他。所以，任何法官的意见本身就是一篇法律哲学，即使这种哲学隐而不露，即使显而易见的推论充满了条文引证和事实罗列。法理学是审判的一般部分，是任何法律判决的无声序言。”①“法律的帝国是由态度界定的，而不是由领土、权力或程序界定的。”②

069.“理论争论”存在的实践前提

“理论争论”存在的实践前提有两个：其一，法官总是认为自己有遵守法律的义务；其二，社会公众都希望法官的审判权力尤其是疑难案件中的审判权力得到确证。一般来说，在审判过程中，法官都认为自己是在适用法律，在疑难案件中也是大体如此，而且一般公众也不希望法官可以没有合法的正当根据自由审判。这在另一种意义上便是“法治”的要求。而如果这两个前提是真实的，那么，过去的许多法律理论都将是成问题的。因为，这些法律理论一般都以为，一方面，存在一个标准可以确定法律是什么，当法官根据这个标准发现法律不存在、有漏洞或不公正时，其会运用自由裁量权或依据非法律的其他准则审判案件，换言之，法官自认放弃了遵守法律的义务；另一方面，在法官运用自由裁量权的情况下，社会公众似乎也放弃了他们的确证要求，然而事实上，法官通常并不认为自己可以放弃遵守法律的义务，一般公众也未放弃对法官审判的确证要求，而法官放弃遵守法律的义务和“法治”的愿望亦是背道而驰的。

进而言之，如果认为上述两个前提是无可置疑的，那么，就须反过来重新思考：当法官自认属于适用法律而且社会公众的确存在确证

---

① Ronald Dworkin, *Law's Empire*, Cambridge: Harvard University Press, 1986, p. 90.

② Ronald Dworkin, *Law's Empire*, Cambridge: Harvard University Press, 1986, p. 413.

的要求时，法官所进行的争论究竟属于什么性质。可以发现，法官通常来说并不运用偏离法律的强式意义的自由裁量权。所以德沃金认为，他们的争论在一般情况下的确是深刻的“理论争论”。

070. “理论争论”·识别功能的标准·日常语言的正常用法

“理论争论”从另一角度再次表明，[①] 以往许多法学理论试图建立一个可经验实证观察的“识别功能”的基本标准确定什么是法律的思路，是注定要失败的。

边沁和奥斯丁认为，主权者的普遍性质的命令就是法律，这样，在他们的法学理论中，“主权者的普遍命令”便是识别何为法律的基本标准。格雷说，法官所说的就是法律，于是，在其理论中，“法官所说的”便成为基本标准。而霍姆斯以为对法院将要做什么的预言就是法律，卢埃林以为法官的行动就是法律，凯尔森以为可以追溯到基本规范的规则就是法律，哈特以为符合承认规则要求的规则就是法律，因此，“对法院将要做什么的预言”“法官的行动”“基本规范”“承认规则”便成为其各自的基本标准。

然而，在“理论争论”中可以发现，“隐含法律”的形成是十分复杂的。这种法律具体内容的获得，依赖一般性的原则、政策、法律学说、政治理论甚至政治道德等内容的推论。在形成隐含法律的具体内容时，法官是在建立一个完整的法律理论，这一理论是由潜在的一般性质原则、政策、学说（如法律的概念）、道德等构成的，这些一般性质的复杂内容是具体法律的背景“根据”。从整体上看，法律的成分既包括具体的规则内容，又包括上述背景“根据”。隐含的具体

---

① 参见第 052、053 小节批评者的批评。

规则内容和这些背景“根据”，不能用可经验实证观察的“识别功能”的基本标准加以确定。它们是与作为实践参与者的法官的主观目的及价值判断密切联系在一起的。因此，法律的内容，同样不能用上述基本标准加以确定。与社会学家及历史学家研究社会历史资料不同，法官是在较强的主观目的及道德主张之下探寻证明法律实际是什么。这样，存在确定法律性质的形式上的并可经验实证观察的统一标准理论，便会因此而失效。

德沃金反复强调，“理论争论”是语义学的法学理论，[①] 如上述法学理论的“刺”。[②]

此外，“理论争论”也再次表明，[③] 哈特新分析法学的“日常语言的正常用法”的方法不能解释官员实践中的某些重要争论。因为，这些争论与语言用法问题毫无关系。为了分析这些争论，必须采用新的方法和视角。

071.“隐含法律”的特点及理论渊源

德沃金的“理论争论”说在技术上依赖一个概念上的区分，即“明确法律”和“隐含法律”的区分。其实，德沃金所要说明的法律主要是后者。只有就后者产生的争论，才具有“理论争论”的性质。“隐

---

① 在德沃金的理论中，语义学的法律理论是指这样一种理论，即认为法律工作者及法官在确定法律命题，如“担保人须承担连带赔偿责任是法律的规定”的真伪时，都大致使用了相同的标准，就像人们在确定某一句话的真伪时使用了相同的语言规则一样。参见 Ronald Dworkin，*Law's Empire*，Cambridge: Harvard University Press，1986，pp. 32-33.

② Ronald Dworkin，*Law's Empire*，Cambridge: Harvard University Press，1986，pp. 45-46.

③ 参见前第 064 小节的分析批评。

含法律”的概念对德沃金的“理论争论”说至关重要，因此，从本小节至第077小节，我们将详细探讨与“隐含法律”有关的几个问题。

“隐含法律”最为重要的特点在于其内容必须通过推论才能获致，因为，其具体内容的产生，依赖对特定的原则、政策、学说及政治道德观念等一般内容的推论。而且，这种推论通常是在法律实践中发生的。而“明确法律”通过查找，无需推论便可获致。在里格斯诉帕尔玛案中，格雷法官实际上主张，有关遗嘱的制定法中包含了这一隐含法律：不论在何种情况下，有效遗嘱都应予以执行。厄尔法官实际上主张并非如此。

在20世纪上半叶的英美法理学中，可以发现“隐含法律”观念的两个主要理论渊源：卢埃林的晚期理论和庞德的部分理论。前者认为，在法律的具体规则依赖的体系背景中，通常存在相对确定的规则、原则、准则和价值，它们或明或暗存在能够产生明确答案的依据。[①]后者认为，如果相信法律体系仅仅包括一些明确的具体规则，它们为具体明确的实际情况规定明确具体的法律结果，从中可以得出明确具体的判决结论，那么，这便将法律体系想象得过于狭窄。在具体规则之外，法律体系还包括大量的一般原则。这些原则有时被明确地确认甚至公布，有时被推断为最为合理的准则根据，从而能够解释明确确立的规则的存在。它们不仅可以用来解释使其得以体现的具体法律规则，而且当具体法律规则不明确或不存在时可以被用来构成判决的一般准则。[②]

① H. L. A. Hart, *Essays on the Jurisprudence and Philosophy*, Oxford: Clarendon Press, 1983, pp. 133-134.

② Rosco Pound, “The Theory of Judicial Decision”, *Harvard Law Review*, 36 (1923), p. 641.

在20世纪中叶，富勒（Lon L. Fuller）从另一方面，分析了“隐含法律”的概念。在富勒看来，任何法律的明确表达形式（如制定法）都不会穷尽其中包含的“法律内容”，法律的条文和其中包含的法律内容是两个不同的概念。针对一项制定法规定“遗嘱须在两名主体资格合格的证人面前签署方为有效”的文字，人们一般不会否认，这条文字中也包含了“遗嘱分别在两名合格主体面前签署同样有效”的法律含义。虽然制定法就后种情况并未写出更多的文字，但在其中可以推出与此一致的法律内容。这类可推出的法律内容就是“隐含法律”。[①]在20世纪六七十年代，德沃金本人亦从法律内容的成分上论证原则一类的准则也是法律的一部分。与庞德类似，他以为某些原则一类的准则并不明确表达于成文法律中，它们潜在地存在于法律体系中。[②]

072.“隐含法律”概念的功效

可以认为，“明确法律”与“隐含法律”的区分，是德沃金的理论策略。“隐含法律”的概念，在理论上是为“理论争论”的分析铺平道路。

当然，这种区分的另外两个目的是：第一，表明以往各类法学理论主张“发现法律”方法是单一的不当之处；第二，表明它们所说的“法律漏洞”的观点是错误的。这些法学一般以为，如果法律是存在的，那么发现的方法便是通过已经存在的官方文件（如制定法文本或判例汇编）或已经发生的官方事实（发布命令或接受承认规则）来查找，除此之外，并无他法。然而，如果“隐含法律”是存在的，则“发

---

① Lon L. Fuller, *Anatomy of the Law*, New York: Praeger, 1968, pp. 61-157.

② 参见前第052、053小节。

现法律”的方法便不单是查找式的，它需要推论作为发现的另一基本手段。就“法律漏洞”而言，这些法学通常认为，法律存在种种疏漏，所以要么用立法手段要么用司法手段来填补之，而填补则又是属于“创制”而非“发现”。但是，如果“隐含法律”本身就是法律体系中的法律，则漏洞一般是不存在的，因为从法律体系中的“根据”和原则可以推论无数的具体的“隐含法律”，这样，当基本法律体系存在时，无数的具体法律总是被“发现”的。

“隐含法律”是暗含于法律体系中的，因此，在“理论争论”中，法律实践者是在推论式地“发现”、说明法律是什么。

073. 隐含法律·法律的确定性和可预测性

在法律成分上，有论者以为，如果接受法律不仅包括“明确法律”，而且包括“隐含法律”，那么法律的确定性和可预测性这两个人们普遍接受的价值便会出现危机。

就法律的确定性而言，人们创立法律便是希望这类规范不同于较为不明确的其他规范如道德，以便行为有案可查、有章可循。但是，“隐含法律”是不明确的，这便使上述希望无法实现。对于一般公众来说情况尤为严重。换言之，如果接受“隐含法律”，便需放弃确定性这个价值。就法律的可预测性而言，明确的法律可以使人较为准确地预测自己行为的法律后果，如果不知道法律的明确规定，便无法作出预测从而无法做出日常安排。显然，“隐含法律”蕴含的权利义务的规定是不明确的，对其作出预测也是较为困难的。如果承认“隐含法律”是法律的一部分，便难坚持法律的可预测性。

德沃金以为，“隐含法律”的确是不明确的，但是不明确并不意味着不确定。无论是“明确法律”还是“隐含法律”，都是以法律体系中蕴含的原则、政策、道德、普遍接受的信仰、学说及观念等作为自己的背景“根据”的，基于相同的文化背景，人们完全可以知道或大致了解这些背景“根据”，并从中推论出具体的法律权利和义务。对于区别于政策的法律原则来说，情况更是如此。此外，即使就“明确法律”而言，现代国家的各种规定也越来越具有技术性和专业性，越来越浩如烟海，在没有专业法律工作者的帮助下，一般公众同样难以用简洁的方式明确知道法律的具体内容，他们有时同样需要推论的方式，以获得法律的具体知识。因此，如果认为法律的确定性是指一望即可知，那么，在现代社会中根本就不存在这样的法律确定性。就可预测性来说，人们一般都理解自己文化背景中的法律制度蕴含的基本原则、政策或政治道德，既然具体法律依据的是这些“根据”，人们当然也可以依赖这些“根据”知道自己的权利和义务，从而预测自己行为的法律后果。从区别于政策的法律原则来看，人们更能而且更应从中预测具体的权利和义务，从而预测具体的法律后果。“人们可以把能为法律实践提供最佳理由的原则所支持的任何权利作为自己的法律权利。”[①]

074. 隐含法律 · 法治 · 正当性

法律的确定性和可预测性与法治问题有着密切联系。按照一般法律理论的说明，法治在于法律具有最高的政治权威，在治理方式上体现为法律的统治而非人的统治。显然，实现法治首先要求法律具有确定性和可预测性。此外，这一问题还与法律的正当性问题有关。如果

---

① Ronald Dworkin, *Law's Empire*, Cambridge: Harvard University Press, 1986, p. 152.

法官可以探讨隐含法律，那么法官手中似乎便出现一种正当性受到怀疑的权力。有论者以为，必须注意法律中的程序正当性的问题，因为，无论是用民事赔偿的方式还是作为刑事处罚，其本身都证明了如下要求是正当的：适当地、明确地预先知道所要求的义务。

德沃金纠正了这种观点。他认为，真正的法治，是允许政治道德理由特别是法律原则在法律推论中发挥“约束”作用的，允许这些“根据”和通常的明确具体法律理由彼此共存。只有当政治道德理由尤其是法律原则的推论形式被看作法律推论，法律制度才是更为确定的。因为，当这些推论资源和方法被允许时，法律便会对绝大多数的实质问题提供明确的答案，从而实现法治。[①] 他以为，即使法律问题是争论的、疑难的，但只要案件是被正确判决的（即便很难预测），则仍符合正当性的要求。[②]

075. 隐含法律 · 法律的矛盾 · 唯一正确的法律答案

但是，有论者进一步指出，在相同文化背景中，作为具体法律规则的背景“根据”的那些原则之类的准则，有时本身便是不确定的，它们有时依赖人们的理解或讨论才能逐步确定。在这种情况下，不能排除人们在逐步确定的过程中对这类准则具有不同的甚至矛盾的理解。此外，在一个法律体系中，通常存在许多抽象“根据”，而不是仅存在一个，当思考这些抽象“根据”时，也许不会发现它们之间的

---

① Ronald Dworkin, *Law's Empire*, Cambridge: Harvard University Press, 1986, pp. 271–275.

② Ronald Dworkin, *Law's Empire*, Cambridge: Harvard University Press, 1986, pp. 291, 338; Ronald Dworkin, *A Matter of Principle*, Cambridge: Harvard University Press, 1985, pp. 9–32.

潜在矛盾性，而当思考以它们为依据的具体结论时，有时便会发现来自潜在矛盾性的现实矛盾性。比如，惩罚犯罪必须由立法机关事先规定，不能由法院事后追加，这是一个重要的司法原则；法律判决应当协调一致，也是一项重要的司法原则。当仅仅思考这两个原则时，人们可能觉得它们之间并无矛盾性，但是在帕尔玛案中，这两个原则却支持了相互矛盾的法律具体结论。如果是这样，人们便有理由怀疑在此基础上推论的具体法律权利义务的正确性，便有理由怀疑，这种权利义务是否真为法律体系中已包含的法律的权利义务。而既然推论获得的具体法律结论可能是不可靠的，最终意义上的法律确定性和可预测性何以获得保证？因此批评者认为，之所以有时强调规则的重要性，而不乞求原则或价值的推论，就是因为“不能发现无论是边沁式的幸福还是德沃金式的平等关心与尊重，还是其他价值宏论，可以把握我们估价的单一追求目标（不是所有都有价值）。在实践反思的层面上，我们遇到价值和被估价的事物状态的多元性，其中每个在各种背景中与其他部分地相互矛盾”[①]。

在此可以发现，能否在原则上获得真正的唯一正确的法律答案对于“隐含法律”（尤其是以法律原则为“根据”的这类法律）的概念至关重要。如果不能获得，其主张者似乎便面临着两种困难选择：要么沿着现实主义法学的思路干脆承认法律存在于法官的行动中，从而彻底抛弃法律的确定性和可预测性（以及一般规范性）的观念；要么为保留这两个观念而在价值层面上彻底否认“隐含法律”的概念。为避免这两种困难选择，德沃金坚决相信“唯一正确的法律答案”的存

① Neil MacCormick, “Reconstruction after Deconstruction: Closing in on Critique”, in *Closure or Critique: New Directions in Legal Theory*, ed. Alan Norrie, Edinburgh: Edinburgh University Press, 1993, p. 146.

在，而且认为，这种唯一正确的答案至少存在于作为具体法律规则的背景根据的法律原则中。[①]

076. 隐含法律存在的理论根据

关于“唯一正确的答案”的问题和现实主义法学发难的问题，留待后面第095、096小节再予详细讨论。现在，在假设可以获得唯一正确的答案的基础上，看看能否在纯粹理论的层面上否定“隐含法律”的存在。认为这种法律存在的通常思路是：首先，所有的法律权利义务的规定，无论较为具体还是较为一般，都是以更为抽象的政治观念或道德观念作为根据的；其次，在这些政治观念和道德观念的“根据”上，可以反向推出无数的具体结论；再次，当出现新问题时，从这些抽象观念中是可以得出具体的法律结论的（尽管可能是相互矛盾的）；最后，可以认为这些推出的具体结论是暗含于法律体系之中的，它们是“隐含法律”。可以想象，如果对所有的具体法律规定进行具体分析，找出其抽象“根据”是不成问题的。反之，在这些抽象“根据”上推出无数的与具体事实相对应的具体结论也是不成问题的。这样，在纯粹理论层面上似乎不能否认“隐含法律”的存在。

077. 隐含法律存在的现实根据

另有论者认为，不应将所谓的“隐含法律”视为法律，因为，这类准则是法官在“明确法律”没有规定时依据自由裁量权找寻的规则，它们对法官并无约束力，它们是以“明确法律”之外的原则、政策、

---

① Ronald Dworkin, *A Matter of Principle*, Cambridge: Harvard University Press, 1985, pp. 143-144.

伦理观念、习惯等主观价值为根据的，并无法律的绝对效力。法官只是在少数疑难案件中运用它们，如果愿意，法官完全可以不予理会。

在前面第052小节，我们看到，如果不将部分的即明确法律规则中蕴含的原则、政策或政治道德准则视为法律的一部分，那么，似乎会得出明确的法律规则不具有法律约束力，从而不是法律的一部分的结论。

在此，德沃金同样相信，如果上述论者的观点是正确的，那么，将会推出“明确法律”同样不具有约束力因而不是法律的奇怪结论。因为，第一，法官在疑难案件中改变、撇开“明确法律”时有发生；第二，法官在疑难案件中有时运用有时则不运用“隐含法律”，这与他们运用“明确法律”的情形并无实质性的区别；第三，如果认为，法官可运用也可不运用“隐含法律”这种情形表明这些法律不具有约束力，因而不是法律，则亦有理由认为，“明确法律”不具有约束力因而不是法律。显然，人们并不因为法官有时改变、撇开“明确法律”，从而认为“明确法律”对法官不具有约束力因而不是法律。所以，没有理由否认“隐含法律”具有约束力从而是法律的一部分。

德沃金的推论是言之成理的。但是，人们可以从另一个方面理解这一问题：在“明确法律”没有确定结论时，法官是否事实上在探讨“隐含法律”，是否应该探讨“隐含法律”。如果法官事实上没有探讨“隐含法律”，当然不存在“隐含法律”的问题。如果事实上的确在探讨，然而人们认为这是不应该的，那么，亦可硬将“隐含法律”的问题抛在一边。但是，假如法官在事实上不能不探讨“隐含法律”，恐怕便不能将其弃之不顾。

法律的明确规定不论是一般的（在制定法中）还是具体的（在判例中），其面对的事实都是具体的，都需要用法律解释的方法才能予以适用。如果具体事实完全属于明确法律规定之前曾经出现过的事实，那么，解释将是十分简单的。如果具体事实不属于，则会出现两种情况，一种是人们对新出现的具体事实是否属于明确法律规定的情况，会有十分激烈的争议；另一种是人们对新出现的具体事实是否属于明确法律规定的情况，不会有十分激烈的争议。对于堕胎及安乐死是否属于明确法律规定的杀人行为，人们可能争议颇为激烈，这属于前种情况。对于新出现的电脑及版权是否属于明确法律规定的遗产，人们可能有一些争议，但是这种争议一般并不十分激烈，而且，人们经过争议后有可能达成大致共识，认为它们属于遗产，这属于后种情况。对于前种情况，由于存在激烈争论，有人也许认为应由立法机关来解决，换言之，有人也许认为法官在此不应探讨“隐含法律”。但是，对于后种情况，人们通常不会认为应由立法机关来解释。其实，在后种情况中，法官正是通过探讨“隐含法律”来求得问题的法律解决。如果认为法官在后种情况中同样不应探讨，那么，可以想象将有数不胜数的问题需要立法机关来解释，而立法机关从事这种无数的法律解释显然又是不可能的。所以，法官在某些情况下将不能不探讨“隐含法律”。

这样看来，德沃金认为“隐含法律”存在似乎是有理由的。

078.“理论争论”表现的是“实然”还是“应然”

“隐含法律”的存在，似乎令人无法回避实践中的“理论争论”。但是，有论者仍然指出，德沃金所描述的“理论争论”实际上不是有关“法律是什么”的争论，而是“法律应当是什么”的争论。在帕尔玛案中，格雷法官和厄尔法官好像在争论制定法的内容到底是什么，但是，他们实际上是在争论，针对谋杀者可否继承遗产这一问题，制定法应当是什么。因为，在制定法中，人们显然无法看见对这一问题的具体规定。其实，对于法律是什么的争论只能局限于有关历史事实的经验性质，即争论在历史上立法者有无作出过什么规定。进而言之，格雷法官和厄尔法官面对的问题是：要么服从法律，要么突破法律，要么修补法律。而这三类问题都与法律应当是什么有关。

可以看出，这种批评是以一种假设作为前提的：法律就是“明确”意义的法律，如果不能明确读到“字面”，那么法律是不存在的。然而，根据前面所述，似乎不能否认“隐含法律”也是存在的。而且，由于“隐含法律”暗含于法律之中，对其的争论当然亦是“法律实际是什么”的争论。另一方面，即使对“隐含法律”的具体内容没有争论，也并不意味着对法律的背景根据没有争论，因为，通过不同的理论背景根据，完全可能得出相同的具体“隐含法律”结论。在前面第 017 小节说明的麦克劳夫林诉奥布莱茵案中，英国的初审法院、上诉法院和上议院都有相同的“隐含法律”结论，然而，它们依赖的背景根据却是不同的。在没有“隐含法律”争论时，背景根据之间的冲突只是潜在的，而在有争论时，冲突是最为明显的。而“理论争论”的最为重要的特征便在于背景根据的显现冲突。此外，法官通常认为自己应当遵守法律，而不能突破或修补法律，不仅在法律字面清楚明白的时候是如此，而且在法律字面不甚清楚明白时也是如此。这种实践中的恒常现象似乎也说明法官有时的确在争论“法律实际是什么”。

当然，批评者首先可以这样提出质疑：立法机关从事的法律制定工作，是与“法律应当是什么”有关的，在法律制度的发展中，立法机关经常是以修补法律的形式进行立法的。在格雷法官和厄尔法官的时代，对于谋杀者有否继承权的问题，“明确法律”没有规定，但是在现在便不会看到对此问题没有明确规定的法律，这表明尽管法官从法律的背景“根据”可以推论“隐含法律”的具体结论，然而立法者时常仍以立法方式规定这类问题的解决。这样，如果认为“隐含法律”

可以依赖实践中的法官的推论，那么法律制度的实践为何不以这样的方式发展？法律制度为何不更多地依赖法官的推论？实际上，法律制度的发展显然更多地依赖上述立法方式而非法官的推论。假如认为，立法者的上述任务是不可回避的，那么似乎更有理由认为格雷法官和厄尔法官的争论是“应当”性质的，而不是“实际”性质的。

其次，批评者可以这样认为：立法机关以修补方式立法的原因之一，在于避免同一法律体系之中的若干“根据”在具体结论层面上可能产生的矛盾，换言之，从这些“根据”出发，有可能推论出相互矛盾的具体法律结论，[①]修补立法的目的便在于避免这样的矛盾，进而避免法官在实践中无休止地争论。我们似应承认这种修补是十分必要的。同时，虽然可以认为立法者在立法时也会争论，但是人们不会因此认为其争论是“法律实际是什么”的争论，而只会认为是“应当”性质的争论，这样，如果认为同一种类的争论在立法者那里是“应当”性质的，在法官那里是“实际”性质的，那么，便会使人感到颇为费解。

最后，批评者可以说：法官认为自己有遵守法律的义务，并不意味着他们的确这样认为。一般公众相信法律总是存在的，法官总是遵守法律的，这便使法官不得不在表面上这样认为。其实，他们心里完全明白他们是在从事“法律应当是什么”的工作，只是由于公众的信念，他们才表现出似乎是在从事“法律实际是什么”的工作。

对于批评者提出的上述质疑，德沃金可以认为，在法律制度的发展中，立法机关修补式的立法的确发挥了重要作用。但是，这从不意味着法官可以或在实践中实际放弃法律的推论。立法机关解决

① 例如，帕尔玛案中格雷法官和厄尔法官从不同的“根据”出发得出相互矛盾的具体法律结论。

了谋杀者继承权的问题，仍然会有其他新的问题出现，因为明确的法律规定与具体事实之间的“矛盾”是永久存在的。在法律史的发展中，完全可以看到，法律实践者始终面临着数不胜数的法律争论，因为实践者始终处于明确法律规定和具体事实之间的中介位置。

至于同一类争论为何在立法者那里是“应当”性质的，而在法律实践者那里是“实际”性质的，德沃金可以说：就制定法律而言，除最为基本的具有根本性质的立法外，在一般法律“根据”之上的修补式立法实际上是“明确”法律的一种方式，而这种立法制定的具体法律规定实际上已经暗含于法律体系之中，这种立法与实践推论的区别，仅仅是职能上的区别，两者之间的推理方式完全是一样的。因此，尽管立法解决的似乎是“应当”的问题，但其实际解决的仍然是“实际”的问题，就像人们习惯于将法律实践者说成“进行‘应当’争论”一样，人们只是习惯于将其称为从事“应当”的工作。

对于法官是否仅仅在表面上表现出争论“法律实际是什么”，而其心里完全清楚自己是在争论“法律应当是什么”的问题，德沃金可以反问：如果这种“装扮”是必要的，如果法律工作者都认为，在像帕尔玛那样的案件中没有决定性的法律结论，为什么这类观点长期以来没有成为实践中的主流政治文化？为什么在类似帕尔玛案的案件中，法官与双方当事人的律师要合作欺骗一般公众？为什么在这类案件中，人们无法找寻证据证明法律工作者在争论时实际上希望争论可以顺利解决？①

---

① Ronald Dworkin, *Law's Empire*, Cambridge: Harvard University Press, 1986, p. 36; Ronald Dworkin, "Legal Theory and the Problem of Sense", in *Issues in Contemporary Legal Philosophy: The Influence of H.L.A.Hart*, ed. Ruth Gavison, Oxford: Clarendon Press, 1987, p. 12.

079. 理论争论与疑难案件

“理论争论”是实然性质的，而非应然性质的。它最为明显地体现在疑难案件中。

在第二章我们看到，现实主义法学的一个现实切入点便是疑难案件。正因为在疑难案件中，“本本中的法律”并不像一般人所预料的那样决定了法律的具体结论，现实主义法学便得出了只有“行动中的法律”的结论。从德沃金的理论来看，在疑难案件中，“实然”的“理论争论”最为突出。于是，从关注焦点集中在疑难案件这一点而言，德沃金与现实主义法学似乎具有类似的特征。可否认为，德沃金忽略了另一方面的简单案件的存在，忽略了简单案件中体现的法律现象？在简单案件中，可否认为并不存在德沃金所说的“理论争论”，因此“理论争论”只是个别现象？

在此应注意，德沃金未讨论简单案件并不意味着忽略了这类案件。德沃金只是为了阐述方便，才集中探讨疑难案件。其实，在其理论中，可以看到即使在法官没有争论的简单案件中，“理论争论”同样可能是存在的，只是这种争论是潜在的。在简单案件中，法官虽然对具体法律结论没有争论，但是完全可能从不同的背景根据出发得出相同的具体法律结论。

此外，德沃金相信，有时对某一法律没有争议，是因为人们对这一法律有一致的意见，而正是这种一致意见使这一法律成为法律制度的“范例”(paradigms)。对此范例，通常是不会有争议的，而且争议也是没有意义的。例如，在相当长的一段时期，人们对“契约自由”的法律是没有争议的。人们认为，对规范民商方面的契约行为而言，这一法律是具有确定性的“范例”，对其的争议没有意义。

这一法律包含了要约主体和承诺主体意思表示自由真实的含义。但是，人们的一致意见是会改变的，同时“范例”也会随之发生动摇。这样，就会出现对同一法律的含义的争论，从而出现疑难案件。对于“契约自由”的法律，人们后来的确认为在某些情况下，因其而出现显失公平的结果，要求人们重新思考这一法律的真正含义。人们会争论，“意思表示自由真实”是否认可了显失公平的结果，当契约一方承诺了契约，是否意味着必然要承担这一结果。在某些法律制度中，这种争论的确导致了“范例”的动摇，人们认为“意思表示自由真实”的原则或许并不意味着契约一方只能承担显失公平的结果。就此而言，法律争议或疑难案件是一种恒常现象。实际上，“简易案件不过是疑难案件中的特殊案件”[①]。所以，不能认为“理论争论”只是法律现象中的个别现象。

但是，德沃金的后一说明似乎是有问题的。人们可以运用同样一种推理来分析德沃金自己的理论。可以认为，一切疑难案件都潜在地属于简单案件。当人们没有一致意见的时候，某一法律就不具有范例的特征，因而人们便对其存在争论。但是，相对而言，人们总会有意见一致的时候，此时这一法律就会变成范例，疑难案件也就变成了简单案件。因此，“理论争论”只是个别现象。而且，德沃金的前一说明亦只表明，在某些情况下没有争议的简单案件包含了潜在的理论争论。然而，在某些情况下，或许简单案件真实地并不包含理论争论。从实践方面来看，可以发现，法律实践者的“理论争论”，有时会因立法者的明确立法而终止。当遵循立法者新的

① Ronald Dworkin, *Law's Empire*, Cambridge: Harvard University Press, 1986, pp. 266, 354.

立法而无争论的时候，他们并非像德沃金表述的那样进行“理论争论”。比如在现代，如果再出现继承人谋杀被继承人的情形，法律实践者不会再去进行“理论争论”或运用一般法律理论对明确的法律作出某些解释以适用法律，他们都会直接适用明确法律而照判谋杀者失去继承权。这也说明，认为“理论争论”恒常现实的理由并不充分。

两种看法何为正确？在此似乎只能以为，不存在正确与否的问题。两种论说属于说服性的，不属于论证性的。因为其出发点是不可证明的“事物变化的状态”。而且，在时间和空间两个宏观方面统计哪种现象是主要的是难以做到的。人们只能在一个特定时期特定地点谈论谁多谁少。认为“理论争论”是个别现象是不对的，认为“理论争论”是主要现象同样是不对的。

二、法律的解释性质

由于存在“理论争论”，而这种争论本身又体现了法律理论、政治道德与法律实践三者的同一性，体现了争论者对一般法律“根据”和具体“隐含法律”的含义的阐释与说明，这样，德沃金便将这种争论，视为一种各方争论者所从事的“建构性的解释”活动，从而将法律视为一种具有解释性质的概念。

当法官进行“理论争论”时，法官是在用法律的背景“根据”来展开自己的观点，他们结合目的价值或曰政治道德姿态，来说明并形成法律的具体内容。因此，“法律具有解释性质……法官通常承认有义务推进而不是抛弃他们参加的实践……当他们以我所说的理论方式进行争论时，他们的争论是解释性的争论。不仅是在微观上，而且在是宏观上，他们争论什么才是与案件有关的法律实践的最完善的解释”[①]。因此，帕尔玛的命运取决于具体法官的解释信念。如果法官认为最完善的解释要求他不理会立法者的意图，他便会判决支持帕尔玛；反之，如果法官认为最完善的解释要求他注意立法者的意图，他便会判决支持死者的女儿。[②]

080. 解释的微观形态——“建构性的解释”

从微观上看，建构性的解释，是解释者融合自己的目的或价值观念来说明规则、惯例等社会群体实践的活动。其目的，不在于发现人们行为的经济、心理、生理等决定因素，而在于将解释者自身的价值观念加在客体上，并使客体成为它所隶属的整体“根据”的最佳范例。[③]从前述格雷法官和厄尔法官的“理论争论”中，可以发现他们具有各自的目的和价值，而且，他们在争论遗嘱法是什么时融合了自己的目的和价值，并努力表明遗嘱法在其说明中是它所隶属的法律整体“根据”的最佳范例。一句话，法律解释的特性在于对法律实践作出道德上的最佳解释。

这种解释可以分为三个阶段：前解释（pre-interpretive）阶段、解释阶段和后解释（post-interpretive）阶段。在前解释阶段，解释者要确定想要说明的客体在人们以往经验中的含义是什么。这种含义的确

---

① Ronald Dworkin, *Law's Empire*, Cambridge: Harvard University Press, 1986, p. 87.

② Ronald Dworkin, *Law's Empire*, Cambridge: Harvard University Press, 1986, p. 87.

③ Ronald Dworkin, *Law's Empire*, Cambridge: Harvard University Press, 1986, pp. 51–52.

定，具有临时的性质。其在某些方面类似文学解释中的文本确定阶段，即某一文学载体被确定为一种小说或诗歌，而且这一文学载体不同于其他小说或诗歌。在这一阶段，人们通常只凭经验大致地确定解释的客体。[①] 格雷法官和厄尔法官在解释（或争论）遗嘱法实际上是什么的时候，都大致地确定了纽约州立法机构制定的遗嘱法是法院应当适用的法律。这种确定，当然来自以往的法律实践的经验。在解释阶段，解释者将为上一阶段确定的客体的主要内容提供某种一般性的确证。此时，解释者要说明客体主要内容如果值得追求，那么理由何在。但是，这种确证或理由的说明仍然是一种“解释”，而不是“创造”。[②] 格雷法官和厄尔法官在解释（或争论）遗嘱法实际上是什么的时候，都为自己确定的遗嘱法主要内容提供了某种“根据”上的一般确证，而且说明了这些主要内容值得追求的理由是什么。他们的说明，当然不是“创造”。在后解释阶段，解释者要调整自己对客体实际上要求什么的感觉，以更好地为第二阶段确定的确证或证明理由服务。[③]

081. 解释的宏观形态——解释的“树形结构”

从宏观上看，各方解释者就客体所从事的这种解释，可以视为一种“树形结构”。各方解释者可能均大体同意有关客体的最为抽象一般的含义，这一含义构成了树干。然而，他们可能不同意有关这一含义

---

① Ronald Dworkin, *Law's Empire*, Cambridge: Harvard University Press, 1986, pp. 65-66.

② Ronald Dworkin, *Law's Empire*, Cambridge: Harvard University Press, 1986, p. 66.

③ Ronald Dworkin, *Law's Empire*, Cambridge: Harvard University Press, 1986, p. 66.

的较为抽象一般的说明，这些较为抽象一般的说明构成了树枝。[1]他们还会不同意有关这些说明的较为具体个别的说明，不同意有关这些较为具体个别的说明的更为具体个别的说明……这些越来越具体的说明，构成了细小数枝和树叶。格雷法官和厄尔法官，在解释（或争论）遗嘱法实际上是什么的时候，可能同意“法官必须公正地适用遗嘱法”这个最为抽象一般的命题。但是，他们完全可能不同意有关“公正”的较为抽象一般的说明。当格雷法官认为严守法律字面含义的法院功能体现了“公正”时，厄尔法官可能认为理解法律内在根据的法院功能，才体现了“公正”。而对于什么才是“严守法律字面含义”，有的法官可能与格雷法官持有不同的看法。而对于什么才是“理解法律内在根据”，有的法官可能与厄尔法官持有不同的意见……

各方解释者接受作为树干的最为抽象一般的含义，仅仅表明其将这种含义作为一种有用的有关客体的日常话语，作为一种各方可以正常对话争论的基本前提，并不表明他们将这一含义视为客体的基本内涵。各方解释者接受“树干”是必要的，否则各自的看法作为“树枝树叶”便无法展开。如果格雷法官认为必须公正地适用遗嘱法，而厄尔法官认为只能强权地适用法律，那么在“树枝”的层面上便无法展开各自的看法。可以认为，“树干”是“观念”（concept），“树枝树叶”是“观点”（conception）。在“观念”的基础上，“观点”可以枝繁叶茂。[2]

作为树干的“观念”与前解释阶段确定的客体大体的含义具有一定的对应性。它们都来自以往的社会经验。因此，它们都具有文

---

① Ronald Dworkin, *Law's Empire*, Cambridge: Harvard University Press, 1986, p. 70.

② Ronald Dworkin, *Law's Empire*, Cambridge: Harvard University Press, 1986, pp. 70–71.

化的、地域的和历史的性质，具有范式发展变化的模式。“任何时代的法律工作者的解释态度如欲成功，便必须在同一时期具有大致相同的观念。我们都在特定时期进入解释实践的历史，在这个意义上，前解释阶段的必要的一致观念是特定的和地域的。”[①]另一方面，解释者在解释阶段和后解释阶段中的“目的”和“价值”，与作为“树枝树叶”的观点背后的“目的”和“价值”，同样具有一定的对应性。它们也都具有文化的、地域的和历史的性质，以及范式发展变化的模式。在格雷法官和厄尔法官的时代，人们可能大致地接受了“法官必须公正地适用法律”这样一种“树干”性质的观念，但在其后的时代，人们可能转变为大致地接受“遗嘱法需要调整各种利益”的观念。在格雷法官和厄尔法官的时代，大多数法官可能像厄尔法官一样接受“立法者意图优先”的价值观点，在此时代以前，大多数法官可能认为逐字逐句地解释法律才是公正的。其实，从政治方面来看，不仅在空间上而且在时间上，“不同的法官属于不同的甚至对立的政治传统，而不同的意识形态会使法官的不同解释更为尖锐对立”[②]。因此，“树形结构”将会变化发展，繁衍出新的“树形结构”。

同时，这些“目的”和“价值”又具有一定的趋同性，并不是纯粹主观的、任意的，这使“建构性的解释”亦不是纯粹主观的、任意的。就法律解释而言，这是因为，“任何社会都有法律的范例……任何否认交通法典是法律的一部分的美国法官或英国法官都会被其他法官所替换。这个事实便迫使法官避免极端的解释”，“这个对趋同性产生的

---

① Ronald Dworkin, *Law's Empire*, Cambridge: Harvard University Press, 1986, p. 91.

② Ronald Dworkin, *Law's Empire*, Cambridge: Harvard University Press, 1986, p. 88.

最为强有力的影响是内在于解释的特征的……此外，法官是在社会中而不是在社会外思考法律的，一般的知识环境以及反映并保护这个环境的共同语言，对解释个性产生了实践上的限制，对解释想象产生了观念上的限制。正式的法律教育和司法行政官员的选拔程序中的不可避免的保守主义，进一步促进了趋同力”①。

082. 解释的历史形态——解释的链条

在微观上，解释存在一个前解释阶段；在宏观上，解释依赖一个共同的“树干”观念。同时，在任何特定社会中都存在解释对象的“范例”。因此，从历史的角度来看，解释是在一定范围内展开的解释。另一方面，微观中的解释存在解释阶段和后解释阶段，宏观中的解释包含了“树枝树叶”的各种观点，因此，历史中的解释又是不断向前发展的。

于是，德沃金以为，法律中的解释有如文学中链条小说的创作。除了第一个和最后一个作者之外，每一个作者都要在前一个作者创作的基础上，续写未来的章节。每位作者，都要大致了解已经完成的作品的基本内容，大致了解其中展示的发展方向，并以此为起点进行新的创作。②

083. 法律的解释性质

在解释者的解释活动中，法律最终形成了。可以认为，在一定意

---

① Ronald Dworkin, *Law's Empire*, Cambridge: Harvard University Press, 1986, p. 88.

② Ronald Dworkin, *Law's Empire*, Cambridge: Harvard University Press, 1986, p. 229.

义上法律存在于解释之中。

德沃金极为强调，“理论争论”的解释性质主要在于“建构”的过程。对于法律是什么的问题，在前解释阶段和作为“树干”的观念的层面上，我们仅具有经验意义上的对其含义的大致把握。只有在作为“建构”的解释阶段、后解释阶段以及各种作为“树枝树叶”的观点的争辩中，我们才能对其具有实质意义的精确把握。因此，无论是在一般意义上还是在具体意义上，法律是什么的问题都是在“建构”中完成的。也因此，“法律具有解释的性质”。①

由于“树形结构”意义上的繁衍变化，法律在解释的过程中亦会繁衍变化，并在历史中呈现出链条式的解释事业。由此，法律另一方面因而带有文化的、地域的和历史的印记，它不可能依赖统一标准（如承认规则）确定其含义。在帕尔玛的案件中，格雷法官理解的法律和厄尔法官理解的法律都不是依赖统一标准（如承认规则）确定的，它们是在“建构”中完成的。

同时，“在任何社会中，除非存在充分的关于法律实践是何种实践的基本共识，这种共识可以使法律工作者争论大致同一对象的最佳解释是什么，否则，法律作为一个解释事业不可能兴旺发达。这是任何解释事业的实践要求。对两名争论诗的最佳解释的文学评论家来说，如果一个想到‘扬帆驶向拜占庭’的诗文，另一个想到‘往日说谎的马斯耳达’的诗文，争论便是没有意义的”②。

---

① Ronald Dworkin, *Law's Empire*, Cambridge: Harvard University Press, 1986, p. 410.

② Ronald Dworkin, *Law's Empire*, Cambridge: Harvard University Press, 1986, p. 91.

084. “解释”概念的作用

“解释”的建立，是德沃金法律概念学说的理论框架。这一框架的表面目的在于表明实践中的法律是如何形成的，如何发展变化的。这一表明具有双重的功效：既说明法律的具体内容在确证层面上如何形成、发展、变化，又说明具有说服力、证明力的法学理论在确证层面上如何形成、发展、变化。

但其深层目的，在于表明以往法学理论将法律与道德在确证层面上视为分属不同领域是不适当的。实证法学理论与自然法学理论，在法律与道德的关系上存在深刻的分歧。前者认为法律与道德没有必然的联系，后者认为法律与道德具有必然的联系。虽然两种理论不断争论，但是两者的出发点却是共同的：法律与道德是两种不同的事物（极端的自然法理论除外），法律确证与道德确证是两种不同的确证形式。德沃金深信，在解释的层面上，法律与道德、法律确证与道德确证是一个事物的两个方面。

在前法律解释阶段，解释者仅依据以往经验确定解释的法律客体，此客体仅具有“暂时”的意义。就此而论，可谈论法律与道德的“暂时”区别。然而，在解释阶段及后解释阶段，解释者是在“规范性”地即带有道德目的和价值地解释法律，“……法律命题提出的是解释性的主张，因此，对这类命题的真实条件所作的任何有用的说明都必须是规范性的，而不仅仅是描述性的”①。这样，在法律的内容中，既可以看到具体的法律规则，也可以看到作为背景“根据”的原则、政策或政治道

① Ronald Dworkin, “Legal Theory and the Problem of Sense”, in *Issues in Contemporary Legal Philosophy: The Influence of H.L.A.Hart*, ed. Ruth Gavison, Oxford: Clarendon Press, 1987, p. 13.

德准则，也可以看到法律的一般理论，而且颇为重要的是，还可以看到政治道德姿态。在此基础上的法律与道德并无实质性的区别。而且，解释者运用的确证方式与道德确证亦无实质性的区别。“我以为，……假定在所有法律制度中会有某种共同被承认的基本标准确定哪类准则为法律哪类准则不是法律，是错误的。我说过，在像英美那样的有效的复杂法律制度中，不可能发现这样的基本标准，在这些国家里，在法律准则与道德准则之间不可能作出最终的区别……”[①] 德沃金实质上是要表明，在解释阶段和后解释阶段，法律与道德，法律确证与道德确证，甚至法律与政治，法律确证与政治确证之间并不存在截然可以分辨的界限。因为，法律的解释或曰法律的形成最终是一种“应然”的道德理想或政治理想的追求。“法律的帝国是由态度界定的，而不是由领土、权力或程序界定的……法律的态度是建构性的，在解释的精神上，其目的在于为实践制定原则，表明通向更好未来的最佳途径，并对过去保持正确的信念。法律的态度最终是一个博爱的态度，表达我们尽管设想、利益和信念不同，但在社会中如何团结在一起。归根结底，这便是为我们而存在的法律，为我们理想中的人，为我们理想中的社会而存在的法律。”[②] 可以看出，德沃金试图用解释理论重新说明法律与道德的关系。

从方法论上看，德沃金提出“解释”的概念的目的，是要说明哈特一类实证分析法学的“通常的语言用法”这一方法不能有效地解释某些官员的“理论争论”。日常语言的分析方法存在局限性。要突破这个局限性，就必须采用更有说服力的“解释”方法。在“理论争论”中，法官实际上是在“建构性地解释”法律。

---

① Ronald Dworkin, *Taking Rights Seriously*, London: Duckworth, 1978, p. 46.

② Ronald Dworkin, *Law's Empire*, Cambridge: Harvard University Press, 1986, p. 413.

085. 解释·法官的义务·法律性质（或法律效力）的来源

解释的观念，与认为法官遵守法律的义务最终来源于政治道德，有着密切联系。

在前面第050小节中，我们看到，凯尔森和哈特运用了不同方式来处理法律性质来源的问题。凯尔森的方式是“假设”，哈特的方式是“接受”。在逻辑推论的层面上，虽然两者都不具有充分的说服力量，但前者仍有优于后者的地方。因为前者既可假设性地说明法律性质的来源，又可假设性地说明法官义务的来源。而后者在可以说明法律性质的来源的同时，却不能运用同样方式说明法官义务的来源。

比如，当问一个法官的具体判决为何具有法律效力时，两者都可回答，因为它来自一个具体的法律规则；当问这个具体法律规则为何具有法律效力时，两者也可回答，因为它来自更高一级的法律规则……最后，凯尔森认为效力最终来源于一个假设的基本规范，哈特认为来源于事实上的“接受”。在此，两者的效果是同等的。

但当问法官为何要遵守一个具体法律规则时，凯尔森可以认为，这是因为要求法官遵守这一规则的另一法律规则具有法律的效力，如此追问而产生的回答，最终将是：法官的义务最终来自基本规范的假设效力。而哈特在开始可以认为，法官遵守一个具体法律规则的义务，来自要求法官遵守该规则的另一个法律规则，而在如此追问而产生的最后回答中，他只能认为：法官的义务最终来自其他法官对承认规则的接受。然而，如果认为其他法官的接受行为可以成为一名法官的义务，那么，其他已接受承认规则的法官的义务来自哪里？结论只能是：他们的义务来自自己接受承认规则。但是，这是一个颇为不妙的循环说明的结论。此外，根据哈特的界说，承认规则是授权规则，与义务规则是不同的，如何从中推出法官的义务规则？在此可以发现，凯尔森的方式可以回避这个困难问题，而哈特的方式却无法回避。

当然，从法律的性质来看，这不是一个能否巧妙回避困难的问题。实际上，凯尔森的处理方式提醒人们注意：法官义务及法律性质的来源问题，与社会中事实上是否存在规则或者某种行为模式并无关联。

德沃金深知凯尔森思路的缘由，因此，与其类似，在追寻法官的义务和法律性质的最终来源时，同样将社会事实是否存在的问题置于次要的位置。但是，德沃金并不“假设”基本规范的存在，而是采用直接诉求政治道德要求的方式，来说明法官的义务和法律性质的来源。法官遵守法律的义务，最终来自法官对政治道德的认知，正是政治道德的要求使法官必须建立最完善的法律理论，并对法律制度作出完善的确证解释，以从中得出具体的法律结论。而法律性质在另一方面，便和政治道德的要求联系在一起了。

在此似乎应该同样认为，正如凯尔森选择了“假设”一样，德沃金选择了“政治道德要求”，这不是一个证明的问题，而是一个选择的问题。而在选择“政治道德要求”的基础上，提出解释性质的法律概念便是顺理成章的。

086. 前解释阶段 · 法律的一般性质和结构

德沃金以为，在前解释阶段，法官确定人们以往经验中的法律是什么并无困难，因为，法官知道立法机关、法院、警察、行政机关和宪法，知道无数的类似《刑法》的法律例子。前解释阶段的认识是“暂时的”和“经验的”的感性过程，不是推理论证的理性过程。这一阶段的认识上的一致性是必要的，同时也是正常的。因为这是法官相互争论的必要起点。[1]

但是，有论者指出，法官知道这些并不意味着已把握了法律的一般性质和结构，而对这类性质和结构的认识是十分必要的。德沃金"对各种法律例子如此粗糙的描述，不足以回答人们经常对法律的存在提出的重要问题。这些问题不是运用道德和政治证明正当的问题，而是法律现象的结构或构成及其相互关系的问题。回答它们对理解法律是至关重要的"[2]。如果在帕尔玛案中，格雷法官和厄尔法官以及一般公众都认为遗嘱法是存在的，具有法律效力，但是并不知道理由何在，那么，使其知道理由何在则是有益的。这样才会使其更好地把握法律现象。如果人们处在不同的政治道德观念之中，那么探知理由何在更显重要。在这种情况下，对于法律存在或效力的理解，则更依赖对法律性质结构的一般理解，而非道德政治方面的确证。德沃金既然承认前解释阶段的存在，那么也应承认对法律一般性质结构的认识的必要性。[3]

针对上述意见，德沃金可以补充认为，第一，任何解释争论都会存在一个初始的阶段，在此阶段中，对解释客体只能大体经验地把握，即使说明了为何遗嘱法具有法律效力，同样存在对这一前提说明的理由的初始经验把握的问题。对任何解释说明总存在一个初

---

① Ronald Dworkin, *Law's Empire*, Cambridge: Harvard University Press, 1986, p. 88.

② H. L. A. Hart, "Comment", in *Issues in Contemporary Legal Philosophy: The Influence of H.L.A. Hart*, ed. Ruth Gavison, Oxford: Clarendon Press, 1987, p. 37.

③ H. L. A. Hart, "Comment", in *Issues in Contemporary Legal Philosophy: The Influence of H.L.A. Hart*, ed. Ruth Gavison, Oxford: Clarendon Press, 1987, pp. 37-42.

始的感性认同。第二，不同的政治道德观念，使法律实践中的争论成为不可避免的，使法律实践中对法律一般性质结构的统一认识无法形成。假设在这一阶段可以形成较为统一的对法律一般性质结构的认识，那么便不会存在法律实践中的“理论”争论，更不能说明就法律而言政治道德观念是如何不同的。此外，“理论”争论的存在，实际上已经表明人们不会也无需在前解释阶段形成统一的对法律性质结构的认识。在“理论”争论中，人们正是运用不同的对法律性质结构的认识进行争论。因此，前解释阶段的存在并未证明这类统一认识的必要性。

但是，在下一小节，可以看出德沃金的这一解释似乎并不完全正确。

087. 解释的确证 · 恶法

德沃金以为，法律解释过程包括一个“解释”阶段，在这个阶段中，法官要为自己在前解释阶段确定的法律材料提供证明适用这些材料是正当的理由。

有论者指出，这似乎过于简化了解释态度的复杂性。有时人们对某些“主张要求”并不这样确证。比如，当某人在马路上对另一人提出，“现在把钱拿出来，否则杀掉你”，听者如何解释这个要求？显然，听者不会在前解释阶段已确定的材料基础上对其提供适用其是正当的理由。听者对其最佳解释最多也是“它应该是一个幽默的玩笑”，他不可能将自己的目的加在这一“要求”之上，并使其在其所属的整体“要求”（比如要求所有马路上的行人交出钱）之中成为最佳范例。“无论怎样，在这种情况中，尤其是结果与我有颇为严重的利害关系时，我并不想知道这段‘要求’如何最佳，而只想确切知道它实际上是好还是坏。”[①]“德沃金没有给出理由说明，解释实践的目的论阐明，即一个使解释观念受解释目的影响的阐明，蕴含着解释者应使其客体在某些设想的事业中‘尽可能最佳’。”[②]

与此类似，另有学者指出，解释确证的概念难以解释恶法的情况。在遇到恶法如纳粹法律时，人们确定了它是恶法以后通常不会证明适用它是正当的，或者，根本不存在作出确证的愿望或动机。这表明，有时在前解释阶段凭经验确定的对象，人们并不一定在解释阶段对其作出确证。因为他们清楚，如果作出确证，则确证根本不是产生正当道德理由的确证，而只能是对邪恶法律的邪恶证明。而对于适用恶法的正当性的最佳证明，只能是对邪恶法律的邪恶原则的最邪恶的证明，根本不能构成道德上证明正当的形式，并产生一个对权利义务的道德理由。[③]人们一般不会证明，适用邪恶的法律是正当的，而清楚地看出一个法律是邪恶的法律，从而不去证明适用它是正当的，正是依靠人们在前解释阶段对法律一般性质的认识，并在此基础上清楚地区别法律与道德。

这些反驳观点暗含着这样一种观念：当人们的利益处于不利境遇或对象与人们的价值观念冲突激烈时，人们并不会像德沃金所说的那样解释对象，因此，即使在实践中也不能忽视人们对解释对象的另一

---

① Steven Knapp, “Practice, Purpose, and Interpretive Controversy”, in *Pragmatism in Law and Society*, ed. Michael Brint and William Weaver, Boulder: Westview Press, Inc., 1991, p. 328.

② Steven Knapp, “Practice, Purpose, and Interpretive Controversy”, in *Pragmatism in Law and Society*, ed. Michael Brint and William Weaver, Boulder: Westview Press, Inc., 1991, p. 328.

③ H. L. A. Hart, “Comment”, in *Issues in Contemporary Legal Philosophy: The Influence of H.L.A. Hart*, ed. Ruth Gavison, Oxford: Clarendon Press, 1987, p. 41.

种解释态度；而且，人们此时的态度，与在前解释阶段用一般的法律概念确定法律对象，似乎有着密切联系。

德沃金以为，任何“解释”阶段面对的均是具体的法律文化，这样，不同解释者对所谓的恶法便会具有不同的解释态度。如果某个解释者基于经验认为纳粹法律是法律，从而在“解释”阶段作出某种确证，这并不是一件根本不可能的事情；反之，某个解释者基于经验认为纳粹法律根本不是法律从而不去确证，这同样是可能的。当然，如果一位发现英美法律之最佳解释的法学家认为纳粹法律是法律，但同时又拒绝对其作出确证，那么他是在“前解释”意义上作出恶法是法的表示，而在“解释”意义上作出拒绝确证的表示。[①] 因此，认为某种法律是法律但不对其作出确证，并非一定是因为对法律一般性质具有明确的认识并且清楚地区别了法律与道德，而可能是因为，在“前解释”阶段一般经验发挥了作用，在“解释”阶段政治道德的信念发挥了作用。

但是，如果某人可以在承认恶法是法的同时拒绝对其作出确证，那么此时法律怎么可能成为“解释性的”法律？在解释阶段及后解释阶段，法律岂不已经不存在？可以发现，德沃金在此问题上的回应是脆弱的，而且也是别扭的。[②]

088. 解释的概念・法律的概念

从上面分析讨论中可以看到，无论是“理论争论”的概念，还是

---

① Ronald Dworkin, *Law's Empire*, Cambridge: Harvard University Press, 1986, pp. 103–104.

② H. L. A. Hart, “Comment”, in *Issues in Contemporary Legal Philosophy: The Influence of H.L.A. Hart*, ed. Ruth Gavison, Oxford: Clarendon Press, 1987, pp. 35–42.

由此阐发的“解释”概念，都未能令人信服地说明两个问题：没有争议的“简单案件”的存在；“恶法”的存在。其缘故，恐怕在于德沃金的视野仅集中在了“隐含法律”上。对于没有争议的“简单案件”的存在和“恶法”的存在，“明确法律”的概念是一有效的说明工具。

德沃金的确证明了在法官争论中存在一种“理论争论”，证明了“隐含法律”的存在，而且，在这一方向上证明了法律的解释性质以及法律本身深刻的人文性质和政治道德性质。但是，正因为有效地说明了这些现象，其理论从而不能说明法官为何有时没有“理论性”的争论，不能说明“明确法律”（相对而言，实践中它与背景“根据”并无明显的联系）的存在，不能在另一方向上说明法律的“描述”性质。似乎只能认为，德沃金的理论像其他许多理论一样，只说明了部分的法律现象。在逻辑上，当说明法律也包含“隐含法律”，而“隐含法律”无法用“识别功能”的基本标准加以确定时，德沃金极为可能是正确的。然而，当认为“隐含法律”是解释性的，从而认为所有法律都是解释性的时候，德沃金则可能是以偏概全的。

其实，德沃金也许本身就认为：根本不存在既说明“隐含法律”又说明“明确法律”的可能性，因为它们完全属于不同性质的事物。当德沃金仔细说明规则与原则等准则的区别[①]以及“隐含法律”与“明确法律”的区别时，其似乎已预支了这样的答案。但是，为何人们都将它们称为法律（德沃金自己也承认这一点）？人们都将其称为法律本身不就是一个证据证明它们具有共同的地方？

就此而言，似乎可以认为，正像某些法律理论关注了简单案件的存在，从而选择了明确规则法律理论的姿态一样，德沃金的理论同样

---

① 参见前第053小节。

关注了疑难案件的存在，从而是另一种姿态的选择。

089. 法律·解释者

在德沃金的解释理论中，法律最终存在于法律解释者的解释之中。从阐释学的角度来看，在一定意义上可以认为，与现实主义法学和哈特的理论类似，德沃金强调了“读者”决定论，即认为法律的意义或知识存在于“读者”的阅读之中，因为，德沃金尤为注重解释中的“确证”（出现于解释阶段和后解释阶段）。但是，这种解释既是确证性的，又是说明性的（出现于前解释阶段并以“树干”观念为起点），而且根本不能将法律“范例”弃之一边，这样，德沃金似乎实际上在主张法律存在于解释者与解释对象的相互作用之中。

在分析法学中，“读者”是不重要的，“作者”（即主权者）在法律的意义上具有决定性，因此，所有的法律只能是一般性的普遍规则。在现实主义法学中，“读者”总是不同的，因而所有的法律只能是具体的，它和法律适用者的具体判决是同一的。在哈特的理论中，一方面，“读者”具有一定的相同性（内在观点），语言存在确定的意思中心，但另一方面，语言存在模糊的开放结构，这样，有些法律是一般的，具有规则的普遍性，有些法律则只能是具体的，具有法律适用者自由裁量的特殊性。而在德沃金的理论中，“读者”虽然各有不同，但是，他们总是在特定语境中进入“解释”的，他们不仅具有前解释阶段、“树干”观念，而且都在尊重特定语境中存在的法律“范例”的条件下，建构性地解释法律，于是，所有法律既是具体的又是一般的，既有具体判决的意义，又有普遍规范的意义。[①]

---

① 当然，这种普遍性不同于哈特的普遍性，因为德沃金认为有的规范性要求并不来自已经存在的社会规则，而哈特认为全部来自社会规则。

在前面第075小节，我们提到过，法官在“理论争论”中依赖的一般背景“根据”的对立性，要求德沃金必须正视“争论”中是否存在一个正确答案的问题，否则，其理论只能走入现实主义法学极端怀疑论的理论陷阱。德沃金的确认为，在疑难案件或“理论争论”中原则上存在一个唯一正确的答案。在后面第096小节，我们将详细分析这一问题。在此，只需说明这一观念使德沃金的解释学说避开了纯粹的“读者”决定论。

三、内在参与者的观点

在里格斯诉帕尔玛案中，格雷法官和厄尔法官的争论，既是具体实践层面上的，又是一般理论层面上的。在其依赖的背景“根据”中，存在一般性质的法律概念。格雷法官的法律概念可能是：立法机构制定的白纸黑字是法律；厄尔法官的法律概念可能是：除白纸黑字之外立法者的意图也是法律。从各自角度来看，格雷法官是在一般性质的法律概念的基础上，结合目的和政治道德，对遗嘱法进行建构性的解释。厄尔法官同样如此。法律的解释过程，融会了一般性质的法律概念和政治道德的姿态。

因此，德沃金认为，理解、说明并提出一般性法律概念的最佳角度是内在参与者的观点，而不是外在观察者的观点。

什么是“内在参与者的观点”？根据德沃金的理论，可以认为，这种观点就是作出法律确证要求的法律实践者的观点。它类似哈特的“内在观点”。两者都具有规范的态度，其语汇中都存在“应该”“必须”“这样是正确的”等规范性质的词句。但是，两者的重要区别在于前者并不预设某种规则或准则的存在，而后者却有这样的预设。[①]同时，“内在参与者的观点”不仅是一般实践者的，而且是内在于作为法学家的观察者的，是观察者自己规范态度的体现，而“内在观点”体现的态度虽然也是一般实践者的，但同时是外在于作为法学家的观察者的，它是被观察者的主观体现，与观察者无关。此外，“内在参与者的观点”的主体是积极地确证法律，而“内在观点”的主体是消极地确证法律。

090. 实践中的一般理论和理论中的一般理论的同一性

通常认为，法律实践者与法律理论者（或法学家）是不同的。法律实践者解决的是具体的实践问题，法律理论者探讨的是一般的抽象理论。法律实践者一般并不关心法律性质、特征或概念的一般抽象问题。但是，通过对帕尔玛案中法官不同意见的分析，可以看出，格雷法官和厄尔法官不论是否自觉，的确都在使用一般的法律概念的理论。事实上，任何一个法律实践者在解决实际问题时，都要思考法律具体是什么，而且，都会在潜在的“一般法律概念”的引导下，思考这一具体问题。当其“寻找发现”法律时，其已预设了一个一般的法律概念。为什么格雷法官认为应以遗嘱法的白纸黑字为具体法律内容的依据？为什么厄尔法官认为应以立法者的恰当意图为依据？显然，因为格雷法官认为，法律是指那些权威机构制定的明确规则，厄尔法官认为，法律是指权威机构的明确规则和意图目的。而这些观念，正是人们所说的“一般法律概念”。

分析法学说，法律是主权者发布的一般性命令；格雷说，法律是

① Ronald Dworkin, *Taking Rights Seriously*, London: Duckworth, 1978, pp. 51–53.

法官所说的内容；霍姆斯说，法律是对法院判决的预测；现实主义法学说，法律是官员的具体行动；哈特说，法律是主要义务规则和次要授权规则的结合……这些一般性质的法律理论概念，与格雷法官、厄尔法官主观中潜在的一般法律概念，在理论性质上并无实质的区别。

因此，德沃金总是认为："法律哲学家对任何法律推论必须具有的一般性问题，对任何法律推论必须具有的解释基础，具有不同的意见。我们可以将硬币翻过来。任何实践的法律推论无论怎样具体或局限，都预设了法理学提供的那类抽象基础。当对立的抽象理论基础相互对抗时，一种法律推论总是接受一个而拒绝其他。所以，任何法官的意见本身就是一篇法律哲学，即使这种哲学隐而不露，即使显而易见的推论充满了条文引证和事实罗列。法理学是审判的一般部分，是任何法律判决的无声序言。"[①]

091. 一般法律概念理论的"描述性"（descriptive）与"规范性"（normative）

在帕尔玛案中，可以发现，格雷法官和厄尔法官的一般法律概念并不是"客观中立的"。与一般法律理论家设想的不同，他们的法律概念既是描述性质的，又是规范性质的。一方面，他们会凭以往经验确定法律实践中人们一般认为的"法律概念"，另一方面，他们会依据自身的目的与价值判断，来改变或修正或保持这样的概念，从而最终确定一个一般的法律概念（尽管有时是无意识的）。在实践中，他们深感自己属于一个责任在身的社会角色，所作的判决对社会中的具体当事人的权利义务具有决定性的影响。因此，这种法律概念被融入了

① Ronald Dworkin, *Law's Empire*, Cambridge: Harvard University Press, 1986, p. 90.

“应然的追求”。对于大多数法官来说，情况也是大体如此。即使一名法官认为，应“客观中立地”运用一个法律概念来寻找具体的法律从而判决案件，这一态度本身也是一种对应然价值的认同。因为，他认为，“客观中立”是法律的一个基本价值，其目的在于防止恣意妄为的因素。

另一方面，德沃金确信，法官遵守法律的最终义务并不来自社会已经存在的某种规则，而是来自规则之外的“应然要求”。[①]格雷法官和厄尔法官认为应该遵守遗嘱法，这是一种法律义务，但是，这一义务来自何处？如果认为来自宪法的要求，那么遵守宪法要求的义务来自何处？……可以看到，任何遵守法律义务的链条终端，对法官而言，都将是其主观“应然追求”的一个结果。这也说明，实践中的“法律概念”不能离开规范性质的追求。

092. 内在参与者的观点

法律实践中的法律概念与理论中所说的法律概念，在理论性质上是同一的。而且，这一概念既是描述性的又是规范性的。这说明了，为什么会存在“理论争论”，为什么会存在“建构性的解释”，而且有力地说明了，为什么法律实践中的参与者不会采用一个所谓“统一客观中立的”法律概念。不论何种法律理论提供何种的法律概念，法律实践者总会在实践中，根据自身的政治道德姿态来选择确定自己的法律概念。法官在争论时是在解释法律，在解释法律时是在形成一般理论的过程中证明自己的法律观点的正确性，证明这种观点在整体法律中的最佳性，证明这种观点在政治道德文化中的优先性，而所有证明

---

① 参见前第 045 小节。

过程又带有目的性。

如果法律实践参与者不可能采用同一的法律概念，那么，为准确理解法律现象或法律概念，似乎就不能采用一个外在观察者的观点，而应采用一个内在参与者的观点。

德沃金指出，如果想对法律实践作出真实的说明或解释，法学家必须采用法律实践者的“内在参与者的态度”。换言之，法学家不仅应描述性地而且应规范性地解释法律。“与其他社会现象不同，法律实践具有确证性质……法律实践的这种确证性质可以用两种方式或从两种观点加以研究。其一是社会学家或历史学家的外在观点，比如社会学家或历史学家询问某种法律确证类型为何在某一时期而非另一时期，在某一条件下而非另一条件下产生。其二是作出法律确证要求的法律实践者的内在观点，他们最终的兴趣不在历史的因果，尽管可能会想到相关的历史”。法学家的“历史学家式的感受只有包含一个参与者的感受才能是更为具有说服力的。因为，只有具有一个参与者的理解，具有自己的对法律实践中的确证的好坏的感觉，他才能将法律理解为确证性质的社会实践”[①]。

这意味着，为了真正理解法律是什么，理论者应该体会格雷法官与厄尔法官那样的实践参与者的内在观点，应该像他们一样确证自己的法律理论。

093. 内在参与者观点的意义及理由

“内在参与者”的观点，是德沃金法律理论的基石。这一观念的

---

① Ronald Dworkin, *Law's Empire*, Cambridge: Harvard University Press, 1986, pp. 13–14.

提出，目的在于揭示哈特理论以及其他一切法学（包括自然法学）认为可以客观地观察法律现象的观念的不当。这些法学，在分析法律现象时，都将法律的一般理论和法律的实践活动在理论上分割开来，这意味着法学家的研究与法律家的操作，法律理论的形成与法律实践的展开，可以完全分属不同的研究领域或范畴；意味着尽管法律制度难免具有价值倾向，但法律理论可以是价值中立的。实证法学主张，分析法律的一般特征、结构和形式是十分重要的，法律与道德没有必然的联系，这表明实证法学者对“法律是什么”这一问题，选择了“外在观察者”即外在于法律实践的观察者的视角。自然法学主张，形式上或内容上符合道德或正义的要求是法律的必要条件，[①] 法律与道德具有必然的联系，同时它们通常并不拒绝分析法律的一般特征、结构与形式，这表明，自然法学同样选择了“外在观察者”的视角。这样，它们都自觉或不自觉地假设了法律理论的纯粹理论性质，假设了法学家可以像自然科学家那样在被观察的现象之外观察现象。

然而，假如“理论争论”的确是存在的，法律实践者总是在建构性地解释法律，而且法律具有解释性质，其不仅包含了具体的法律规则，同时包含了作为背景“根据”的原则、政策或政治道德准则，甚至一般性质的法律理论本身及政治道德姿态，那么，在法律现实中，所有这些理论都将事实上成为解释性质的法律的一部分。因为，在法律实践中，实践者在争论解释法律时，总会运用各种一般的法律理论，这些理论总会与以往一般法律理论提出的法律概念有一致的时候，当

---

① 如富勒认为法律符合形式上的道德要求才能称作真正的法律，参见 Lon L. Fuller, *The Morality of Law*, New Haven: Yale University Press, 1969, pp. 93, 97；阿奎那认为，内容上邪恶的法律不是法律，参见《阿奎那政治著作选》，马清槐译，商务印书馆 1963 年版，第 151 页。

法律内容最终形成时，它们已经成为法律的一部分。在这个意义上，法律理论是一种“责任性”的理论，它决定了影响社会中权利义务的法律内涵。它不仅事实上而且应该具有一种规范性质的品质，从而不同于通常意义的自然科学理论。

另一方面，在面对现实的法律问题时，以往法律理论本身就希望能够产生有力的影响。这似乎便使其出现了“理论与现实的内在矛盾”。比如，哈特的法律理论，在阐述法律一般性质时采用了外在观察者的观点，但在面对“二战”后纳粹德国的法律应否被视为法律的问题时，又用一般性法律理论来表明自己的实践姿态，从而采用了内在参与者的观点。[①]而一方面想客观中立地观察，另一方面又想在实践中有效干预，这在一个理论者身上是难以实现的，同时，对于一个理论来说似乎也是非分的要求。实际上，当希望能对法律实践产生影响时，法律理论已然融入了内在参与者的观点之中。在内在参与者的实践中，即使是所谓“客观中立的”理论，也将可能面临“理论争论”的境遇。而且，从更为广泛的意义来说，所有的法律理论不论自觉与否都有实践姿态的印记，因为，从法律出现于人类社会起，人们便赋予其某种价值期待了。

当然，如果法学家非要采用“外在观察者”的观点，那么，其所建构的描述性理论只能为法律实践者所不睬，因为其所建立的法律理论在实践中毫无意义。[②]

---

① 参见与富勒的争论。H. L. A. Hart, “Positivism and the Separation of Law and Morals”, *Harvard Law Review*, 71 (1958), p. 593; Lon L. Fuller, “Positivism and Fidelity to Law - A Reply to Professor Hart”, *Harvard Law Review*, 71 (1958), p. 630.

② Ronald Dworkin, *Law's Empire*, Cambridge: Harvard University Press, 1986, pp. 13-14.

与此相联系，德沃金提出“内在参与者观点”的另一目的，在于揭示哈特理论以及其他众多法律理论观察法律实践的基本目的的不当。这些法学，在观察法律实践时，基本目的是要在对象中找出某些要素以说明法律的基本特征。实证法学认为，这些要素包括以官方形式出现的某些历史事实或社会事实，比如“主权者发布命令”（边沁、奥斯丁）、“法官发表法律是什么的言词”（格雷）、“人们对法院判决作出预测”（霍姆斯）、“法官作出判决”（弗兰克）、“官员表现出‘内在观点’”（哈特）、“官员接受‘承认规则’”（哈特）等。实证法学试图以这些表明法律的独特品质。自然法学认为，这些要素包括道德上的基本要求，比如“正义”（阿奎那）、“理性”（古典自然法学派）、“程序上的公正”［富勒、罗尔斯（John Rawls）］，亦希望用这些要素解释法律之所以成为法律的必要条件。然而，“理论争论”中的解释者的主观状态表明，其基本目的不在于找寻对象的某些要素，而在于证明解释者具有的法律一般理论是法律实践的最佳解释，证明这种一般理论是法律实践的正当理由。这类解释者面对法律实践时在基本面上并不遵循先定义后追求的过程，而是从追求到追求，始终将目的性质的确证作为自身的基本目的。如果这类解释者的情形是无可争辩的，上述法学预设的基本目的便需自我反省、自我质疑。

内在参与者的观点，要求人们对法律理论的目的进行反思，同时，要求人们对法学家的社会角色进行反思。

094. 内在参与者的观点·外在观察者的观点

但是，有论者认为，作为内在参与者的法律家与作为外在观察者的法学家，毕竟分属不同的社会角色。法律家，在法律实践中有一种特定的法律义务，换言之，他必须履行自己的职责，必须对具体的法律问题作出具体的法律结论，而且要为此承担相应的法律责任。而法学家，在研究法学问题时并无这样的特定义务。他可以提出这样或那样的法律理论，也可以闭口不谈任何的法律理论。无论提出哪种法律理论，无论提出与否，法学家都不会因此而承担任何的法律责任。这样，在一定意义上，法律家的一般法律理论与法学家的一般法律理论总是不同的，前者的语境包括“责任”，后者的语境并不包括。也因此，没有理由要求法学家必须像法律家那样提出法律理论。批评者指出：“法律理论家……能够而且的确理解法律和社会道德而不承担义务。当然，如果他没有在某些情况下亲身涉及遵守某些规则和原则的价值承诺，他便根本无法理解任何他人如何认可规则或原则的权威。出于自己的人性，他设身处地，在解释别人的实践和态度时体谅他们的人性。因此，他能够解释诸如要求种族歧视和禁止种族之间通婚的规则，即使他本人认为这些规则是可恶的（事实上我认为是可恶的）。作为一般理论家，他的确能够用一般词语说明任何规则在任何社会中的条件。他力求‘从内在观点’按事物面貌理解事物，即使他完全否定那些事物的价值……所以，应该注意，在某种意义上，理论家的立场就任何特定的实践而言都是局外人的立场，而只有对理论工作除外。”[①]

此外，另有批评者认为，法律家在思索一般法律理论时通常具有明确的实践目的，他要解决实践中的具体问题，而法学家在思考一般法律理论时有时可以不具有明确的实践目的，有时无需解决实践中的具体问题。这同样表明法学家并非必须像法律家那样提出法律理论。[②]

---

① Neil MacCormick and Ota Weinberger, *An Institutional Theory of Law: New Approaches to Legal Positivism*, Boston: D. Reidel Publishing Corporation, 1986, ch. 6.

② H. L. A. Hart, “Comment”, in *Issues in Contemporary Legal Philosophy: The Influence of H.L.A. Hart*, ed. Ruth Gavison, Oxford: Clarendon Press, 1987, pp. 35–42.

如此分析，似乎只能认为，德沃金的观点与其说是论证，不如说是建议。似乎不能说，法学家必须要采用法律家的视角，而只能说应该这样做。而这样做的结果可能的确会增进我们对法律现象的理解。

然而，在论证层面上，德沃金的理论可能存在另一理由。试举例说明。假设欲对数学作出一个描述性的说明，如数学是什么、数学有何作用、数学处理什么问题等。如果本身不是某类数学家，能否作出这样的说明？可以设想，对数学越为熟悉，则越能较好地说明数学。因为，从事数学研究的人的兴趣就在于“投身”数学研究。这对法律来说同样如此。对法律越为不熟悉，便越无法对其作出描述性的说明。在法律实践中，实践者的描述更不能脱离于自身的投入和价值理解。如果某人完全没有“投入”的体会，他能否提出一个恰当的法律说明？

异议者可能认为，虽然越熟悉、越“投身”数学越能说明数学，但这不意味着不熟悉、不“投身”数学的人根本不能作出有关数学的陈述。比如，一个不会做代数题或计算的人，仍然可以作出如下一般评论：“数学揭示了真实世界事物之间的关系”；“数学可用于航天工程”。另一方面，有时，正是对数学实践保持一定距离的人，才会作出这样有意义的陈述，因为他并未沉浸于计算之中而失去对计算本身的其他判断。在法律中，情况更是如此。如果认为只有法律实践者可以恰当地说明法律，那么，这便忽视了一种较为适度的外在观察者观点的价值。这种观点，在面对纳粹那类恶法时，要比投身于该法实践中的纳粹法官更能说明这类法律的真实意义。因此，对实践保持一定理智距离的理论是最佳的，而越投身于事物之中则越可能无法冷静清晰地说明事物。[①]

这种异议可能部分错误，部分正确。就前者而言，当一个不懂代

① Roger Cotterrell, *Law's Community*, Oxford: Clarendon Press, 1995, pp. 28-37.

数或计算的人作出有关“数学如何如何”的陈述时，他只能依赖他人告诉他何为“数学”，并在此基础上使用“数学”这个词。如果他人讲述了各种“数学”的含义，他将以哪种为准？显然，在此他将处于一种困难的境地，而一个懂代数或计算的人便不会面临这种困境。对于法律理论，情况也是如此。因此，异议可能部分错误。[①]

就后者而言，内在参与者观点的核心在于：证明法律理论对法律实践作出了最佳说明，证明在其理论中法律制度是正当的。然而，面对纳粹那类恶法时，理论者不会而且也不应采用这种观点，不能像纳粹法官那样投身于“确证”之中。在这种法律面前，知其是法律而不对其作出确证，才是真正的责任所在。在此，正如“法律解释性质”的理论不能说明恶法一样，“内在参与者观点”的理论同样不能说明恶法。因此，异议可能部分正确。

四、唯一正确的法律答案

从法律知识的角度来看，如果德沃金的内在参与者的观点是正确的，那么，通常所说的法律理论似乎难以具有客观知识的地位或身份。当断定一般意义的法律是什么的时候，这种断定自然不是纯粹的客观知识，它包含判断者的价值观念与道德倾向。对于他者来说，这种非纯客观的知识，或许是不可重复的。当格雷法官想到一般法律的概念是什么的时候，厄尔法官可能想到的是另一类法律的概念。这样，实证分析法学希望的先说明后评价的顺序就不可能存在了，这两种活动

---

① Stephen Guest, “Two Strands in Hart’s Theory of Law: A Comment on the Postscript to Hart’s the Concept of Law”, in *Positivism Today*, Brookfield, Vt: Dartmouth, 1996, pp. 32-33.

极为可能是同一过程的两个方面。一般意义的法律知识，是就其是否可以“纯粹客观”而言的，因而具有异质性。

另一方面，“隐含法律”是在内在参与者的观点中展现的，这样，对“隐含法律”，人们便无法具有通常所说的具体意义法律知识。在法官作出法律决定之前，人们同样需要像法官那样进行推论从而获得具体的法律知识。而且，由于人们各自的推论内容及过程的不同，人们有可能获得相异的具体法律知识。

但是，这并不意味着推论中的一般性质法律知识和“隐含法律”中的具体知识，完全是主观任意的，因为，内在参与者的观点在另一种意义上，要求理论者必须建立一个最完善的法律理论，这一理论可以证明法律制度是正当的，同时证明一个具体结论（或知识）在法律制度中已是蕴含的。于是，从内在参与者的观点来看，在原则上存在一个唯一正确的法律答案（或知识）。① 换言之，法律知识失去“纯粹客观性”并不意味着失去了“正确性”。“法律不是一个个人或党派政治学的问题。”②

095. 外在观察者和内在参与者眼中的“主观性与客观性”

在里格斯诉帕尔玛案中，法官可以在许多层次上不断展开自己的论点论据，说明为何这样判决或那样判决。

现实主义法学以为，对这类争议案件可以具有不同的观点看法，实际上，法官无法在客观意义上证明自己观点的正确性。因此，人们

---

① Ronald Dworkin, *A Matter of Principle*, Cambridge: Harvard University Press, 1985, p. 119.

② Ronald Dworkin, *A Matter of Principle*, Cambridge: Harvard University Press, 1985, p. 146.

只能听凭掌握权力的法官或权威作出自己的判决。现实主义法学的一个假定是：当从外在观察者的角度观察案件争议时，根本无法认为谁是正确的。有人会说，即使法律规定不明确，仍可寻找正确的政治道德观念来解决案件。但现实主义法学可以继续认为，依赖政治道德观念解决问题已不是“法律上”的解决了。这本身，已说明法律解决不存在一个正确的答案。概言之，如果站在一个客观的外在观察者的角度看上述案件的争议，必须承认其中没有正确的法律答案。[①]

与此类似，哈特认为，当依据承认规则确定的法律规则没有明确规定时，法官只能运用自由裁量权作出判决。因为，语言存在“开放结构”，在开放结构的领域，任何人不能认为自己的语言用法唯一正确。一个客观的外在观察者会承认，开放结构允许人们自由表达自己的语言理解。因此，在里格斯诉帕尔玛案中，必须允许法官按照自己的主观价值判断解决案件。从外在观察者的角度来看，现实主义法学的观点是正确的。

现实主义法学和哈特认为在疑难案件中没有正确答案，既有实质上的理由，也有方法上的理由。实质理由是：一切价值判断都是主观性的，不存在客观的尺度来衡量谁是正确的；方法理由是：某人如果的确客观地站在一个外在观察角度来分析价值判断问题，便会承认，任何一方的价值判断都有存在的合理性。

在第035小节，我们讨论过几种反对现实主义法学怀疑论的理由。这些理由虽然强调了法律判决根据的分量问题，但是，其同样是从外在观察者的角度来看法律判决的主观性与客观性。此外，由于从外在观察者的角度来看问题，这些理由，便通常被人视为并不具有充分的

① 现实主义法学的具体理由，参见前第035小节。

说服力。因为，人们显然可以像现实主义法学那样提出反问：有何客观标准来证明一个理由更有分量？如果站在外在观察者的角度，只能看到双方不断增加新的理由，一方可以不断增加，另一方同样可以不断增加。[1]

现在，我们尝试不从外在观察者的角度看问题，而是从内在观察者的角度看问题。

进入上述案件的法律争论中，我们假设自己是一名负责任的法官，必须要对争议作出判决。可以体会，作为一名负责任的法官，我们将会全力寻找判决理由，将会竭力分析他人的观点为何错误，而且，最为重要的是，我们完全相信自己的观点更有说服力、更有分量。如果认为帕尔玛没有法律上的继承权利，我们便会运用自己的政治道德的理论和法律理论来全力论证自己的观点。

显然，当以内在参与者的角色进入法律实践时，人们通常便会具有自己的责任感，而且，这种责任感会使人们认为在自己想到的众多观点中只有一个观点是正确的，或只有一个观点最有分量。如果准备判决帕尔玛失去继承权，内在参与者便会认为，存在充分的理由证明这一判决是唯一正确的。他会认为，除“不能因过错而获利”之外其他一切理由不具有决定性的证明力量。而且他会认为，此时不存在“主观性”或“客观性”的问题。如果某人在一旁认为“你的观点一定是主观的”，那么，这对其来说是没有意义的。因为，他要解决实践问题，要判决帕尔玛是否有权获得遗产。他不会而且也不应在判决时仍然怀疑自己观点的唯一正确性。

鉴于此，德沃金以为：“参与者的确有理由更为喜欢一种立场，或

① 参见引言部分。

者，他们至少认为他们的确如此。即使存在争论，即使每个人都认为可以区别异议者自己有真正理由和异议者没有这两种情况，也是如此。”[①]“如果独立的观察者或评论者成为一个参与者，那么，当争论时他如何可能没有自己的信念？如果他没有，参与者可以恰当地怀疑他有能力判断参与者之间的争论。”[②]当人们认为自己分析的一部文学作品的“目的”优于他人解释的“目的”，而且可以提出理由说明这一点，那么，人们正是在文学解释实践之中进行论证。如果人们不认为所有解释因为具有主观性因而同样不错，那是因为人们清楚地认为自己的观点是正确的。[③]唯一正确答案的主张，“是在法律实践之内作出的，而不是在某种被假设的可移动的、外在的、哲学的层面上作出的”[④]。

德沃金相信，在道德法律领域中制约当代理论的所有客观性问题是个虚假的问题。[⑤]“我们应该尽最大的力量为我们自己的信念作出说明，做好充分准备抛弃那些未经深思熟虑的观念。我们应该向那些持异议的人作出这样的论证……”[⑥]所以，在上述案件中，在一个内在参

---

① Ronald Dworkin, *A Matter of Principle*, Cambridge: Harvard University Press, 1985, p. 139.

② Ronald Dworkin, *A Matter of Principle*, Cambridge: Harvard University Press, 1985, p. 139.

③ Ronald Dworkin, *Law's Empire*, Cambridge: Harvard University Press, 1986, pp. 235-238.

④ Ronald Dworkin, "Pragmatism, Right Answers, and True Banality", in *Pragmatism in Law and Society*, ed. Michael Brint and William Weaver, Boulder: Westview Press, Inc., 1991, p. 365.

⑤ Ronald Dworkin, *Law's Empire*, Cambridge: Harvard University Press, 1986, p. 172.

⑥ Ronald Dworkin, *A Matter of Principle*, Cambridge: Harvard University Press, 1985, p. 172.

与者看来，一定存在唯一正确的答案。①

可以看出，德沃金通过一种观察视角的转换消解了法律认识的主观性与客观性的问题。德沃金敏感地觉察，从通常所说的独立的、中立的外在观察者的角度看去，现实主义法学和哈特的怀疑论的确具有一定的辩解力。如果承认怀疑论是无可反驳的，那么，在相当一部分的法律领域内法律不具有统一性，便是一个无法回避的结论。但是，德沃金确信，当法律不具有统一性时，当事人的权利与义务便不会具有统一性。如此，势必不能认真地看待当事人的权利与义务，而一个不能认真看待权利义务的法律肯定不是真正的法律。因此，当实践者身处法律实践时，其责任便在于找寻正确的法律答案来回应当事人权利义务的要求。换言之，法律实践者不仅会有，而且应该具有一个正确的法律答案，因为，他必须"认真地看待权利与义务"。②在这个意义上，现实主义法学和哈特的怀疑理论，在实践中是不负责任的法律理论。

但是，有论者认为，德沃金并未铲除主观怀疑论，而且，其本身可能是一种更为主观任意的理论。一方面，如果试图铲除主观怀疑论，便必须证明通常意义所说的客观正确结论是存在的。在前述帕尔玛案中，只有证明一个判决是没有异议的而且客观上正确，才能说明主观怀疑论的确无法立足。内在参与者的概念，实质上是从另一角度肯定了主观怀疑论。因为，实践者不能否认提出的观点是自己的观点。德沃金自己便承认："在实践活动中，我们论证并且相信一定的命题，比如'奴隶制是非正义的'……但是站在这个实践活动之外，我们知道

① Ronald Dworkin, *Taking Rights Seriously*, London: Duckworth, 1978, pp. 81-88, 279-290, 331-338; Ronald Dworkin, *Law's Empire*, Cambridge: Harvard University Press, 1986, pp. 65-86, 260-262.

② 出于这一缘故，德沃金将1978年出版的论文集称作《认真地看待权利》。

没有这样的命题是真正的客观的真理。"[1]另一方面，如果实践者坚持只有自己是正确的，那么，这便是缺乏自我反省的一种表现。倘若主张内在参与者的理论便是极端负责任的法律理论，那么，对当事人的权利义务而言，它则更可能是更为极端的强压式理论。德沃金的内在参与者观点的主张，实际上是一种"帝国式的"(imperialistic)观点。[2]

德沃金以为，这种批评本身便是不当的。因为，其将自己仍然设置在一个貌似客观然而虚设的立场上。其实，任何真正有意义的批评都是实践中的批评。在实践中，尤其是在案件的审判实践中，上述批评者的批评不仅是没有意义的，而且可能是根本无法提出来的。此外，"'中立'和'现实'是什么的问题，对任何实践来说都是一个实践之中的问题，所以，道德判断是否可以客观这一问题本身就是道德问题，在解释之中是否存在客观性这一问题本身就是解释问题"[3]。另一方面，在类似里格斯诉帕尔玛的争议案件中，实践者根本不会提出应找人人同意的纯粹客观的判决理由的要求，实践者仅仅会思考，如何确证自己的判决理由。在实践中，如果在怀疑自己的判决可能错误的时候仍然判决，那么，实践者只能是一个理智不正常或道德不正常的实践者。

应该认为，德沃金观点的价值，不在于能否证明主观怀疑论是错误的，而在于这种观点开辟了一条新的思路。这是说，过去许多法律理论在法律实践中的判决的主观性和客观性问题上争论不休，徘徊

---

① Ronald Dworkin, *A Matter of Principle*, Cambridge: Harvard University Press, 1985, p. 173.

② H. L. A. Hart, *The Concept of Law*, 2nd ed., Oxford: Clarendon Press, 1994, pp. 239–240.

③ Ronald Dworkin, *A Matter of Principle*, Cambridge: Harvard University Press, 1985, p. 174.

不前，其原因是否在于它们的基本出发点有问题？在实践中去思考判决的正确与否，显然是法学理论的一个新视域。如果承认一般法律理论和实践中的法律理论是同一的，那么便不能否认这一新视域的重要意义。

096. 能否获得唯一正确的法律答案

当然，仅有一种责任感或义务感，仅认为自己的法律结论是唯一正确的，并不一定就可以真正获得一个唯一正确的法律答案。因此，德沃金向人们说明了，在实际解释过程中如何可能获得一个正确的法律答案。

具体而论，法律解释可以根据已有的各种法律材料对整体法律实践作出最佳解释，从中解释出具有一致性的或整体性的原则体系，然后，在此基础上对实践问题作出法律上的最佳判断。[①] 这个最佳判断就是唯一正确的答案。在里格斯诉帕尔玛案中，法官首先应对整体的已确立的制定法体系和整体的普通法实践作出最佳解释，找出如就"能否因过错而获利"而言，一致性或整体性原则是什么。当把握了法律体系中潜在的一致性或整体性原则之后，他便有理由认为哪种判决更符合这个原则体系。在此应注意，德沃金认为作为具体法律明确规则的背景根据之一的政策，不应成为一个考虑依据。因为，政策具有临时的性质，是社会集体对当下社会需要作出反应的目标体现。以其为依据不能获得唯一正确的法律答案。而法律原则可以作为一个依据，因为，法律原则最抽象的政治道德基础是"平等对待、平等关怀"，

---

① Ronald Dworkin, *A Matter of Principle*, Cambridge: Harvard University Press, 1985, pp. 136–137.

在此基础上，法律才能具有一致性和整体性。

德沃金确信，在此，存在两个自觉性质的“约束因素”，可以使法律实践者得出一个更好或唯一正确的答案。

首先，法律实践者的解释法律是在一个“前解释”基础上逐步展开的。在前解释阶段，解释者不仅要确定想要说明的客体在人们以往经验中的含义是什么，而且要确定客体之中的范例（paradigms）是什么。人们会同意，刑法、婚姻法、继承法以及其中的规则是典型法律。这些人们不会具有争议的法律典型便是法律实践中的范例。任何解释都不会而且也无法摆脱这些范例而另辟道路。这意味着，法律实践者的解释和法律实践中的范例存在“适合”（fit）关系。这便约束解释者在“法律制度”的范围内进行解释。

其次，当实践者具有多个法律解释可以“适合”已经存在的法律实践范例时，解释者自己便会“在考虑所有事情之后，判断所有这些合格的阅读之中的哪一个使实践中的本文呈现出最佳状态”[①]。这就如同在文学评论中，出于审美的目的，评论者自然会使作品的阅读呈现出最佳状态。

因此，在“自觉”意义上可以认为，“约束是‘内在的’和‘主观的’。尽管如此，从现象学来说这种约束是真实的，而且重要之点就在这里。我们正在尝试从解释者观点来理解解释与什么相类似，从解释者观点来看，他感觉到的约束是真正的约束，就好像人们对其无可争议，仿佛任何其他人都会像他一样感到约束的力量”[②]。

---

① Ronald Dworkin, *Law's Empire*, Cambridge: Harvard University Press, 1986, p. 231.

② Ronald Dworkin, *Law's Empire*, Cambridge: Harvard University Press, 1986, p. 235.

可以看到，由于主张内在参与者的观点，在德沃金那里，“法律是什么”的问题便不再是外在观察者的问题。外在观察者的回答对实践者是无意义的。因此，如果想知道法律是什么，就必须将自己设想为一个实践者，并设想在实践中将如何回答这个问题。同时，从内在参与者的观点看来，“唯一正确的答案”是存在的。因此，在实践中，人们不仅可以具有一般性的法律知识，而且可以具有具体性的法律知识。当然。此时的法律知识已完全不同于外在观察者的所谓客观知识。德沃金的学说，一方面使分析实证法学的客观中立的法律知识的理论无法确立，另一方面，又使现实主义法学的法律知识虚无理论难以作祟。这种学说似乎向人们展示了一种动态的法律知识的把握。或许，这的确是法律的确证性质、“责任姿态”使然。

五、小结

法律来自解释。法律具有解释的性质，其不仅包括具体的规则，而且包括作为具体规则背景“根据”的原则、政策、政治道德准则，甚至一般性质的法律理论和政治道德姿态。在更为深刻的意义上，法律与道德或政治存在内在的联系，法律具有深刻的人文性质和政治道德性质。这，便是德沃金的法律本体论。

其理由是：在法律实践者的“理论争论”中，正像“明确法律”是法律的一部分一样，“隐含法律”也是其中的一部分。“隐含法律”的形成，有赖于对“明确法律”依据的原则、政策、政治道德准则的理解，并在此基础上有赖于法律实践者的建构性解释。法律实践者的建构性解释，是以一般性质的法律理论和政治道德姿态为出发点，以价值性的前景为目的，以人们“前解释阶段”的经验和法律制度的“范例”为界限。它既不是单纯的说明，也不是恣意的创造，而是确证性的解释。

但是，作为法律的一般理论，德沃金的学说面临着两个主要困难。其一，有时，明确的法律规则无需解释即可适用于实际具体情况，在此，明确的法律规则直接发挥了法律的作用，“解释的法律概念”不能有效地说明这一状态。其二，对公认的极端恶法，法律适用者有时不会作出确证性的解释，不会证明其是正当的，即使“确证性地解释”，也只能导致更为邪恶的解释，这与“解释性质的法律概念”的初衷，背道而驰。而对这两种情形，似乎需要另外一种法律的概念。

在价值论的层面上，法律的解释性质展示了法律解释者的责任姿态，展示其正运用最完善的法律理论对法律作出最完善的解释。这不仅是实际存在的，而且是应当存在的。法律理论者，如果想对法律作出真实的说明，便需采用实践者的“参与观点”，同样应该以责任姿态，建立最完善的法律理论并对法律作出最完善的说明。因为，法律自始至终都是人们对理想的追求，“法律的帝国是由态度界定的”。在此，德沃金实际主张了政治道德责任对法律的前提意义。

然而，对法律的积极责任的政治道德姿态，如何能在面对恶法时仍然一以贯之，是德沃金必须解决而又极难解决的实践困难。对法律的责任态度，在一定语境中，似乎并不要求对法律作出最完善的、最正当的说明，相反，可能要求解释者必须保持“清醒”甚至“批评”的头脑，因为，这同样体现了一种对理想的追求。

在知识论的意义上，法律的解释性质，似乎意味着法律知识始终是在动态中形成的，不论是一般意义上的还是具体意义上的，都是如此。这样的法律知识的把握，依赖人们的说明、推论和确证，更依赖人们不同观念、立场和追求的相互较量。法律知识可说是“客观的”，因为它始终隐含于实际存在的法律制度中，也可说是“主观的”，因为它始终依赖人们用理想来确证。但，它总会存在一个唯一正确的答案。

从整体上看，德沃金的理论和哈特的新分析法学，在一个方面上是类似的：两者给予社会中正面心态的主体以首要的关注。但是，前者将此关注扩展至法律理论者自身的反思，而后者终究将其搁置于法律理论者观察的对象之中。由此，前者理论具有哲学阐释学的意蕴，后者保留了实证社会学的品格。此外，两者都在一定程度上维护了法律的普遍性、确定性和可预测性。只是前者是在“确证”的意义上，而后者是在“观察”的意义上，做出这种努力的。当然，此时的普遍性、确定性和可预测性，已不是分析法学所设想的那样浅显，它们是在新的层次上和新的视域中展现的。

与现实主义法学对比，德沃金的理论似乎同样具有对通常意义上的“法律适用过程”尤为强调的风格。实际上，如果不坚持“存在唯一正确的答案”的观念，德沃金理论将势必成为现实主义法学的当代翻版。就此而论，德沃金像哈特一样，保持了对法律怀疑论思路的必要警惕。

CHAPTER 5

意识形态中的法律

正义不过是强者的利益。

——色拉塞马斯

从现实主义法学到哈特的新分析法学，从哈特的新分析法学到德沃金的法律理论，一个共同特征是彻底抛弃了分析法学白纸黑字的法律观念，将法律的实际运作过程视为法律分析的焦点，并在不同程度上，将法律适用者视为法律运作过程的逻辑终局。现实主义法学认为，法律存在于法律适用者的判决之中；哈特认为，法律存在于官员或法律适用者的“接受”之中；德沃金认为，法律在相当程度上存在于法官的解释之中。

如果法律不存在于白纸黑字的规则中，而是存在于法律主体的认知中，那么，这种认知是否存在“正确的法律答案”，便是一个十分重要的问题。它在一定意义上决定着法律是否具有确定性这样一个对法律内容带有根本性的问题。而法律内容是不确定的，则意味着法律本身并无自己的性质与品格，其自始至终都是人为的意志；反之，法律将保留自己的性质与品格，法律的概念，从而也将保持自身的真实意义。

现实主义法学认为不存在这样的答案；哈特的理论认为，在部分情况下不存在这样的答案。前者理由是：不同的法律“读者”是主观地阅读“本文”的；后者理由是：语言有时存在开放结构。德沃金运用“内在参与者”的责任姿态，化解了两者对主观认识状态的怀疑倾向，并在法律主体的认知中继续“捍卫”了法律的确定性。

然而，另有一批被称为“批判法学家”的学者试图釜底抽薪，欲在法律制度的“本文”[①]本身之中揭示内在的矛盾与对立。而且，某

① 这一“本文”不限于白纸黑字的“本文”，其意义较为广泛，包括法律制度这样的社会存在。

些批判学者，期望用“巧妙”的语言学和解构手段，在主体认知的层面上推进现实主义法学的法律怀疑论。他们相信，在“本文”和认知的两个方面，有足够理由认为，“唯一正确的法律答案”是不存在的，法律是不确定的，有足够理由表明法律的人为意志及其潜在的社会控制。法律，并非像哈特的主要理论（“内在方面”、“承认规则”和“意思中心”）所认为的，在其明确之后便与政治道德或“政治学”分道扬镳，亦不像德沃金的解释理论认为的，在内在参与者观点之中，政治道德或“政治学”成为法律的内在“同谋”。相反，法律自始至终充满着外在意识形态“操纵”的内容，而且，这些内容是相互矛盾的、相互斗争的。正如有论者所说：“在传统法律理论发现一致的地方，批判法律理论发现了矛盾；在法律解决方式被认为是确定的地方，它们认为是不确定的。这种反调是通过解构分析来实现的。解构分析揭示，在每个法律解决方式之中，相反原则已被人们预先赞同的原则所压倒……”①

一、法律形式的内在矛盾

在考察各个法律制度“本文”的过程中，人们可以发现，许多法律制度在规范规定的形式上包含着两种基本形式：具体规则和一般准则。例如，“年满18岁的自然人拥有选举权”，“遗嘱必须有两个证人证明才有效”，“高速公路的时速不得超过65英里”，“诉讼当事人可以委托两名诉讼代理人”……这些规定属于具体规则形式。而另一类，

① Neil MacCormick, “Reconstruction after Deconstruction: Closing in on Critique”, in *Closure or Critique: New Directions in Legal Theory*, ed. Alan Norrie, Edinburgh: Edinburgh University Press, 1993, p. 142.

如“合同应当公平合理”，“对自己行为应予适当合理地注意”，“未经正当程序公民不受逮捕”，“在婚姻关系上男女平等”……便是一般准则形式。

为何会有这样两种形式？一般法律理论以为，首先，具体规则形式具有两个重要价值，其一是可以限制官员的自由裁量权，使其只能在明确规定的条件下及方式中实施权力，从而有效地防止滥用公共权力；其二是为一般公民提示清楚明确的预先警告，提醒注意公共权力将在何种条件下使用以及怎样使用，这使公民可以有目的有意义地选择行为、安排计划，而不被国家权力所影响。其次，立法者立法时可能会出现缺乏预见性的情况，法律因而总会出现一些缺陷，而另一方面具体规则又是明确具体的，所以，某些实际问题无法有效地具体解决。于是，一般准则便需发挥重要作用。一般准则形式的价值，在于可以使官员考虑政治社会的一般目的，从而解决具体规则没有规定的特殊问题。从整体上看，这两种形式是相辅相成的，都是法律治理的应有手段。

097. 两种形式的内在矛盾

但是，美国法学家肯尼迪（Duncan Kennedy）则认为，这两种形式自身及相互之间存在深刻的内在矛盾。当深入其所依赖的政治道德观念时，这种矛盾更是显而易见。

肯尼迪以为，虽然具体规则形式具有上述两种优点，但其也有缺点，因为，其使政治社会有时难以实现实质性的目的。假设一项具体规则规定：“当合同一方签署人满 18 岁时，合同另一方签署人才可在对方违约时要求强制执行合同。”可以看出，其目的在于保护未成年人避免因经验不足或思想不成熟而陷入对其不利的合同之中。根据这项规则，如果未成年人另有想法或反悔，法律将予准许。但是，这项规则因其具体，有时便会显得僵硬不便。在某些情况下，未成年人虽然年纪较小，但仍会像成年人一样成熟而且可能比后者更为老练，此时，对年满 18 岁的另一方合同签署人来说，合同无效将是十分不公平的。在此只能认为，一项规则总会在某些情况下保护其本身并不希望保护的一部分人的利益。另一方面，这项规则同样会以相反的运作方式表现同样的僵硬不便。如果合同一方签署人虽然已满 18 岁，但其社会经验及机敏程度远在一般 18 岁的人以下，那么，合同本应是可以反悔的。但此时合同只能具有不可反悔的强制执行性，于是，对这方签署人而言，便存在不公正的问题。这同样是不符合这项规则预设的目的的。在此，同样的规则以相反的方式损害了它本想保护的一部分人的利益。因此，具体规则的普遍适用，时常不能有效实现其自身的目的，规则形式与其目的总是存在矛盾。

就一般准则而言，虽然其可避免具体规则在适用中出现的上述问题，但同样存在另外的矛盾。如果规定“法院或其他公共机构根据具体情况来决定合同是否有效”，那么，谁能知道自己与他人签订的合同在这些机构确认之前是有效的？如果不能知道，谁敢冒风险去签订合同？此外，这类规定必定会给官员极大的自由裁量权，使其有可能在某些情况下滥用手中的权力。所以，一般准则一方面想普遍化，另一方面又想具体化；在实现了一些预设目的的同时又无法实现另一些目的。

从两种形式的背景价值观念来看，在选择这两种法律形式时，法律制度在其所依据的两种价值和世界观之中作出了权衡。[①] 但是，两

① Duncan Kennedy, “Form and Substance in Private Law Adjudication”, *Harvard Law Review*, 89 (1976), p. 1712.

种价值和世界观之间同样存在内在矛盾。

法律制度选择具体规则形式时，是以“个人主义”（individualism）价值和世界观作为依据的。“个人主义”观念的提出，依赖自我利益和他人利益之间的明确概念的区分。从此出发，它具有三个主要主张。第一，个人重视自我利益而非他人利益是正当的，只要个人遵守使其和其他同样具有自我利益的个人和平相处的规范，这便无可厚非。第二，人类生活的主要价值在于个人追求的目的。当然，个人主义主张自我依赖并非拒绝他人的帮助，有时个人会要求他人的帮助，但是，这并非要求他人给予同情或仁慈，而是用给予对方利益的对等方式来要求帮助，而且他人帮助的动机也是自我性质的。正如亚当·斯密（Adam Smith）所说：“它（他人帮助）不是来自肉商、酒商或面包商的仁慈，而是来自他们自己对自己利益的关心。我们是向他们的自爱而不是人性提出要求的……除了乞丐以外，没有人会选择主要依赖同胞的仁慈。”[①] 第三，法律的目的是提供这样一种规范：能使各个自我依赖自我追求的个人和平共处。

如果个人主义的目的在于促进自我依赖，那么，当规范不清楚不具体的时候，个人便会发现将来可能存在不可预测的损失。在其看来有效的合同，也许最终结果是无法强制执行的；他们认为无罪的行为，也许最终结果是有罪的行为。在这种条件下，个人的安全与稳定只能依赖他人的仁慈。自我依赖变成了无依无靠。于是，个人主义有理由选择具体规则的形式而非一般准则的形式。

但当法律制度选择一般准则形式的时候，它是以“利他主义”

---

① Adam Smith, *Wealth of Nations: Books I-III*, Harmondsworth: Penguin, 1970, p. 119.

(altruism)的价值和世界观作为依据的。利他主义，拒绝个人主义提出的个人利益与他人利益之间的尖锐对立。它确信，即使没有规范要求独立的自我依赖自我利益的个人和平相处，人们有时也有义务为他人的利益去行为。此外，人类生活的主要价值是共有与牺牲，这类行为要求人们有义务去关注他人的幸福。法律的恰当功能，包括了这样一种义务的强制。如果采纳利他主义，人们便会更为关心将法律形式变为一般准则的形式，因为，这样可使国家具有更大的灵活性来决定何时在人们之中分摊社会负担(或利益)，决定应该要求何人共担这些负担(或利益)。

可以看出，个人主义与利他主义之间存在对立与矛盾，它们难以用统一观念整体化一。因此，不仅法律形式自身，而且其所依赖的价值观念上的政治道德观念，也存在基本的内在矛盾。在这种情况下，法律如何可能具有统一性、一致性或整体性？当哈特希望用一致的承认规则，德沃金希望用一致的政治道德原则，来建构法律的统一性的时候，他们怎能不遇到深刻的内在矛盾？人们既可以从个人主义观念出发，也可以从利他主义出发，来建构自己的规则体系或原则体系。

肯尼迪认为，某些法律规范的特点在于个人主义，某些法律规范的特点在于利他主义。因此，从法律制度的整体来看，所有法律都是由这两类相互矛盾的规范缝合起来的绝无原则的大杂烩。[①] 与此类似，美国批判学者凯尔曼(Mark Kelman)同样认为："在每个关于纠纷的正确解决方式的法律争论中，规则方式、准则方式和中间立场将会难受地彼此共存，

---

① Duncan Kennedy, "Form and Substance in Private Law Adjudication", *Harvard Law Review*, 89 (1976), pp. 1732–1733.

没有一个完全主宰日常法律实践或更具有凿凿确证的力量。”①

098. 分析法律形式内在矛盾的目的

针对肯尼迪的分析，人们可以认为，法律“本文”是一种政治选择的结果，在多元化的政治道德社会中，法律“本文”体现出一种矛盾性是不足为奇的。但是，这里应注意，肯尼迪在分析法律形式的内在矛盾时，其主要目的不在于仅仅指出法律“本文”具有矛盾，而在于分析法律运转过程中的“重构一致性”是不可能的，从而指出法律是不确定的。

像哈特那样的学者以为，政治是多元的，但在规则的确定中心区域，法律则是一元的，人们可以用承认规则一类的“基本识别规则”确定法律是什么。这样，在法律运转尤其是司法中，法律可以保持统一性或一致性。在基本面上看，“政治”开始之时便是“法律”停止之日，反之，“法律”开始之时便是“政治”停止之日。在政治道德范围里，人们可以进行多元化的争论，在法律的范围里，人们只能进行一元化的适用。当存在基本识别规则确定法律的“身份”时，政治多元便应停止。但是，肯尼迪的分析表明，即使在哈特实证主义主张的规则中心区域，由于存在法律“本文”形式上的内在矛盾，法律认知统一性的希望也是不能实现的。具体规则形式的普遍适用，既可导致与其目的一致的结果，也可导致与其目的相反的结果；一般准则形式的普遍适用，同样可以导致不同的结果。在此，就基本立场而言，如果说哈特部分赞同了现实主义法学的理论，那

---

① Mark Kelman, *A Guide to Critical Legal Studies*, Cambridge: Harvard University Press, 1987, p. 17.

么肯尼迪则是彻底站在了这一法学的立场上。哈特试图在语言的中心区域保持传统法学主张的法律确定性，而在语言的开放结构中接纳现实主义的法律怀疑论。肯尼迪则在语言的中心区域和开放结构两个方面，全面推演了现实主义的法律怀疑论。当然，现实主义法律怀疑论主要是从法官的主观角度及法官的不同判决来分析法律的不确定性，而肯尼迪，是从法律“本文”的内在矛盾来看这一问题的。

如果认为在法律形式层面上，肯尼迪的目的在于说明哈特一类法律实证主义的法律适用观点的不恰当，那么在法律的实质层面上，其目的则在于说明德沃金那样的原则式理论过于理想化。

德沃金以为，虽然不能依赖实证法学的“基本识别规则”确定法律是什么，但在解释过程中仍然可以“重构”法律的统一性，在背景原则中找寻统一的基础，并在此基础上找寻唯一正确的法律答案。德沃金的意思是：在法官的政治责任中，法律虽然渗透了意识形态的政治道德，然而它毕竟是法律中的政治道德；在内在参与者的眼睛中，法律意味着统一性，在法律里面的政治道德便是统一的政治道德。然而肯尼迪的分析表明，具体规则形式揭示了它所体现的个人主义观念，一般准则形式揭示了它所体现的利他主义观念。在明确的法律中，存在这两种体现相互矛盾的政治道德观念的法律形式。如此怎能在法律中找寻一个统一性的政治道德原则？肯尼迪强调：“权利话语是内在地不一致的、空洞的或循环论证的。法律思想可以为了任何结果而提出有说法的权利确证。”①

---

① Duncan Kennedy, “Legal Education as Training fot Hierarchy”, in *Politics of Law*, ed. David Kairys, New York: Pantheon Books, 1982, p. 47.

099. 观察法律的姿态

有论者以为，法律制度并不存在上述批判法律理论所说的内在矛盾，因为，不存在两种极端对立的法律适用形式。当适用准则时，适用者会考虑规则；当适用规则时，适用者会考虑准则。在法律适用的过程中，“准则不是脱离规则而存在的某种东西，而是规则的一个可能的组成部分。规则可以在相当大的范围内变化，可以具有不同程度的确定性……在适当适用规则的情形中，需要考虑规则的背景原则或价值。规则考虑准则或其他标准越是宽泛，在许多具体情况中将越是不确定的”①。因此，“从规则可选择适用的特性滑进规则与准则之间的‘不可解决的矛盾’，歪曲了可以认识的实际情况”②。

此外，人们可以认为，在法律制度中，并非所有具体规则形式都体现了个人主义观念。在现代国家，一般法律制度经常包含个人所得税、营业税、消费税等税法。这些税法通常是以具体规则的方式来规定的，因为人们一般认为，税法是国家运用权力的重要渠道，是对公民权利有重大影响的法律，所以最好赋予其明确具体的方式。可是税法的政治道德基础不是通常所说的个人主义，而恰恰是利他主义或集体主义。就一般准则而言，有些也不是以利他主义作为政治道德基础的。比如，有些宪法中的“非经正当程序不得剥夺公民

---

① Neil MacCormick, “Reconstruction after Deconstruction: Closing in on Critique”, in *Closure or Critique: New Directions in Legal Theory*, ed. Alan Norrie, Edinburgh: Edinburgh University Press, 1993, p. 145.

② Neil MacCormick, “Reconstruction after Deconstruction: Closing in on Critique”, in *Closure or Critique: New Directions in Legal Theory*, ed. Alan Norrie, Edinburgh: Edinburgh University Press, 1993, p. 146.

的正当权利”的规定，是一种十分典型的一般准则性规定，但其政治道德基础则是个人主义。所以，肯尼迪将具体规则形式与个人主义，一般准则形式与利他主义联系起来，似乎是随意的。

当然，针对前者，肯尼迪可以继续认为，在法律适用形式中，人们同样可以发现单独适用具体规则或单独适用一般准则的情形。许多情况下，规则是具体明确的，人们的确不曾考虑背景根据或者一般准则即予适用。某些情况下，由于不存在可直接适用的具体规则，适用者的确仅依据一般准则作出决定。

针对后者，肯尼迪也可继续认为，即使就税法来说，同样可以认为它是个人主义的。因为，税法总是规定得详细具体，由此人们完全可以知道纳税的具体时间、地点、方式，这样，在市场交往中，人们可以准确地计算纳税形成的成本从而有效地安排经济生活。这与个人主义的自我依赖观念具有一致性。所以，具体规则总还是与个人主义政治道德联系在一起的。就“非经正当程序不得剥夺公民的正当权利”而言，同样可以认为它与利他主义有着联系。“正当程序”和“正当权利”都是十分抽象的词句，政府完全可以用解释的方法实现利他主义的目的。比如，政府可以认为“秘密侦察”是正当程序，而出版不健康读物不是正当权利，从而保护其他人的利益。

…………

在此，读者可以想象，对立观点是可以继续争论下去的。

这里似乎涉及一个问题：这种不同说明，是否表明法律的形式与政治道德观念的联系，依赖主体对它们之间关系的理解与认识？而这种理解与认识是否表明说明者采取了不同的观察判断的姿态？

二、法律原则的内在矛盾

“在批判法律研究运动中，肯尼迪的法律分析风格被广泛视为一种范例，它提供了许多这项运动中的文本赖以主张法律充满矛盾的概念资源”①。正是在肯尼迪的启发下，有学者开始直接在法律制度“本文”中的法律原则上分析内在矛盾。

100. 原则的冲突

美国学者哈斯纳斯（John Hasnas）指出，从法律实例中便可发现法律原则的内在矛盾。

实例一：某名妇女 A 居住在农村。她聘请了一位与其住在一个地方的医生 B 作为家庭医生。一日，A 因突然生病而用电话通知 B，希望 B 能及时赶到诊断治疗。但是，当日为 B 正常休息的假期，而且 B 与他人约好打高尔夫球，所以 B 未作答复。由于没有医生及时治疗，A 病情加重并最终死亡。A 的继承人起诉 B，认为 B 应负法律责任。

B 的律师认为，B 像其他人一样有放假休息的权利。要求 B 随时听候病人要求是不公正的。律师指出一个重要判例，即美国赫雷诉埃丁菲尔德（*Hurley v. Eddingfield*）案②。在这个判例中可以看到一个清楚的法律原则：在没有明示契约的情况下，不存在法律责任。在本案中，虽然 B 是 A 的家庭医生，但是双方没有明确约定随叫随到。

继承人的律师则认为，B 在从事医疗职业的时候，都会举行一个希波克拉底（古希腊医师）式的宣示，这表明 B 已接受救死扶伤是

---

① Andrew Altman, *Critical Legal Studies: A Liberal Critique*, Princeton: Princeton University Press, 1990, p. 106.

② 59 N.E. 1058 (Ind. 1901) .

自己的义务，因此，B 对依赖其的病人的需要不予理会是错误的。继承人的律师同样指出一个重要的判例，即美国考特奈姆诉威兹德姆（*Cotnam v. Wisdom*）案[①]。其中，可发现另一法律原则：在没有明示契约时，如果为了避免不公正，法律将暗许一个契约关系的存在。[②]

实例二：一名破产者 A 想拍卖个人财产以筹钱还债。被拍卖物品是 A 珍藏多年的一幅油画。一名参与拍卖的投标者 B 以 100 美元的叫价成交。当 B 让他人给这幅油画估价时，得知自己买得一幅失窃多年的世界名画，价值数百万美元，由此欣喜若狂。数天后，A 从其他地方得知此消息，便向法院起诉要求撤销成交契约。一审法院判决准许。

在上诉审中，A、B 双方充分论说了各自的理由。A 认为，如果在买卖中双方对买卖物存在“误解”（如误解其真实价值），则买卖是无效的。在拍卖交易中的确存在“误解”，因此应予撤销。A 引证美国舍伍德诉沃克（*Sherwood v. Walker*）案[③]作为判例，说明自己的法律理由。在该判例中，一农民卖给另一农民一头牛，买卖时双方都认为这头牛是不能生育的。但后来牛被证实可以生育，卖者便要求撤销合同且被准许。A 认为，判例和本案是类似的，他和 B 当时都认为是在买卖一幅价值不高的油画，双方对买卖标的的性质都有误解。由于这个误解对交易来说是实质性的，A 认为一审判决是正确的。

B 认为，本案不属“误解”性质的案件。B 引证美国伍德诉博因顿（*Wood v. Boynton*）案[④]作为判例。在此判例中，一妇女将一块小石

---

① 104 S.W. 164 (Ark. 1907).

② John Hasnas, “The Myth of the Rule of Law”, *Wisconsin Law Review*, 199 (1995), pp. 202-203.

③ 33 N.W. 919 (Mich. 1887).

④ 64 Wis. 265, 25 N.W. 42 (1885).

头卖给珠宝商，得1美元。在买卖时，双方无人知道这类石头是什么。但事后双方得知，这是一块天然钻石，价值700美元。妇女以双方都有误解为由要求撤销契约。但是，法院认为契约有效，认定由于双方都知道各自在就一个不知价值多少的石头而讨价还价，因而不存在误解。B指出，此判例才与本案确切地类似。因为，A、B双方都知道交易中的油画是一个价值不明的作品。B认为一审判决错误。

在B引证的判例中，法律原则是：契约法的一个基本目的是鼓励人们在交易中自我依赖、自我谨慎，任何人均可自由地达成有约束力的协议（无论口头还是书面），并因此而负责任。人们可以认为，原告有机会让他人对油画作出估价，如果他谨慎，便可发现油画的真价。因此应认定契约有效。在A引证的判例中，法律原则是：契约法的基本目的是确保当事人公平地交易。由此人们可以认为，B在本案中是以A的不幸为代价获得了大笔意外收入。因此应认定契约无效。[①]

在实例一和实例二中，可以看出，法律原则是相互对立、相互矛盾的。正是因为"法律是由相互矛盾的规则及原则构成的，所以，任何法律结论都可利用巧妙的法律推论"[②]。

加拿大法学家哈钦森（Allan Hutchinson）指出，在侵权法律制度中，人们时常可以发现这样两种相互对立的具体原则：一是只对自己造成的可以合理预见的损害结果负责；二是无论结果是否可以合理预见，都应对自己疏忽行为造成的直接损害负责。前者是主导原则，后者是辅助原则。当然，在某些法律制度（如美国侵权法）中，后者是

---

① John Hasnas, "The Myth of the Rule of Law", *Wisconsin Law Review*, 199 (1995), pp. 207-208.

② John Hasnas, "The Myth of the Rule of Law", *Wisconsin Law Review*, 199 (1995), p. 206.

主导原则。他以为："法律原则均来自两个完全不同但同样恰当的民主秩序的观念，并由其赋予力量。一个依据个人主义。个人主义以为，世界是由独立自足的个人构成的，个人信心十足地设计并不屈不挠地实现自己的生活计划……另一个依据集体主义。集体主义以为，世界是由相互独立且合作的个人构成的。"①因此，两个原则在逻辑上是不相容的，接受一个便意味着拒绝另一个，同时也意味着接受一个政治观念拒绝另一个。

美国法学家昂格尔（Roberto Unger）同样认为：正统法律观念相信"制定法、判例及人们接受的法律原则的体系，体现并保持了一个可以论证的人类组织设想，它们展示了一个理智一致的道德秩序……"②，但是，"当代的公法私法内容没有表现出一个单一的、明确的民主市场观念"③。

101. 法律原则的矛盾·法律原则的统一·法律原则的互补

在批评学者看来，既然法律原则具有内在矛盾，它们依据的政治观念也是矛盾的，何以能够有理由在其中发现一个统一的政治道德体系，从而找到一个更好的或唯一正确的答案？何以能说依据一个原则找出的政治观念优于另一个，从而从政治观念推出的具体答案优于另一个？何以认为法律具有确定性？

---

① Allen Hutchinson and Patrick Monahan, "Law, Politics and Critical Legal Scholars: The Unfolding Drama of American Legal Thought", *Stanford Law Review*, 36 (1985), p. 282.

② Roberto Unger, "The Critical Legal Studies Movement", *Harvard Law Review*, 96 (1983), p. 565.

③ Roberto Unger, "The Critical Legal Studies Movement", *Harvard Law Review*, 96 (1983), p. 570.

哈斯纳斯、哈钦森与昂格尔一类的批判学者都会大致赞同德沃金的观点：在一定意义上一切案件都是疑难案件。他们都会相信，德沃金的理论前半截（理论争论说、不同解释说）是正确的。但是，他们也会认为，其理论后半截（唯一正确答案说）是错误的。

在法律"本文"的层面上，批判学者认为法律"本文"自身充满了矛盾，这种矛盾不仅体现在形式和原则上，而且体现在其他方面和深层基础上；后者认为法律自身具有统一性，而且越是深入法律的底层越是可以发现这种统一性（尽管是实践参与者自己认为的）。

哈特式的实证主义基于语言的开放结构、规则边缘的不确定，有时同样认为法律原则存在内在矛盾。其思路是：法律的各种明确规定本身具有矛盾性，所以，可以根据不同的观念需要来寻找不同的可适用于自己需要的明确规定系列，并在这些不同系列中发掘不同的基础原则；而且，即使直接从背景"根据"的原则来看，法律实践者也可发现某些更为一般的原则不仅是不精确的（它们显然要比具体规则或较为具体的原则更难理解），而且是相互冲突的。在这种情况下，实践者不能发现唯一正确答案。①

但是，实证主义认为这是法律的边缘现象而非中心现象。在肯尼迪之后的批判学者则彻底将哈特以为的边缘现象说成中心现象。

法律原则的内在矛盾的观点，主要指向了德沃金的唯一正确答案的理论。如果批判观点可以成立，便可对德沃金的理论提出有效怀疑。德沃金承认，在法律制度中的内容，无论是具体规则或原则，时常存在不同。但是他认为，就具体规则而言，"不同"之间的关系的确有

① H. L. A. Hart, *Essays on the Jurisprudence and Philosophy*, Oxford: Clarendon Press, 1983, pp. 6-7, 136-140.

对立矛盾的问题，可对原则而言，“不同”之间不是矛盾对立的关系，而是“竞争”(competitive)的关系。因为，当身处内在参与者的地位时，人们更为可能将法律实践中不同的内容尤其是潜在的原则看作是“竞争的”，而非“矛盾的”。在里格斯诉帕尔玛案中，解释者的确可以发现不同的判例，并从中发掘不同的潜在原则（当然，他们的确发现了不同的潜在原则）。但是，解释者内在地会将这些原则视为竞争性的，并会认为，其中有些在该案应予考虑，有些则应在其他案件中考虑。而且，在权衡之后，解释者会将其中某些视为决定性的，从而认为它们是唯一正确的。

批判学者和实证主义以为，法律原则的矛盾问题，与是否采用内在参与者观点没有关系。因为，经过正常理智的分析，的确可以发现它们事实上存在矛盾。

但是，另有论者从一般职业法律知识的角度认为，看似对立的法律原则之间的关系实际上常是“常规与例外”的关系。在法律制度中，人们可以看到，当一个法律原则作为一个常规存在时，看似与之对立的法律原则实际上是一种“例外”情况下的要求。比如，可以发现普通法中的一项法律原则具有这样的意思：在没有合同或法律规定的情况下，援救他人不是一个法律义务；而另有原则这样说明：如果自己与他人处于某种特殊关系或自己行为使他人处于一种危险状态，那么，即使没有合同或法律的规定，援救他人仍是一个法律义务。[①]可以认为，后一个法律原则实际上是前一个法律原则的“例外情况”的要求。因为，虽然个人主义认为要宽松“阅读”前一原则，严格“阅读”后一

① Andrew Altman, *Critical Legal Studies: A Liberal Critique*, Princeton: Princeton University Press, 1990, p. 128.

原则，而利他主义则反之，但是没有理由认为作为前一原则的例外原则在逻辑上与个人主义是矛盾的。其实，“一个纯粹个人主义的文化也许包含了对普通法原则的例外要求，也许没有包含。而且即使包含了，该例外也可能在这个制度中不发挥重要作用。此外，对没有法律关系的人的义务的设定，可以避免违反有关自我利益、自我依赖的个体之间和平共处的规则。这种观念的影响，最佳解释了我们的法律文化为何具有这样的例外”[①]。

显然，这里涉及一个认识论上的基本问题：“矛盾的关系”或“竞争的关系”在法律制度中是不是客观的？上述论者有关“常规与例外”关系的说明，同样提供了一个对“不同”关系的理解。谁的理解是正确的？

德沃金试图用解释确证的方法和内在参与者的“观点”，淡化这一认识论问题。在其理论中，一切都是在内在参与者的实践解释中展开的，不存在“客观上”是否存在的问题。所以，德沃金可以较为轻松地认为“法律原则是竞争的”。但是，从另一方面来看，德沃金的理论实质上等于认为“原则的竞争”是内在参与者“读进去”的，因为这种“认识”总是参与者自己的认识，参与者总是在自己认为是对法律的最佳解释的基础上认识法律的。

哈斯纳斯、哈钦森、昂格尔、实证主义以及主张“常规与例外”关系的论者，并未使用一种策略式的方法说明这一认识论的问题。因此，他们首先应回答：无论是原则的矛盾还是“常规与例外”的关系，究竟是客观存在的，还是读者“读进去”的？可以觉察，这是一个困

① Andrew Altman, *Critical Legal Studies: A Liberal Critique*, Princeton: Princeton University Press, 1990, p. 129.

难的问题。

从另一方面来看，正是因为这是一个困难的问题，因此，人们似乎更有理由认为这与人们的认识姿态有着密切联系。如果认为德沃金选择了一种姿态，那么，反论者及异论者同样是选择了一种姿态。

三、法律外在观察者的“解构阅读”

某些批判学者知道，揭示法律“本文”内在矛盾的方法由于存在着认识论上的难题，从而不能有效地清理并批判主流法律理论，于是，他们运用解构语言学的手段另辟道路。他们首先认为，无论是主张法律“本文”本身具有内在的统一性，还是主张法律“本文”本身具有内在的矛盾性，都是错误的。问题关键在于法律“读者”怎样“阅读”本身并无实质内容的法律本文。就这点来说，肯尼迪虽然认为法律形式内在地存在矛盾，但有时颇有灵感地认为：对于一个装有一半水的杯子，我们既可以认为它是半杯水，也可以认为它是半个空杯子。[①]肯尼迪对这一想法并未展开，因为他相信法律的矛盾客观存在。然而，对解构批判学者来说，这却是一个新的起点。

102. 法律本文本身无意义

法学家们承认社会中存在法律，但是，他们总在提出各种不同的法律概念。边沁、奥斯丁说法律是主权者的命令；格雷说法律是法官所说的；霍姆斯说法律是一种预测；卢埃林说法律是官员的行动；哈特

① Duncan Kennedy, “Form and Substance in Private Law Adjudication”, *Harvard Law Review*, 89 (1976), p. 1762.

说法律是主要规则与次要规则的结合；而德沃金则说法律是一个解释的过程……显然，争论是持续不断的。

在某些批判学者看来，不仅对于一般性质的社会法律这一抽象本文来说是如此，而且对于法律规范、法律原则和法律结构那样的具体本文来说，也是如此。美国法学家达尔顿（Clare Dalton）以为，在认识法律规范、法律原则和法律结构这样的具体本文时，“法律认识中的混乱必然削弱常识认为的法律推论的力量……相反的推论可以具有同样的力量”[①]。美国学者图施奈特（Mark Tushnet）直言：“法律本文材料几乎是无法精确认识的。从基本方面来看，在某一法律领域中接受的法律推论技术，事实上是对其他法律领域中的法律进行区别和类推。这一技术是十分随意的。因此，它允许我们将各种不同的判例装进人们选择的任何类型之中。”[②]“在自由社会中，基本意义的不确定是不可避免的。”[③]

为何会如此？因为，构成法律规范、法律原则和法律结构的语词并不存在固定的或稳定的意义，这些语词仅是个人可以填充任何意义的“空容器”。[④]如果人们愿意，便可用非中立的方式赋予其语义学上的任何内容。美国学者派勒（Gary Peller）更为具体地认为：语词句子并非自我包容的意义单位，相反，意义是处于关系之中的，一个术语

---

① Clare Dalton, “An Essay in the Deconstruction of Contract Doctrine”, *Yale Law Journal*, 94 (1985), p. 1007.

② Mark Tushnet, *Red, White and Blue: A Critical Analysis of Constitutional Law*, Cambridge: Harvard University Press, 1988, pp. 191–192.

③ Mark Tushnet, *Red, White and Blue: A Critical Analysis of Constitutional Law*, Cambridge: Harvard University Press, 1988, p. 63.

④ Clare Dalton, “An Essay in the Deconstruction of Contract Doctrine”, *Yale Law Journal*, 94 (1985), pp. 1008–1010.

的意义完全是其他术语意义的一个功能，因此，“企图固定一个表述的意义必然导致无限的逆行。在确定一个表述的意义的过程中，一个人必须跟踪该表述包含的指向其他术语表述的踪迹，而其他术语同样包含了引致新的其他术语的踪迹，如此往返无穷”[①]。这个无穷逆行的结果就是“意义最终是不确定的”。[②]

根据这样的怀疑式的语言学观点，当尝试准确说明术语或句子的意义时，人们只能简单地“遵从”一组术语到另一组术语的意义。人们从未成功地精确说明它们的意义，而仅仅是从一个表述到另一个表述去传递意义的“问题”。大致来说，这个过程如同不断地借钱然后再借出去一样，自始至终都不存在一个实质性的结果。所以，不能认为只有自己的理解是唯一正确的。

在里格斯诉帕尔玛案中，法官认为应适用普通法的一个法律原则：任何人不能因过错而获利。这个原则是什么意思？在“解构阅读”观点来看，人们可以在其中“读进”任何意思。因为，“任何人”“不能”“过错”“获利”这些表述都要给予说明。在说明的时候，像“获利”这个表述就要说明“获得”和“利益”的意思，而要说明“获得”和“利益”的意思，就要说明与之有关的词语（如“得到”“好处”“想要的东西”）的意思……这个过程是无穷的。既然是无穷的，人们如何知道这个法律原则的确切意义？另一方面，一个人可以根据一些词汇说明“获利”的含义，另一个人同样可以用其他有关的词汇说明这个词。他们完全可以用这种方式赋予这个原则不同甚至相反的意义。“解构”的方法表明：

---

① Gray Peller, “Metaphysics of American Law”, *73 California Law Review*, 73 (1985), pp. 1167-1168.

② Gray Peller, “Metaphysics of American Law”, *73 California Law Review*, 73 (1985), p. 1169.

一个法律原则意义的结构，既可以被视为本身没有真实意义的结构，又可以被另一种理解所颠覆，因为这一“结构”就是人为的。

103. 外在“解构阅读”的目的 · 开放结构

上述“解构阅读”的观点，是一种外在观察者的观点。其目的在于说明，即使人们都从外在角度观察“本文”，同样不能避免得出法律没有确定含义的结论。从主体认知的角度来看，法律本文的意义只能决定于“读者”的任意理解。因为，“本文”的语言本身是没有任何意义的。这一观点颇为接近现实主义法学的理论。如果认为现实主义法学是从现象学上描述了规则怀疑论，那么，外在“解构阅读”的批判理论则是从语言学上描述了这一怀疑论。

另一方面，与肯尼迪、哈钦森和昂格尔类似，外在观察者的“解构阅读”观点，是想揭示以往正统法律理论以及德沃金的唯一正确理论根基的虚幻。因为，它们假设可以在法律对象上寻找法律已有的统一结构或原则。但是，“解构”理论说明这些结构或原则是主观杜撰的。法律对象是由语言构成的，语言是空无的载体，所以，以往理论绝无理由宣称只有自己的说明才是正确的。进而言之，“解构阅读”的目的最终在于揭示法律是不确定的。

从哈特的理论来看，哈特认为语言有时存在开放结构，但是并不认为语言因此而不具有任何含义。在开放结构的区域，人们是在争论语词的含义，这种争论不意味着语词本身是“空无的”载体。这种语言学显然有别于外在“解构阅读”的观点。

104. 解构语言学 · 交流的意义 · 解释共同体

“解构阅读”的观点主要来自法国哲学家德里达（Jacques Derrida）

和福科（Michel Foucault）的理论。德里达以为，一个语词概念具有其他语词概念的踪迹，正如后者有前者的踪迹一样。当人们考虑一个语词概念时，其他语词（包括与之联系的和对立的）的踪迹或标记总会留在这个语词概念身上。[①] 比如理解“言说”这个词，我们并非像常人想象的仅思考这个词本身，而是在与“说话”这个词的相互联系中和与“书写”这个词的对立关系中，来理解前者。如果没有对“说话”“书写”这些词的潜在认识，我们不能理解“言说”这个词。[②] 踪迹的存在，使解构成为可能。在确定概念之间的相互踪迹时，我们也在确定它们之间的概念上的相互依赖性，它们之间并不存在谁是基础的问题。如果一个人认为一个是基础的，另一个人同样可以认为别的是基础的。[③] 福科认为：“规则本身是空无的、曲解的和没有定说的；它们没有人格性质，可以给予任何目的……法律规则本身没有基本的意义，所以解释是对法律规则暴力式的、偷窃式的理解，其目的是强加一个方向，强加一个意志，强迫法律规则参与不同的游戏。”[④]

有学者指出，德里达、福科和派勒的推论是一种“自我推翻”的推论。如果所有语词的意义不确定，那么，其推论中使用的语词的意义也是不确定的。如果其语词不确定，其推论就没有任何意义。显然，

---

① Jacques Derrida, *Of Grammatology*, Baltimore: Johns Hopkins University Press, 1974, pp. 46–47.

② Jacques Derrida, *Of Grammatology*, Baltimore: Johns Hopkins University Press, 1974, p. 735.

③ Jacques Derrida, *Of Grammatology*, Baltimore: Johns Hopkins University Press, 1974, pp. 62–63.

④ Michel Foucault, “Nietzsche, Genealogy, History”, in *Language: Counter-memory, Practice*, ed. D. F. Bouchard, Ithaca, New York: Cornell University Press, 1977, pp. 151–152.

他们将自己的推论看作是建立一种意义，而且希望这种意义与通常人们接受的标准意义观念相一致。但是，他们认为意义完全是不可能的，这使其观念与人们接受的标准意义观念不相符，从而使其推论成为无意义的。其实，派勒的极端观点使“解构阅读”主张的“创造法律意义”也成为不可能。因为，创造意义如果可以实现，本身就必须假定给予语词较为精确的意义是可能的。[①]

批评者以为，人们最好是赞同一种术语句子的网络观点。这是说，在追踪一个术语或句子的含义时，可以在其所处的网络即更大的句子体系中填充其含义。当体系中越来越多的推论关系被追踪及这些关系的内涵被认识后，单个术语或句子的含义就会越来越丰富。主张术语或句子没有自我包容的意义是可以接受的。但是不应像解构观点那样得出虚无结论。就法律规则的术语和句子来说，如果脱离句子体系孤立阅读，当然不会得出确定的意义。但它们完全可以在法律句子的体系中予以把握。对于任何一个较为成熟的法律体系，实践的法律工作者都会在更大的法律体系中和具体实际案件中考察一个具体规则的术语或句子的意义，以此来确定规则是否适用。这不是说法律结论可以依赖三段论从法律体系中逻辑地推断出来，而是说，一个法律规则术语或句子的意思，是由相对于具体案件的内涵构成的，同时在其所处的法律体系中可以越来越丰富地加以认识。[②]

比如，在“疏忽责任”（因未恰当注意或合理注意而使他人遭受

---

① Andrew Altman, *Critical Legal Studies: A Liberal Critique*, Princeton: Princeton University Press, 1990, pp. 93-94; Don Herzog, “As Many as Six Impossible”, *California Law Review*, 75 (1987), p. 629.

② Andrew Altman, *Critical Legal Studies: A Liberal Critique*, Princeton: Princeton University Press, 1990, pp. 95-96.

损害应承担赔偿责任）一类的规则中，时常包含“恰当注意”“合理注意”的术语。一般来说，当孤立阅读时，这些术语是不大确定的。然而，可以根据法律体系中的其他术语或句子确定这些术语，结合其他规则及法理便可以使这些术语的含义越来越丰富，从而使这项规则越来越具有确定的含义。

另有学者指出，不应忽视法律制度中“解释共同体”（interpretative community）的存在。[①] 与现实主义法学一样，“解构阅读”观点的一个问题，在于没有注意解释者主体的社会一致性。认为法律规则语言本身没有固定的意思是正确的，但这不意味着在解释者之间没有相对一致的解释结论，不意味着解释者可以在法律语言中读进任何意思。在任何法律制度中，都基本存在一个法律解释共同体，否则法律制度是不可能存在的。这个法律解释共同体实际上就是官员共同体。他们在社会中具有法律的权威。作为一名共同体的成员，必须要注意而且应尊重解释共同体的一致意见。[②] 确定性或客观性的问题最终取决于“解释共同体”。[③]

上述三种异议观点提出了三个问题：第一，如果人们之间的交流可以存在而且应该存在，那么，这本身是否便预设了一定程度的语言意义或意思的存在？第二，如果一定程度的语言意义或意思是存在的，那么，主体的阅读是否可以运用某种方式（即使是主观方式）以获得人们可以相对普遍接受的意义或意思？第三，即使意义或意思不存在于语词之中，人们之间是否也可以存在较为普遍一致的意义或意思的理解？

似乎可以认为，交流的确是存在的而且应该存在。在交流中，人

---

① Owen Fiss, “Objectivity and Interpretation”, *Stanford Law Review*, 34 (1982), p. 303.

② Owen Fiss, “Objectivity and Interpretation”, *Stanford Law Review*, 34 (1982), p. 305.

③ Owen Fiss, “Objectivity and Interpretation”, *Stanford Law Review*, 34 (1982), p. 302.

们正是通过较为一致的意义或意思的理解，来实现相互理解。此外，在意义或意思的建构与说明中，人们的确可以运用某种“理解方式”以使他人接受其理解的意义或意思。另一方面，在类似或相同的文化背景中，人们之间总会形成大致的“意义规则”。概言之，语言本身不存在意义或意思，并不意味着较为统一一致的意义或意思不存在。在主体的认知中，可以而且应该存在这样的统一一致性。因此，法律的认识与理解并不在于主体的恣意说明。

如果这一看法可以成立，那么，外在观察者的“解构阅读”观点，即使在语言学的意义上具有刺激性，但在认识论的意义上仍然缺乏挑战性。因为，它没有对意义或意思理解的个体“读者”本身面临的约束、“读者群”之间的相互关系，给予必要的关注与说明。

四、法律内在参与者的“解构阅读”

某些批判学者以为，外在观察者的“解构阅读”使用了“外在观察观点”，因而，对德沃金那样精妙的内在参与者理论本身便不具有想象中的消解作用。要颠覆德沃金的理论，便应采用内在参与者的“解构阅读”。这种阅读方式，“可以表明支持规则的推论如何自我颠覆，并支持一个相反的规则”[①]。

换言之，从实践者自身的视域来看，在明确的法律制度及法律实践中既可发现整体一致的潜在原则，也可发现两个甚至更多彼此不同甚至矛盾的原则。从历史纵向和现实横向两个维度来看，一方面，同

---

① Jack Balkin, “Deconstructive Practice and Legal Theory”, *Yale Law Review*, 96 (1987), p. 743.

一法律家可以在复杂的法律制度和法律实践中通过彼此协调的具体明确法律规定来理解发现并确立一批原则体系，另一方面，如果愿意，这一法律家可以通过自己理解发现的相反对立或矛盾的法律规定来确立另一批相反对立或矛盾的原则体系。“承认法律理论是解释性质的，承认法律本身是一种解释实践，并不意味着我们要承认……对大多数法律问题存在唯一正确的答案。”[①]

105.“法理迷津”

美国法学家巴尔金（Jack Balkin）指出，在法律实践中，人们可以发现存在一种“法理迷津”（doctrinal conundrum），这种迷津可以清楚地说明人们如何可以内在地“解构阅读”。

假设现有原告要求被告赔偿损失。案情是：被告在玩耍中连续数次踢打原告的小腿，原告原初就有一些肌肉组织上的病情，该病情在踢打下会出现严重后果，而在被告的踢打下果然出现了青肿并最终导致小腿的丧失。1981年，在美国沃斯伯格诉帕特尼（*Vosburg v. Putney*）案[②]中，美国法院曾判决与上述案件被告行为在某些方面具有类似情形的被告负赔偿责任。在这个判例中，人们可以总结出一个严格责任的规则：在无明显主观过错的情况下，被告仍应对自己行为造成的损失结果负赔偿责任。

但是，在目前案件中，被告仍然可以主张自己没有过错，因为，自己无法预见自己的行为会导致原告丧失小腿，他无意做出伤害行为，除了玩笑踢打之外没有做过主观上有过错的事情。他可以认为，只有

---

① Jack Balkin, “Taking Ideology Seriously: Ronald Dworkin and the CLS Critique”, *University of Missouri-Kansas City Law Review*, 55 (1987), p. 397.

② 80 Wis. 523, 50 N.W. 403 (1891).

当他有相应过错的时候才应负责任。原告会主张，尽管被告的确没有伤害的意图，而且在被告所处的情况下的确难以合理预见自己的行为会出现严重的结果，但是，他现在事实上失去了小腿，并未因被告没有过错而没有损害。在双方都没有过错的情况下，导致结果出现的行为人应负赔偿责任。

被告主张可以称为过错责任，原告主张可以称为严格责任。通常情况下，前者展开的推论被用来减轻被告的潜在责任，后者展开的推论被用来增加被告的潜在责任。[①]

法律适用者运用这些推论支持一项具体规则全然是语境化的。换言之，有时恰恰不是己方主张的规则而是他方主张的规则，决定己方的推论结果是过错责任论还是严格责任论。比如，在对“过错”的判断有行为者主观（即行为者自己认为自己是否有过错）和观察者客观（即公众认为行为者是否有过错）之分时，情形就是如此。当有主客观之别时，如果只相对严格责任而对“疏忽问题”的观察者客观标准进行推论时，赞同客观标准的推论结果将是过错责任论；而如果只相对于行为者主观标准而为客观标准进行推论时，赞同客观标准的推论结果将是严格责任论。[②]这是说，在上述案件中，如果坚持过错的客观标准，并且只相对于被告要为行为结果负赔偿责任（即使无过错）来考虑，则赞同客观标准的推论结果会认为被告不应负责任，因为他没有过错。而如果坚持过错的客观标准，并且只相对于被告行为者自己所说的“是否有过错”，则赞同客观标准的推论会认为被告应负责任。

---

① Jack Balkin, “Taking Ideology Seriously: Ronald Dworkin and the CLS Critique”, *University of Missouri-Kansas City Law Review*, 55 (1987), pp. 410-411.

② Jack Balkin, “Taking Ideology Seriously: Ronald Dworkin and the CLS Critique”, *University of Missouri-Kansas City Law Review*, 55 (1987), p. 411.

为何会如此？因为在前一种情况中，被告没有主张只有自己才能确定自己是否有过错，或者主张了人们并未注意，人们从而减轻了对过错认定的程度，而在后一种情况中，被告总在主张只有自己才能说清自己是否有过错，他人说不清，此时人们只注意了被告的态度，这样便加重了对过错认定的程度。从深层次上来说，这是因为："我们的道德意识和法律意识是自我矛盾的，即在对立中建构的。我们是根据如下问题的相互对立的回答来思考问题的：人们在社会中应该具有怎样的关系？他们之间应负何种义务？他们之间相互具有何种权利？"① "两种对立的观念激活了赞同过错责任和严格责任的推论……我将强调在社会中行为者对他人责任的立场称为利他主义（communalism），将相反立场称为个人主义（individualism）。两者之间的紧张关系在侵权法里每个层次上的法理选择中都会出现。"②

这种法律推论中的内在解构矛盾便是"法理迷津"。

巴尔金以为，这种法律语境中的迷津是内在参与者不能回避的。如果在不同的语境中思考同一个法理或原则，既会得出相同的结论，也会得出矛盾的结论。"甚至在一个法官的意见中，我们都会发现相互对立的原则表述。"③"……法理之间的紧张关系不是由于两个不同法官不同判决产生外在矛盾而出现的。它是在个人主观之中产生的，个

---

① Jack Balkin, "Taking Ideology Seriously: Ronald Dworkin and the CLS Critique", *University of Missouri-Kansas City Law Review*, 55 (1987), p. 414.

② Jack Balkin, "Taking Ideology Seriously: Ronald Dworkin and the CLS Critique", *University of Missouri-Kansas City Law Review*, 55 (1987), p. 414.

③ Jack Balkin, "Taking Ideology Seriously: Ronald Dworkin and the CLS Critique", *University of Missouri-Kansas City Law Review*, 55 (1987), p. 417.

人主观意识处于最深的道德法律信念之中。”[①]“总之，法理迷津在两个不同方面对整体法律理论提出难题。第一，它与其是矛盾的，因为它暗示在法律存在中没有方法调和冲突原则……第二，它暗示这个随机性的安排不是偶然的，它必然会因人类道德意识的矛盾本质而发生。”[②]

巴尔金的设想是：“法理迷津”说明德沃金内在参与者式的唯一正确答案说，是不能成立的。

106. 内在解构阅读 · 法官的责任姿态

巴尔金的理论与德里达的解构理论有着密切联系。在前面，我们看到德里达如何说明了语词概念之间的“踪迹”关系。其实，德里达不仅想说明语词概念问题，而且想说明观念思想之间的“踪迹”关系。观念思想都是由语词概念构成的，后者的“踪迹”关系必然导致前者产生“踪迹”关系。而且更为重要的是，在这些观念思想之间，并不存在谁是基本思想的问题，它们之间只有相互依赖的关系，并没有单向依赖关系。比如“要尊重妇女”这个道德思想，要理解它就要理解诸如“妇女对社会的贡献”“男女平等”“妇女对社会的贡献无足轻重”“男尊女卑”等与之具有协调关系或矛盾关系的道德思想，在“要尊重妇女”这个道德思想中，就有后面那些思想的踪迹。而且在它们之中我们不能认为谁是基本的，因为它们是相互依赖的。

但是，如果人们的法律意识是自我矛盾的，是在对立中建构的，那么，巴尔金的法律阅读解构设想本身也应是自我矛盾的。换言之，

---

① Jack Balkin, “Taking Ideology Seriously: Ronald Dworkin and the CLS Critique”, *University of Missouri-Kansas City Law Review*, 55 (1987), p. 418.

② Jack Balkin, “Taking Ideology Seriously: Ronald Dworkin and the CLS Critique”, *University of Missouri-Kansas City Law Review*, 55 (1987), pp. 415, 417.

应该认为，法律阅读解构本身同样不能逃避自我解构。如果批判是一种彻底的解构，它就应该可以适用于自身，它不仅可以解构对方的理论，而且可以解构自己的解构理论。

巴尔金认为，当解构批判实现了“启蒙”和“释放”的目的，解构应该而且可以停止。这是说，当解构揭示了有关的或相反的观念思想，解构便启蒙了人们的意识，释放了原被忽视和“压抑”的观念思想，这就如同精神分析治疗精神病患者一样，通过精神分析，将病人潜意识中的原被压抑的观念释放出来，病人便痊愈了，此时精神分析达到了目的，故应该而且可以停止。[①]

可以看出，巴尔金并未提出足够的理由予以说明。因为，一方面，社会法律领域中的正常人观念毕竟不同于精神病患者的意识；另一方面，解构理论本身是否也“压抑”了另一种“意识”？这种“意识”同样需要“释放”？

此外，在巴尔金的解构批判之前，德沃金便已承认，在法律实践中，的确可以存在一个内在参与者的“内在怀疑论”。这种怀疑会否认存在一个说明法律制度和法律实践前后一致的方法，会认为，人们描述的法律实践杂乱无序，所以不可能存在一种法律目的的说明使其是法律实践的解释而不是法律实践的改变。[②]

因此，对巴尔金的“解构阅读”，德沃金可以这样回应：在上述案件中，法官的确可以发现两个不同的法律原则，但是，如果他像赫克

---

① Jack Balkin, “Deconstructive Practice and Legal Theory”, *Yale Law Review*, 96 (1987), pp. 765-766.

② Ronald Dworkin, *Law's Empire*, Cambridge: Harvard University Press, 1986, p. 78; Ronald Dworkin, *A Matter of Principle*, Cambridge: Harvard University Press, 1985, p. 175.

里斯[1]那样充满智慧而明察的话，他便不会那样简单地在上述不同语境中作出自相矛盾的判决。而且“赫克里斯……在抽象原则的层面上可以没有困难地接受两个原则。这些原则有时是竞争的，但不是矛盾的”[2]。在作为实践者的赫克里斯式的法官头脑中，只存在竞争的而非矛盾的法律原则和政治道德原则。

旁人可以发现，内在参与者的怀疑论与德沃金理论的基本对立，此时已不是法官个人究竟是否自我意识充满矛盾以及如何在法律实践中把握原则的问题了，而是法官个人应该如何把握原则的问题。因为，人们无法考察法官事实上是按巴尔金所说的方式，还是按德沃金说所的方式解释法律。其实，在阐述唯一正确答案理论时，德沃金已在暗示法官应该像赫克里斯那样解释法律，这是法官的深刻的政治道德责任，也是其社会角色的必然要求。这样，人们面临的还将是：从法律实践的责任来说，应该提出一个怎样的法律理论？

五、法律与意识形态

内在参与者的“解构阅读”，像外在参与者的“解构阅读”以及肯尼迪、哈斯纳斯、哈钦森、昂格尔的“本文”矛盾说一样，目的在于揭示法律统一性的不可能，揭示法律是不确定的（不存在唯一正确答案）。美国批判学者辛格（Joseph Singer）指出：“尽管传统理论家承认，某些不确定性是不可避免的和必要的，但是传统法律理论却要求相对大致说明确定性作为法治的基本前提。然而，我们的法律制度从

---

① Hercules，德沃金设想的一个全能智慧的法官。

② Ronald Dworkin, *Law's Empire*, Cambridge: Harvard University Press, 1986, pp. 443-444.

来就没有满足这个要求。”[①] 上述批判理论的深层目的，是揭示意识形态这一社会的外在因素无时无刻不在影响着法律，并将法律变成意识形态角斗的竞技场。

从前述批判理论可以看出，批判学者的矛头主要指向了法律中的不确定性，因此，就目的而言与现实主义法学如出一辙。但是，在具体分析批判的方法上，前者不同于后者。前者不仅从法律“本文”上从事矛盾的分析，而且用解构语言学以及解构分析的方法武装自己。此外最为重要的是，现实主义法学虽然否定法律的确定性，但希望用统一的政治道德观念（如实用主义）来重塑法律，而批判学者则从否定法律的确定性，走向否定统一政治道德观念的可能性。因为，他们相信，意识形态的存在否定了任何统一的可能性。在批判学者那里，法律中的不确定性和意识形态的不确定性，实际上是一个问题的两个方面。

107. 法律政治学

肯尼迪认为：“当教师们告诉学生法律推理作为一个达到正确结果的方法而独立于一般伦理或政治话语时，他们的讲课是毫无意义的……对法律问题来说，除了伦理或政治的所谓正确解决办法以外，从来就不存在一个‘正确的法律解决办法’。”[②] 美国学者凯尔斯（David Kairys）说：“法律是保持现存的社会权力关系的主要工具……人们接

---

① Joseph Singer, “The Player and the Cards: Nihilism and Legal Theory”, *Yale Law Journal*, 94 (1984), p. 13.

② Duncan Kennedy, “Legal Education as Training fot Hierarchy”, in *Politics of Law*, ed. David Kairys, New York: Pantheon Books, 1982, p. 47.

受的法律正当性基本上来自有关法治而非人治的扭曲观念……”[①] 昂格尔说：“法律或规则（法律正义）既不可能摆脱审判过程中的价值考虑，也不可能与之保持一致。”[②] 派勒直言指出：法律与政治学的分开是一个神话，因为它貌似一个并不存在的政治中立，它代表了“一个权力行为的产品，通过权力行为，其他理解经验世界的方式被边缘化了”[③]。哈钦森和美国学者莫纳汉（P. J. Monahan）更是认为：“并不存在独特的法律推理可以简单地与政治对话相对比。简言之，法律是着不同服饰打扮的政治学；它既不在历史真空中运作，也不独立于社会意识形态斗争而存在。”[④]

概言之，法律是政治学式的法律。

108. 意识形态的概念

如果法律是政治学式的法律，那么，意识形态对其作用便是不可回避的。在激烈争论的法律制定过程中，法律意识不能逃避意识形态的作用；在看似中立的法律适用中，法律意识同样不能逃避意识形态的作用。批判学者指出，如果德沃金认为应该“认真地看待权利”，那么，批判学者则认为应该“认真地看待意识形态”。[⑤]

---

① David Kairys, “Introduction”, in *Politics of Law*, ed. David Kairys, New York: Pantheon Books, 1982, pp. 5–6.

② Roberto Unger, *Knowledge and Politics*, New York: Free Press, 1975, p. 91.

③ Gray Peller, “Metaphysics of American Law”, *73 California Law Review*, 73 (1985), p. 1170.

④ Allen Hutchinson and Patrick Monahan, “Law, Politics and Critical Legal Scholars: The Unfolding Drama of American Legal Thought”, *Stanford Law Review*, 36 (1985), p. 306.

⑤ Jack Balkin, “Taking Ideology Seriously: Ronald Dworkin and the CLS Critique”, *University of Missouri-Kansas City Law Review*, 55 (1987), p. 392.

不过，在批判学者那里，意识形态一词具有特殊的意义。它通常不指整体性的世界观、人生观。批判学者以为：意识形态是一种形成主体意识的机制，它“一方面说明观念、态度和信仰之间的联系，另一方面说明经济利益与政治利益之间的联系”[①]。它潜在地存在于社会之中，无论我们是否意识到，它对我们都发挥着潜在的影响。在大多数情况下，意识形态只是作为一种观念、态度、信仰产生的机制对主体发挥作用。它时常并不作用出一致的整体观念。[②]这是说，意识形态作为一种机制时常使主体产生不同的主观意识，这种主观意识有时会与一种利益相联系，有时会与另一种利益相联系。它时常不使主体保持一致性。正像有学者所说：“意识形态实际上在无序状态中发挥作用……其作用体现在不断地于社会交往过程中相互交流、竞争、冲撞、干扰、吞没和沉默。”[③]因此，意识形态不是一个统一实体，而是一种机制，其力量在于将精神因素（如观念、概念等）联系并结合起来，使其影响并建构社会主体的观念与认识。意识形态有如“格栅”，在思想因素中挑选、分类、有序排列、无序排列。

批判学者相信，“这种意识形态观念在法律分析的领域里尤其有用。因为它告诫我们不要假定法律话语是连续的、一致的，而要在法律推理和司法言语的平静表面之下将社会、经济和政治斗争的回声揭

---

① Alan Hunt, *Explorations in Law and Society*, New York: Routledge, 1993, pp. 118, 148.

② Alan Hunt, *Explorations in Law and Society*, New York: Routledge, 1993, p. 148.

③ Göran Therborn, *The Ideology of Power and the Power of Ideology*, London: New Left Books, 1980, pp. 77, 103.

示出来”[①]。意识形态潜在的影响，使人们在法律中不断出现道德意识、政治意识、经济利益或政治利益的相互斗争。

109. 意识形态 · 法律的多元化

批判学者的意识形态概念主要来自法国学者阿尔都塞（Louis Althusser）的意识形态学说。

阿尔都塞以为，意识形态不是一种“意识”，而是“想象”关系的不断再现。这种关系不是一个已经被构成的主体的经验或观念。正是在想象关系中，主体作为主体才形成了自己。这意味着主体通过想象关系而存在、而生活，通过想象在意识形态中形成自我。阿尔都塞说，意识形态结构是“折叠反射式的”结构。[②]另一方面，意识形态的独特之处在于既变化又制约的内在机制，这使意识形态中的意识因素不断变化。

批判学者运用意识形态观念揭示法律中的不确定性的重要目的是表明，不仅政治是多元化的，而且法律也是多元化的。在法律中，意识形态的潜在作用，使人们在自我意识中和与他人交往中同样在争论意义、利益、好坏、公正或权利。

像哈特那样的法学理论认为，在法律未被确定时，自由多元的社会允许并赞同政治伦理的争论。但当法律被确定之后（如社会上已经存在了承认规则），自由多元的社会便不希望看到法律范围之内再出现类似的争论。换言之，在法律适用的过程中，法律与政治之间的界

---

① Alan Hunt, *Explorations in Law and Society*, New York: Routledge, 1993, p. 121.

② Paul Hirst, *On Law and Ideology*, Atlantic Highlands, N.J.: Humanities Press Inc., 1979, p. 57.

限是十分清楚的，法律完全可以抵御政治意识的干扰与破坏，从而保持自己的统一性。像德沃金那样的法学理论，虽然认为不存在一个所谓的客观标准确定法律是什么，但是作为一个实践中的内在参与者，法律家可以在责任的要求下寻求另一种意义上的统一性，从而让政治道德的内容在法律之中重新整合起来。

批判学者从法律“本文”和认知两个方面批判了这些观点。他们相信，意识形态这一概念，可以从法律认知主体观念的深层基础上彻底摧毁法律统一的可能性，对内在参与者的实践观点来说同样如此。由此，法律最终是多元化的。

110. 意识形态·统治者意志

但是，批判学者有时以为，法律适用最终是权力关系的结果，这种权力关系在最终意义上是由统治阶层控制的。在此基础上，他们有时推出法律适用最终是统治阶层意志的体现的结论。英国学者古德里奇（Peter Goodrich）认为：“简言之，法律话语是……许多相互竞争的规范学科如道德、宗教、社会习惯学科话语的一种。法律话语与它们有着密切联系，从其中吸收许多即使不是全部的确证推论。它是一个应根据统治和被统治的控制、社会权力关系的术语来准确阅读的话语，而这些关系不仅是对违法者、过错者，而且是对更为广大的听众塑造和宣告的。”①

这样，批判学者的批判理论作为整体，便会产生一个十分严重的理论困难。一方面，这一理论试图说明在法律适用中，正统法学理论所谓的客观统一纯粹是个假象，法律适用者完全是在意识形态的“操

---

① Peter Goodrich, *Reading the Law: A Critical Introduction to Legal Method and Techniques*, London: Basil Blackwell, 1986, p. 20.

纵”下作出多元化的法律结论；另一方面，这一理论又想说明在更深层次上，可以认为这些法律结论所体现的意志最终是统治阶层的意志，这就如同在法律制定过程中必然体现统治阶层的意志一样，在法律适用过程中不可避免地“重现”统治阶层的意志。这意味着，法律适用一方面是杂乱无章的，因为意识形态本身并不导致一致的观念因素；另一方面它又是统一的，因为在最深层次上体现了统治阶层一致的愿望意志。此外，这一困难还会与批评理论主张的法律本体矛盾说不相协调。

哈特以为，法律并不等于法律制定出来的白纸黑字（分析法学的观点），在实践中，法律的认定基础是官员实践中的“承认规则”。美国法学家菲斯（Owen M. Fiss）认为，在社会中存在一个“法律共同体”，它保持了法律的一致性。[①] 他们的理论，都不否认“承认规则”或“解释共同体”有时会体现统治阶层的意志。德沃金同样承认，法律不仅是而且应该是政治道德意识的，但认为在法律中这种意识可以统一一致。

如果批判学者在另一方面认为，法律适用最终体现统治阶层的意志，那么其理论与他们的理论有何区别？批判学者有何理由认为他们的理论是错误的？

批判学者的这个矛盾，来自阿尔都塞的意识形态理论中的矛盾。阿尔都塞认为，意识形态虽然是观念意识产生的机制，但其在社会中最终受制于统治阶层的控制。社会中的意萨斯（ISAs，如学校、传媒、社团）是意识形态机制的重要媒体，可是这些意萨斯最终是由统治阶层的权力关系制约的。如果是这样，意识形态就有可能产生一致的观

---

① 参见前第105小节。

念意识。

就此而论，如果批判学者想将本身认为的“本文”和认知的“法律不确定说”贯穿始终，便必须坚持彻底的解构精神，便必须认为在法律适用中没有统治阶层的意志问题。

111. 意识形态与边缘话语

如果认为法律过程是意识形态化的，而意识形态本身又是多元化的，那么，法律中无论是哈特的“客观中立”还是德沃金的“政治道德”意义上的“唯一正确的法律答案”便不存在。而如果法律过程本身就是多元化的，那么，无论谁都不能认为只有自己的法律认识是唯一正确的。

在意识形态的作用下，法律解释以各种方式与人们的利益联系在一起，于是，当认为只有自己的解释唯一正确的时候，便等于压制了其他法律解释及其表达的利益，便等于将其他法律解释和利益挤向了边缘。在批判学者看来，哈特的“客观中立说”和德沃金的“唯一正确说”，是将自己解释及自己表达的利益中心化，将其他解释及其表达的利益边缘化。在这个意义上，正统法律理论的要害问题是：用法律统一性的合法伪装，来掩盖意识形态话语的偏见影响法律的程度，并以此误导一般公众对法律实质的认识，而公众也由此对被压迫的实际理由产生了错觉，从而不能抵制不能表达对其的不满之处。

因此，批判理论的出发点是：不仅法律“本文”在本体上充满矛盾，而且法律认知的过程并不像正统理论所想象的，是法律范围之内的客观统一的过程，这一过程可以不受外在的社会因素的影响，可以在法律范围内保持自己的一致性。而此出发点指向的目标是：释放法律认知过程中的边缘话语，释放被边缘化了的其他利益，彻底消解中心话语与边缘话语的人为区别。批判理论以为，批判的意义就在于此。在法律认知过程中，“我们争论哪些关系是更有意义的，哪些利益是真实的，哪些政策是更好的，因为我们实际上的确在争论哪类社会关系是公正的，哪些市场安排作用更佳，哪些国家权力的运作不正当地干涉了另一共同体管理自我事务的权利。这些争论不是错误的。只有当我们对其视而不见时，我们对自己及自己的理想来说才是错误的”①。

112. 法律的多元化·法治

如果哈特及德沃金这类法学家设想的法律认知过程中的一元化没有理由存在，这一过程中的中心话语与边缘话语的区别被消解了，并且此时只能出现多元化，那么，批判理论设想的法律不确定性，以及由此引发的释放边缘话语的要求，对自由主义精神的法治理论便产生了内部颠覆的意蕴。

通常的法治观点认为，法律应该具有确定性。因为，第一，如果法律可以具有许多意思，那么便无法实现“相同情况相同对待”。第二，法律应该具有客观的权威，否则只能再现人的任意意志。第三，法律如果没有明确性，便不会有可预测性，没有可预测性，人们就无法安排自己的行为，而且还会导致预期行为的成本增加，当事人因危险性增加而对自己的效益目的犹豫不决。第四，如果不能从法律中推出一个结论，法律适用者推出的结论也许就不是法律预先的规定，这便会产生溯及既往地适用法律的可能性，对义务承担者或受罚者来说则是不公正的。而所有这些，便是要求法律应有统一性、一致性的理由。

---

① Joseph Singer, *Real Conflicts*, Boston: School of Law, Boston University, 1988, p. 163.

在批判理论的思考中，因为法律具有“本文”和认知两个层面上的内在矛盾，所以，自由主义的法治从未真正实现过，而且，这种法治的要求，实质上是在“法律公正”伪装之下偷运人的任意意志。于是，应当在新的意义上重新理解法治。

巴尔金认为，法治不应而且也不能抛弃。但是，法治并不意味着法律的一元化，而是意味着法律的多元化。“除非法律材料（在理论上来说约束人们行为的东西）是可重复的，否则法治是不可能发挥作用的。法治预设同一法律材料可以既适用于A案件又适用于B案件。如果在每个案件中适用不同的规则材料，我们将没有法治。然而，当作者（法律制定者）制定出法律材料后，其意图是不可重复的，在制定的那一刻永远消失了。所有保留下来的就是符号，其存在使主体之间的交流成为可能。正是作者使用的符号而非其意图，对法治的作用发挥才是基本的”[①]。“此外，法治是以这个前提为基础的：发挥控制作用的应是被选举代表通过的法律本文或法官建构并发展的判例法本文，而非具体制定者的意志……一旦规则本文被统治权威确立了，其本身便构成了判决案件的权威。因此，法治预设了文本（texts）统治，而非创造文本的人的统治。”[②]也因此，法治与法律材料的不同语境中的多种阅读方式并不矛盾。[③]

按照这种解释，批判理论并非否定法治，只是认为法治不是自由

① Jack Balkin, “Deconstructive Practice and Legal Theory”, *Yale Law Review*, 96 (1987), p. 782.

② Jack Balkin, “Deconstructive Practice and Legal Theory”, *Yale Law Review*, 96 (1987), p. 783.

③ Jack Balkin, “Deconstructive Practice and Legal Theory”, *Yale Law Review*, 96 (1987), p. 784.

主义法律理论理解的那种法治。在批判理论看来，自由主义法治主要观点在于要求在任何情况下都要统一适用法律，不能因语境的变化而有变化，只要案件相似，就要相似地适用一个法律。而批判理论的法治允许法律适用的语境化，认为在复杂多元的意识形态影响下，法治只有呈现出语境化才能成为真正的法治。

但是，从某种意义来看，如果允许不同语境不同适用，便有可能导致法律规范的虚无理论。换言之，允许不同语境不同适用，法律规范的存在似乎便是多余的，巴尔金所说的“法律材料”或“法律本文”的存在似乎同样是多余的。为允许具体语境具体处理，人们可以将权力全部交给法律适用者，由其根据语境解决案件。这样岂不更为精明？另一方面，从法律实践中可以看出，不少案件在基本方面都是一致的，法律适用者对其通常作出了相似判决。人们认为，这便是相同情况相同对待。如果允许根据不同语境作出不同判决，相同判决是不应出现的，因为严格地说，所有案件的语境都是不同的。这便不奇怪，为何英国学者菲尼斯（John Finnis）指出，批判理论实质上否定了法治的存在，因为，它抛弃了法律推论必不可少的一个组成部分即权威。这个部分是法律推论区别于其他有关社会生活的推论的唯一标志。那些由立法、前例和法律原则惯例形成的权威“约束（尽管不是绝对的）着法律推论并使其具有确定性（尽管不是绝对的），准确地说，这是因为它是由相关人士在相关情况下设置的，因为我们需要这样的权威在现在和将来一致地、公正地结束纠纷并解决相互合作的难题”[①]。

其实，人们要求法律规范的存在，要求“法律材料”或“法律本

① John Finnis, “The Critical Legal Studies Movement”, in *Oxford Essays in Jurisprudence*, Third Series, ed. John Eekelaar and John Bell, New York: Oxford University Press, 1987, p. 148.

文”的存在，一定有其必要的理由。而且，这一理由极为可能便在于：应有法律的统一性和一致性。

因此，似乎可以认为，法治的要求与宽容语境化的主张存在内在冲突。

113. 意识形态・法律知识・法律理论的视角・法律与政治

在哈特、德沃金等理论那里，最初设想的法治是一种一元化的法治，正因为法治是而且应该是一元化的，所以，“法律是什么”或曰法律知识的问题便存在一种可能性。尽管哈特和德沃金就“法律是什么”的问题存在外在观察者和内在参与者的截然不同，但他们都设想一般的或具体的法律知识都是可能的（无论是明确知识还是隐含知识）。而批判理论设想的法治，是一种允许多元化、语境化的法治，而且，其认为法律实际上总是意识形态作用的多元化、语境化的结果，因此，法律知识理论在其推论中，在价值论和本体论的两个方向上便是一种虚无论。如果实在要问法律是什么，批判理论只能回答：法律就是无法把握的意识形态。

从法律理论（或法律知识）的性质来看，批判法律理论的批判意识，暗含着否定可客观中立地认识观察法律现象的思路。这一思路，等于否定了客观中立的外在观察者的观点。与德沃金类似，批判学者认为，并不存在客观的“具有识别功能”的标准确定法律是什么，并不存在客观中立的外在观察视角。其相信，任何对“法律是什么”的一般性质的认识解读，都是实践中政治道德“偏见”① 的一种“霸权”要求。德沃金的理论同样如此。“内在参与者的观点并不是无意识的，

① 这里不是贬义意义上使用这个词。

相反，它是司法及法律职业的利益的承载者”①。即使就批判理论本身而言，也是如此。

但是，如果德沃金是从积极方面去对待法律现象的诠释与说明，那么，批判学者是从消极方面对待这样的诠释与说明。德沃金希望用内在参与者的责任姿态解释建构法律的统一性，批判学者强调用实践批评者的责任姿态批评解构法律的统一性。这意味着，在法律理论的层面上，法学家并非要像德沃金的“法官”那样证明法律的正当性，相反，更为重要的是，法学家应在法律的背后揭露隐藏的“歧视与不公”。因为，实践者，不仅包括了法官那样的内在参与者，而且包括了利益被边缘化了的种族、性别、阶层和个人这类批评者。②

在前面第 087 小节，我们指出过，有论者便以为德沃金的内在参与者观点不能有效地面对两种法律：与人们利益冲突的法律和公认的“恶法”。但是，这种观点的目的，在于说明在确定这些法律与人们利益冲突或为“恶法”时，确定者已在先存在一个一般的法律概念。批判法律理论的揭示，在深层方面更为提醒人们注意对这类法律保持清醒的认识和批判的态度，然而，批判理论并不因此赞同一个统一一致的法律概念。

从法律与政治的关系来看，德沃金认为，法律具有解释性质，因此，法律的内容包括具体的法律规则，包括作为具体规则背景“根据”的原则、政策、政治道德准则，而且，包括一般性质的法律理论和政治道德姿态。这是说，“法律实践是一个解释活动，不仅当法律工作者解释具体文件或制定法时是如此，而且当他们对一般性法律进行解

① Alan Hunt, “Law’s Empire or Legal Imperialism? ”, in *Reading Dworkin Critically*, ed. Alan Hunt, Oxford: Berg Publishing, Inc., 1992, p. 26.

② Alan Hunt, *Critical Legal Studies*, New York: B. Blackwell, 1987, p. 10.

释时也是如此。这样设想的法律是一个不折不扣的政治法律。律师和法官，就正常理论的广泛意义来说不可能避免政治学”[①]。但是，“唯一正确的答案”是存在的，因此，法律中的“政治”始终是法律范围之内的政治，也因此，法律始终具有自身的性质与品格。

批判理论认为，真正的法律是意识形态作用的结果，因此，法律的内容包括了相互矛盾、相互争斗的具体规则，包括了这样矛盾斗争而且并非蕴含于法律制度中的原则、政策、政治道德准则，同时，包括了这样矛盾斗争的一般性质的法律理论和政治道德姿态。也因此，法律不存在“唯一正确的答案”，法律中的“政治”始终是法律范围之外的政治，法律，始终并不具有自身的性质与品格。

六、小结

法律“本文”存在内在矛盾，法律“认知”存在内在解构，于是，最终形成的法律内容是不确定的。从法律最终形成的机制上看，这种不确定性的终极根源在于意识形态的“滋扰”与“破坏”。意识形态的概念，在批判法律理论中具有独特的含义。它不是具体的意识观念的内容，而是不断再生这些内容的潜在机制。在其“操纵”下，法律的内容与人们的利益不断分解与组合，法律主体的认知不断地建构与解构。由此，人们便可逻辑地导出“法律总是不确定的”这一结论。这是批判学说的法律本体论。

但是，法律“本文”中的内在矛盾，依赖“读者”的阅读姿态的

① Ronald Dworkin, *A Matter of Principle*, Cambridge: Harvard University Press, 1985, p. 146.

选择，换言之，或许它并不是客观存在的。这一认识论上的困难，即使在批判理论内部便已被批判学者所觉察。法律“认知”中的内在解构，同样存在“读者”姿态的选择。因此，批判理论实际上是在提示一种反向消极的法律理解。此外，内在解构的理论，如果逻辑地贯穿始终，便不能回避解构自我的虚无结论。

批判理论的本意是“批判”，即揭露法律中特权利益（统治阶级意志）的“霸权”，然而意识形态的独特界说和法律不确定的主张，使这一批判遇到了一定的理论障碍。换言之，如果意识形态“操纵”的法律内容的确是不确定的，那么，被批判的“霸权”也许是存在的。在此，批判理论可能处于两难境地：承认意识形态的存在，等于承认了法律不确定性的存在，等于承认了“霸权”指责的不当；反之，承认“霸权”的存在，等于承认了法律确定性的存在，等于承认了部分正统法律理论的正确。因为，这些正统法律理论并不否认法律确定性中存在“霸权”。当然，某些批判学者用“不同利益”的概念，替代了“霸权利益”的概念。

从价值论来看，批判法律理论强调了在法律中应允许各种主张的存在。这实质上是认为，法治要么是不存在的，要么应是多元化的。这是相信法律不确定性的必然结论。这一理论从另一独特角度提醒人们注意，在某些情况下，对“恶法”一类的法律应保持清晰的认识和批评的态度。

但是，这种法治的设想，可能会导致法律本身便是多余的虚无理论。实际上，人们从不认为法律是不必要的。

从知识论来看，主张法律不确定，必然主张法律具体内容的不可知，而法律具体内容不可知意味着一般性质的法律知识是没有意义的。在此，批判法律理论与现实主义法学殊途同归。

相比而言，虽然批判法律理论与现实主义法律理论颇为类似，都认为在法律领域里无法预知法律推论的结果，但是，现实主义法学由于主张而且承认存在统一的政治道德观念的可能性，其在一定程度上承认了在法律之外可以对法律的推论作出预测；而批判法律理论主要持有一种神秘的意识形态理论，这样，即使是在法律之外，人们也无法预测法律结论。因此，批判理论手中的法律怀疑论，要比现实主义法学更为彻底。

在法律与政治的关系上，批判理论与现实主义法学一样，认为法律是政治中的法律，而与德沃金不同，后者认为，就法律语境而论，政治是法律中的政治。

CHAPTER 6

作为地方性知识的法律

凡人就应有凡人的思想，不应有圣人的思想。

——爱比查默

为了避免通常意义的对法律认识的主客观问题，德沃金采用了实践中的内在参与者的观点。而批判理论，尤其是内在参与者的“解构阅读”，为使德沃金内在参与者的观点自动失效，运用了实践者主体背后的复杂意识形态这一概念作为批判策略。在批判理论中，意识形态的分析，目的在于使人们相信法律不存在中心与边缘，法律完全是语境化的。

但是，20 世纪 80 年代后期出现的后现代思潮以为，批判理论中意识形态的分析，实质上应该隐藏着一个更为彻底的推论：人们一般设想的具有自我意志与自我能动性的“主体”实际上是不存在的，因为，自我感受的“主体”最重要之处在于通过语言和意识才能发觉与认识，而且其本身就存在于语言与意识之中，而语言和意识完全是在意识形态的“操纵”下分解与合成的，与所谓的“自我意识”“自我能动”绝无关系。然而，令人不解的是，批判理论并未在此思路上再进一步。

后现代学者相信，如果法律知识只能来自实践中的参与者，只能存在于实践主体的认知中，那么，对参与者的主体性的批判考察对法律是十分重要的，因为人们一般相信的法律知识，极有可能就是构成主体的社会语境本身（用批判学者的话来说就是意识形态“操纵”的内容本身）。

一、法律实践主体的“消亡”

为使抽象问题具体化，我们试举实践例子说明后现代学者的主体

“消亡”的观点。

114. 法律实践者所说的“我们”

1891 年，在麦卡洛克诉马里兰（*McCulloch v. Maryland*）案中，美国最高法院首席大法官马歇尔（John Marshall）在判词中写道：“我们必须永远不要忘记，这是一部我们正在说明的宪法。”[①] 在这句话中，马歇尔将“宪法”一词写成斜体字，强调该词与其他词不同，其具有特殊的重要性。与此相反，作为正在解释的“我们”，“永远不要忘记”的“我们”，则没有这样的重要性。可以看出，“我们”一词在此是理所当然的，无需强调的，而作为客体的宪法才是重要的。如果有什么要思考的，人们便应该阅读“宪法”，“我们”自身无需给予任何的思考。

马歇尔潜藏的意识可能在于：宪法的文本是客观存在的，人们可以对其作出解释说明（即使是主观的解释说明）；但解释的主体即使有些不同，其也是无可置疑的主体。

现在，采用德沃金的内在参与者的观点来看问题。人们可以认为：像马歇尔那样的法律实践者不仅具有具体的法律观点，一般的法律观念，而且具有积极确证的责任姿态。在这种情况下，马歇尔将会把通常的具体明确法律制度当作一种客观存在，而其本身作为观察主体同样是无可置疑的。不仅如此，这一主体在意识之中具有自由意志，可以提出“属于自己”的观点、观念和理论，并对法律制度作出正当性的确证解释。

---

① 17 U.S. (4 Wheat.) 316 (1819) .

115. “主体”（如“我”“我们”）观念的实际构成

美国法学家希莱格（Pierre Schlag）以为，所有法律思考的关键即在这里。人们不应像马歇尔那样将重点放在“宪法”或一般法律现象上，而应将重点放在解释宪法及法律现象的“主体”上。换言之，在上述判词中应将“我们”一词而非“宪法”一词，写成斜体字以示强调。只有说清作为“主体”的“我们”是什么，是否真实存在，才能知道被“主体”解说的或从中体现出来的具体法律知识和一般法律知识是什么。

希莱格指出，在语言中，“主体”时常体现为“我们认为法律是什么……”，“我认为法律是什么……”，或者体现为一种“抽象主体”（transcendental subject）的表述“法律是什么……”。前者明确表示自己作为主体的存在，后者则以一种隐蔽的貌似客观的方式表示主体存在。所有的法律理论包括正统自由主义法学、现实主义法学与批判法学，均以这种明示或默示“主体”存在的方式来议论法律。它们将主体设想为具有自由意志并自足的主体。① 但是，“主体”实际上是不存在的。人们明示或默示的“主体”完全是由社会、历史、文化和语言构成的。这种构成，是一种批判理论本应点出的“形成政治学”。② 美国学者汕克（Peter Schanck）指出：“从后现代观点来看，所有思想都是以概念和观念为基础的，而这些概念和观念是先前从主体的环境中吸收而来的。”③ 人们自己意识的“自我”这一概念同样如此。“设想

---

① Pierre Schlag, “The Problem of the Subject”, *Texas Law Review*, 69 (1991), p. 1634.

② Pierre Schlag, “The Problem of the Subject”, *Texas Law Review*, 69 (1991), p. 1742.

③ Peter Schanck, “Understanding Postmodern Thought and Its Implications for Statutory Interpretation”, *Southern California Law Review*, 65 (1992), p. 2516.

一下，在没有参考你的基础即汇集起来但非你创造的思想、展望、预设、前提及其合成时，情况将会怎样。这当然是不可想象的。反之，材料的接收者是语言建构和形成的。而且设想一下，在没有使用语言的情况下如何思考……在某种意义上，我们都是语词和通过人类悠久历史建构的语词类型的束缚者。与这些语词和结构相联系的意义本身便是通过历史的过程而形成的，因而是社会文化建构的。”①澳大利亚学者戴维斯（Margaret Davies）说：“主体不可能简单地是一个外在的观察者，因为他（她）已经被束缚于语言和思想中。”②英国学者杜兹纳（Costas Douzinas）、沃灵顿（Ronnie Warrington）和麦克维（Shaun McVeigh），同样主张具有创造作用的作者和占据历史中心位置的主体的消亡，“本文和传统承载着我们所具有的全部资源”③。

希莱格尤为指出：“在我们所处的以赞颂差异和高扬多元为标志的后现代环境中，不可能忽视主体问题呈现的差异。”④

在此应注意，后现代法学理论不是否认作为自然有血有肉的人的存在，而是从“知识”的角度来分析人类意识中“主体”及其知识的构成。可以以为，其理论的要点在于：法律知识不存在“人们自己认为”的法律知识，这种知识实质上是社会文化历史中的知识的不断整合与分

---

① Peter Schanck, “Understanding Postmodern Thought and Its Implications for Statutory Interpretation”, *Southern California Law Review*, 65 (1992), p. 2516.

② Margaret Davies, *Asking The Law Question*, Sydney: The Law Book Company Ltd., 1994, p. 248.

③ Warrington Douzinas, Costas Douzinas, Ronnie Warrington and Shaun McVeigh, *Postmodern Jurisprudence: The Law of Text in the Texts of Law*, New York: Routledge, 1991, pp. 28, 126.

④ Pierre Schlag, “The Problem of the Subject”, *Texas Law Review*, 69 (1991), p. 1630.

离，假定“主体”的存在，假定主体可以具有“自由意志”并在自由意志驱使下把握或创新法律知识，是一种十分虚幻的自我中心论。

116. 主体“消亡”论的理论来源

法律实践主体“消亡”论主要来自法国哲学家列奥塔（Jean-François Lyotard）的理论和拉康（Jacques Lacan）的“主体死亡论”。列奥塔说：“自我并不等于许多，但没有一个自我是孤岛；每个自我都存在于一个关系网络里，这个网络现在比过去任何时候都更复杂更流动。无论是年轻人或老年人，男人或女人，富人或穷人，总是被置于具体交往环流的‘节点’上，不管这些节点多么微小。这样说更好：一个人总是被置于一个各类信息通过的传递站。”[①]

拉康以为，在人的主体发展中存在一个早期“对镜阶段”，在这个阶段中，儿童开始在镜中认识自我意象，不断企图向自己和他者表现自我，而且不断思考如何控制自我身体。正是在镜中，儿童将自己的身体塑造成统一的整体，并以为真正的自己可以控制镜中的意象“自我”。这便出现了主体意识经验和自我身体意象的逐渐分离，出现了意识经验中的主体总想把握镜中的意象自我的感受。[②] 更为重要的是，当自我进入语言后，自我总想用陈述中的主体即语言中的“我”去反映真正的主体即使用语言的“我”。这就如同儿童在“对镜阶段”想用经验中的自我把握意象中的自我。但是，语言只能表现陈述中的主体。而且，根据索绪尔（Ferdinand de Saussure）的语言学，语言中的意义是由能指之间的关系来确定的，它不存在于所

---

① Jean-François Lyotard, *Postmodern Condition: A Report of On Knowledge*, Minneapolis: University of Minnesota Press, 1984, p. 15.

② Jacques Lacan, *Ecrits: A Selection*, London: Tavistock, 1977, pp. 1-7.

指之中。[1]于是，一方面，主体的自我确认只能通过语言来实现，这种主体从来不能与意象中假定的自我等同起来；另一方面，主体的自我只能在能指的关系（或者说是“话语网络”、语言语境）中被发现。也因此，在有“我”出现的陈述句子中，意象假定的“我”总是“缺席的”（即不存在）。这个缺席的自我也是潜意识中的欲望自我，它在暗中驱使语言意义中的“我”，并驱使语言意义的不断流动。[2]

此外，福科的权力知识理论对后现代法律理论也有影响。在福科那里，“权力”不是政治意义上的权力，而是像意义一样在语言之中“环绕”的某种东西。福科说：“权力不被视为一个个人对他人的牢固同一的统治现象，或者一个组织、阶级对另一组织或阶级的统治现象。相反，人们应该记住：如果不站在远地方来观察，则权力便不是一种区别专有把持它的人与没有但却服从它的人的东西。权力必须分析为某种环流的东西，或者某种以链条方式发挥作用的东西……权力是通过类似网络的组织来运作的。”[3]而且，“事实上，最终被界定为个人的某些机体、姿态、话语、欲望已经是权力的一个基本效应……权力构成的个人同时是权力的载体”[4]。

117. 主体提出的“理论”的实质

法律主体消亡论的目的在于指出，以往一切法律理论的出发点是

---

① Jacques Lacan, *Ecrits: A Selection*, London: Tavistock, 1977, pp. 146–178.

② Jacques Lacan, *Ecrits: A Selection*, London: Tavistock, 1977, pp. 292–325.

③ Michel Foucault, *Power/Knowledge: Selected Interviews and Other Writings*, ed. Colin Gordon, Brighton: Harvester Press, 1980, pp. 93–102.

④ Michel Foucault, *Power/Knowledge: Selected Interviews and Other Writings*, ed. Colin Gordon, Brighton: Harvester Press, 1980, pp. 93–102.

错误的，它们假设了一个并不存在的“法律主体”，并误认为这个法律主体可以具有“自由意志”地分析认识法律现象，获得法律知识。从意识的构成中，人们可以发现这样的法律主体其实并不存在。因此，不仅像分析法学、现实主义法学和哈特那样的外在观察者的观点不能成立，而且像德沃金的内在参与者的观点和某些批判法学理论的实践批评者的观点，同样不能成立。它们实际上是将社会历史文化语境中的不同组合分离的法律现象呈现给他人。

外在观察者的观点是不折不扣的“虚假客观论”。它相信，自身观点可以客观地反映法律现象。内在参与者的观点是一种较为强烈的“自由意志论”。它以为，有责任这样而非那样解释法律现象。但是，知识“总是由我们的社会、文化、语言和历史境遇传递的。因此，有关现实的知识对我们永远不是透明的；它总是社会建构的，并在交流系统的语言传递之中变得模糊不清。而语言传递本身从来就不能把握现实。有关现实的知识包括有关法理、法律原则和法律解释的‘知识’，它们都是社会建构的”①。因此，外在观察者的观点和内在参与者的观点，实际上都是一种没有自我觉察的“权力”话语，它们均未意识到，认知“主体”实际上是虚幻的。

在批判法学那里，后现代哲学家如德里达和福科的理论虽有一定的影响，但是，批判理论并未彻底贯彻他们的解构理论和“权力”话语理论。批判理论像以往理论一样，假设了一个“自由意志”和“具有理性”的法律主体。这个主体可以在法律现象中分析出矛盾，可以批判法律适用中的意识形态倾向。然而，根据后现代法律理论，这种

---

① Peter Schanck, “Understanding Postmodern Thought and Its Implications for Statutory Interpretation”, *Southern California Law Review*, 65 (1992), pp. 2509-2510.

具有自觉批判意识的“主体”是不存在的。因此，批判理论仍然是一种不能自我控制的“权力”话语，其仍未意识到，认知“主体”是虚幻的。批判理论“主要来自政治议事的动机，而非来自系统发展后现代理论的愿望。它们会适用后现代概念作为工具达到自己的政治目的，当这些概念适合它们的计划时，批判学者愿意与其保持同谋关系。在实践中，批判法学的倡导者攻击它们的传统主流的对立面，因为对立面没有认识到自己的原则和学说是一定条件下的语言建构和社会建构，但是，这种后现代攻击的对象并不包括它们自身推论和概念化”①。因此，“批判法律理论实际上是一种倒转的自由主义理论”②。

与此相反，后现代法律理论彻底贯彻了解构理论和“权力”话语理论。其不仅可以将论说指向其他理论，而且可以将论说指向自我。就理论的性质而言，其不仅说明其他理论是“权力”话语，而且承认自我亦是“权力”话语，承认自我是不存在自由意志的理性的“主体”。

118. 知识进步・知识异同・主体存在

从阐释学的角度来看，在后现代法律理论中，除了“本文”（社会知识的存在）之外什么都不存在，因为，“读者”的阅读本身便是“本文”的再现，解释便是“本文”的自我解释。人们通常所认为的“法律是什么”或法律知识，不过是人们意识语言中的社会、文化、历史

---

① Peter Schanck, “Understanding Postmodern Thought and Its Implications for Statutory Interpretation”, *Southern California Law Review*, 65 (1992), pp.2596–2597. 巴尔金自己也承认这对批判法学理论的立场是一个致命的弱点。Jack Balkin, “Ideology as Constraint”, *Stanford Law Review*, 43 (1991), pp. 1133, 1137.

② Pierre Schlag, “The Problem of the Subject”, *Texas Law Review*, 69 (1991), p. 1688.

的折射反映。不仅马歇尔认为的“宪法”是一种社会、文化、历史的展示，而且他所作出的宪法解释同样是这种展示。在这里不可能存在“我认为……”的问题，一切都是语境中的社会、历史和文化。于是，所有的法律知识不过是社会历史文化中的法律知识的不断重复与组合，法律知识绝无实质性的进步。不论现当代社会具有怎样的法律知识，人们都可以在其中发现原有的社会历史文化中的内容与要素。

但是，人们可以认为，现代某些法律知识，并非一定是以前法律历史中存在过的知识。比如，民事侵权法中的无过错责任原则，经济法中的股票金融制度，在其出现之前的历史之中并不存在。它们可以说是法律知识发展中的实质性进步，因为在过去的法律知识中，人们不能发现这些知识的内容与要素。如果承认这些知识具有实质性的进步，那么反过来似乎就不能否认具有一定自由意志与创造意志的主体的存在。

另一方面，主体“消亡”论不能说明一个问题：如果“主体”是不存在的，那么为什么在相同环境中有时会出现不同的“理解内容”（即法律知识），而在不同环境中有时会出现相同的“理解内容”？比如对宪法的解释，美国历史上的不同法官就曾在相同环境中对其作出不同的解释，而在不同环境中作出相同的解释。尤其在后一种情况中，问题更显突出。

对于知识是否存在进步，可以想象，后现代法律理论会以解构的方式认为，早在古罗马便已存在公平原则和合理注意原则，无过错原则实际上是这些原则的重新分解与组合；而在古罗马存在的法人概念和合作概念，便具有股票金融制度的基本要素。因此，不能认为两种法律知识是一种实质性的进步。而且，后现代法律理论可以重复表明，人们不能否认，主体意识本身是已然存在的社会性语言构成的，在这种情况下，逻辑上便可表明“实质性进步”的认识本身是没有根基的。

对于知识异同的问题，后现代法学理论可以这样辩解：严格地说，任何语境（或环境）都是不同的，因为语境包含了社会文化和历史多种维度的“格栅”，在不同人的意识中设想一致的语境本身就是错误的。人们之间的不同“理解内容”，实际上是社会语境的知识的不同组合和分类。另一方面，部分后现代法学理论以为，人类不仅具有意识，而且具有潜意识，潜意识不同于意识，它在暗中不知不觉地影响人类的意识及其结构，使其时常会出现“理解内容”的不同与差异。最为重要的是，在语言之中存在一种有别于政治权力含义的“权力”话语，它们在各种语境中环流不息，对我们的意识发挥着潜在的作用。① 因此，“相同环境不同理解内容”的设想，是不能成立的。至于不同环境相同理解的问题，后现代法律理论可以指出，由于所处语境的不同，所谓的“相同理解”实际上仍是不同内涵的理解。如果马歇尔和另一时期的法官都认为，宪法是面向社会需要的，那么，他们表示的内涵仍是不同的，因为，马歇尔可能将社会需要视为经济利益的需求，而后者可能将其视为政治变革的要求。在美国宪法史上，的确可以看到不同法官具有同样的理解表述，但却有不同的内涵意思。

就此而言，从知识本身是否存在进步以及知识本身的异同来批评主体“消亡”论，似乎是不能成功的。

119. 道德判断 · 主体存在

但是，后现代理论否认自足的自由意志的主体存在，必然导致否

① Margaret Davies, *Asking The Law Question*, Sydney: The Law Book Company Ltd., 1994, p. 254.

定法律的“理性”存在，否认通常认为的法律主体可以判断法律中的“对错”问题。这样，如果人与人之间要探讨谁是谁非，这本身就是没有意义的。汕克便以为：“如果主体是由社会、文化、历史和语言构成的，那么在逻辑上就应得出这样的结论：没有方法可以判断有关事物性质的主张的对错。除非运用由社会及语言构成的假设，否则人们本身不能质问自己的思想和他人的陈说。因此，不存在我们可以保持沉默以确定任何陈说的真理价值的客观中立的立场……这就是后现代认识论或知识论。”①

然而，在法律领域中，理性的“是非”判断问题似乎是不能回避的。法律中的“是非”判断，有时不仅会决定人们一般的权利与义务，而且会决定人们的生与死。对于掌握法律权力的法律适用者，当面对某人将另一人无故杀害，他是否可以认为：有罪无罪都是可以的，因为我们不存在一个是非判断标准？显然，法律适用者不应而且也不会这样认为。作为法律适用者，其责任便在于理性判断法律中的“是非”问题，而判断是非的责任问题与人们的精神意志有着密切联系。此外，当面对公认的“恶法”时，人们同样不能而且也不会认为，不存在标准理性地判断“是善是恶”。这里同样表明，判断是非的责任问题与人们的精神意志有着密切联系。如果这一事实上的推论可以成立，那么，在另一方面我们似乎便不能认为，在精神意志中除了神秘的“权力”和潜意识的影响之外，没有深刻的道德动机。人的主体性法律知识也许是后现代式的，但人的道德动机同样可能是真实的，人时常会感到道德约束的真实存在。

---

① Peter Schanck, “Understanding Postmodern Thought and Its Implications for Statutory Interpretation”, *Southern California Law Review*, 65 (1992), p. 2517.

后现代法律理论可以认为，主张人们感受到的道德动机是本身固有的，这是一种康德式的道德形而上学假设，其本身完全是虚构的。然而人们可以反问："权力"和潜意识同样是由人感受到的，为何只有感受到的"权力"和潜意识才可以存在？其实，后现代理论如果坚持自己感受是真实的，便应同时承认他人感受的真实性，否则，其本身便是一种自己欲在颠覆的形而上学。

这样，当一名法官如马歇尔写出"我们必须永远不要忘记，这是一部我们正在说明的宪法"时，我们不仅可以思考他的主体性知识，而且可以思考他的"人"的道德责任，进而承认他的主体性。

二、法律知识的"地方性"

如果作为认识论的法律主体是不存在的，一切法律知识不过是社会历史文化中的法律现象的不断整合与分离，那么，"法律是什么"的问题，只能是不同意识中的"法律知识"的不同整合与分离的问题。

120. 法律知识的"地方性"（local）

美国学者布拉姆莱（Nicholas Blomley）说："隐蔽在法律理论和法律实践中的是一系列政治、社会和经济生活的不断重现或'地方志'。用同一种方式来说，法律以各种形式依赖于有关历史的主张，所以它既界定又依赖一系列复杂的地方志和区域理解。"[①] 美国学者桑托斯（Boaventura de Santos）认为：法律世界"就是在我们头脑和行为中添

---

① Nicholas Blomley, *Law, Space, and the Geographies of Power*, New York: The Guilford Press, 1994, p. xi.

加、渗透、混合的不同法律空间的世界。我们的法律生活，是由不同法律秩序的交叉片断即交叉法域构成的”[①]。戴维斯认为：“法律……通过许多层次、对许多人、通过许多人发挥不同作用……警察的活动、受害者的处境、法院发生的事件、家庭分离的经历、法学院的说教、法律工作者的咨询、法学会的工作等，所有这些作为法律体系的层次和空间而存在，可以作为地方性的话语来研究和描述。”[②]“像‘自我’经验法律一样，我们存在于各种‘节点’或支撑物上，每天从各种各样的权威、制度和其他法律知识的影响来接收各种类型的信息。”[③]“法律的‘意义’不仅通过法官和立法者的宣告而产生，而且通过复杂的不可全部描述的话语网络和权力关系而产生，这些网络和关系包括法官的社会背景、流行的社会价值、学术与实践网络之间的区别和联系的要点、警察的运作和其他制度。”[④]

汕克指出：“后现代主义者总是将知识设想为偶然的，总是依赖于语境，而且总是‘地方性的’而非‘普遍性的’。”[⑤]

这意味着，如果想要知道法律是什么，便应在“地方化”的语境中理解法律的具体内容。不论人们是否承认，无论是一般性的法律概念还是具体性的法律知识，都将不可避免地“地方化”。如果马歇尔说

① Boaventura de Santos, "Law: A Map of Misreading", *Journal of Law and Society*, 14 (1987), pp. 297-298.

② Margaret Davies, *Asking The Law Question*, Sydney: The Law Book Company Ltd., 1994, p. 228.

③ Margaret Davies, *Asking The Law Question*, Sydney: The Law Book Company Ltd., 1994, p. 228.

④ Margaret Davies, *Asking The Law Question*, Sydney: The Law Book Company Ltd., 1994, p. 264.

⑤ Peter Schanck, "Understanding Postmodern Thought and Its Implications for Statutory Interpretation", *Southern California Law Review*, 65 (1992), p. 2510.

宪法是什么，那么其他人的观念肯定与其不同。即使他们都认为，在马伯里诉麦迪逊（*Marbury v. Madison*）案中宪法没有给美国联邦最高法院有关任职问题的初审权，[①] 他们的法律知识也是“地方化的”，因为他们的知识内含是不同的。

121. 后现代社会・权力／知识・话语・逻辑中心的解构

法律的地方性知识的观念，与“后现代社会条件”的认同观念有着密切联系。杜兹纳、沃灵顿和麦克维指出：“制定法、委托立法、行政立法及裁决、司法及准司法判决的千奇百怪，制度和人事机构的多种形式，争议避免及解决的方法多元形式，无论如何不可能被一致的封闭的规则或价值的整体所统一。法律语言游戏不断扩散，不可能被视为公共的善、一般意志、主权者愿望或某种统一原则体系的体现。后现代性的条件注定消除了法律统一性和不同之间的妥协的可能性……”[②]

另一方面，法律的地方性知识的观念与福科的权力／知识理论和德里达的解构逻辑中心论有着密切联系。福科以为：“我们应该承认……权力产生知识（不是因为知识服务于权力故简单地用鼓励其的形式，或者因为知识有用故运用它）；权力和知识相互暗含着；不存在没有地域知识的相互联系的权力关系，也不存在未同时预设并构成权力关系的知识……认知主体、被认知的客体和知识形态，必须被视为

---

① 1 Cranch 137 (1803) .

② Warrington Douzinas, Costas Douzinas, Ronnie Warrington and Shaun McVeigh, *Postmodern Jurisprudence: The Law of Text in the Texts of Law*, New York: Routledge, 1991, p. 27.

众多权力/知识及其历史转换的基本内涵的结果。”[①] 福科相信，18 世纪以来，国家权力已逐渐被“学科权力”（discipline power）所替代。在现代，“学科权力”是主导形式，它存在于学校、医院、监狱、家庭、工厂、学会等学科格栅之中。国家权力以主权者理论为基础，是一种一方得益他方损益的权力。其组织形式是集中化，运转方式是自上而下。它依赖力量的、服从的、约束的话语。与此相反，学科权力没有中心，它通过社会运转，其作用是零碎的、细微的。它从下而上发挥作用，以规范化和标准化的学科话语为基础。现代社会表明，“正是在话语中权力和知识被结合在一起了……我们不必设想一个话语世界，其中分为被接受的话语和被拒绝的话语，或分为统治话语和被统治话语；而应将其设想为可以用各种策略发挥作用的复杂话语因素……话语既可以是权力的工具，也可以是其结果……话语传递并产生权力，它加强权力但又削弱并揭露权力，使其虚弱并使挫败其成为可能”[②]。

德里达认为，语词概念相互之间存在“踪迹”关系，由语词概念形成的观念思想之间同样存在“踪迹”关系。而且，尤为重要的是，在踪迹关系中可以看出不同观念思想之间不存在谁为基本谁为次要的问题，它们之间是相互依赖的关系。[③] 这样，以往理论思考设想的观念的“逻辑中心”，便是不存在的。

法律地方性知识观念的目的，是要打破以往主流法律理论的法

---

① Michel Foucault, “Nietzsche, Genealogy, History”, in *Language: Counter-memory, Practice*, ed. D. F. Bouchard, Ithaca, New York: Cornell University Press, 1977, pp. 27–28.

② Michel Foucault, *The History of Sexuality Vol.1: An Introduction*, translated by Robert Hurley, New York: Random House, 1978, p. 101.

③ 参见前第 103 小节。

律知识统一性的观念。在这些法律理论中，从分析法学和哈特的外在观察者的角度来看，法律内容的一致性可以通过一个基本的“识别功能”的标准来确定，由此，人们可以获得一个统一的法律知识；从德沃金的内在参与者的角度来看，在建构性解释中，解释者可以获得一个唯一正确的法律答案，法律知识从而可以在新的意义上具有统一性。地方性知识的思想，是要摧毁这样一种企图。布拉姆莱说：法律知识的地方性“是对法律客观性、整体性和稳定性的潜在颠覆”①。杜兹纳、沃灵顿和麦克维以为：“现代性的正统法理学建构这些理论，即将法律塑造为一致性的规则体或原则体，或主权者意志表达和意图的统一体……其主导策略是试图将法律本文编织成一个唯一的无裂痕的面纱，其中不断产生、环流和重复权威的平衡的类型。”②而后现代法律理论“挫败所有为说明社会现象而建立宏大、整体理论的企图。它拒绝接受这样一种观念，即‘在那里’存在一个‘真实的’完善构成的完全一致的世界或法律制度等待理论去发现。它讲述一个有关我们生活和世界的小范围的、地方性的、开放的故事”③。“后现代法理学的任务就是解构法律本文中的逻辑

① Nicholas Blomley, *Law, Space, and the Geographies of Power*, New York: The Guilford Press, 1994, p. xii.

② Warrington Douzinas, Costas Douzinas, Ronnie Warrington and Shaun McVeigh, *Postmodern Jurisprudence: The Law of Text in the Texts of Law*, New York: Routledge, 1991, pp. ix–x.

③ Warrington Douzinas, Costas Douzinas, Ronnie Warrington and Shaun McVeigh, *Postmodern Jurisprudence: The Law of Text in the Texts of Law*, New York: Routledge, 1991, p. x.

中心。”①

或许有人会说，作为一种有说服力的法律理论，至少应该可以说明大多数的法律现象。而后现代法律理论，由于强调后现代社会条件，从而也只能是说明后现代社会的法律现象。社会存在现代社会和前现代社会，在这些社会中，法律也许并不具有后现代性。但是，后现代法律理论仍然可以认为，这种批评本身就是错误的，因为，人们只能在一定的语境中来谈论法律理论。现在的语境毕竟是后现代的语境，这种语境中的后现代理论不会、不想也不可能去说明现代社会和前现代社会的语境。而且，最为重要的是，后现代语境中的理论根本不可能超越后现代条件，不论何种理论都是如此。想寻找一种时间空间都无限的理论，本身便是自我矛盾的，也是徒劳的。它将更为不能说明当下的法律现象。

122. 法律的地方性 · 法律的不确定性

然而，语境中的地方性法律知识的概念，表明后现代法律理论并不否认一定范围内的法律知识的存在与确定。这种知识是微型的、片断的，但它同样是可以发现可以明确的。显然，这与现实主义法学和批判法学存在重要区别。在后两者看来，无论在宏观上还是微观上，法律知识都是无法发现无法明确的。因此，后现代法律理论在强调法律知识的地方性时，承认了法律确定性的地方性。

可以认为，这种知识和确定性的理解，与否认自由意志的“主体”存在的观念有着重要联系。如果“主体”是不存在的，形成“主体自

---

① Warrington Douzinas, Costas Douzinas, Ronnie Warrington and Shaun McVeigh, *Postmodern Jurisprudence: The Law of Text in the Texts of Law*, New York: Routledge, 1991, p. 27.

我”的意识本身便是语言知识的构成，那么，当然不存在自由意志“主体”对“本文”恣意妄为，从而使“本文”成为纯粹的主观理解的问题。构成法律知识的“本文”，因而本身保持了自身的语境化和地方性，从而保持了特定范围内的确定性。

在现实主义法学和批判法学中，主体是存在的，并且或多（现实主义法学）或少（批判理论）可以对“本文”进行恣意理解与说明。因此，在主体复杂多样的理解说明中，本文终究成了主体自由意志的囊中之物，法律知识因而是不可捉摸的，从而不具有任何的确定性。

当然，在批判法律理论中，主体也并非具有完全的自由意志，因为，在其之后存在神秘的意识形态统治机制。主体总会在意识形态的“操纵”下提出对“本文”的理解与说明。但是，意识形态的概念，在某些方面不同于后现代理论有时依赖的福科的“学科权力／知识”的概念。前者是一种不断再现“想象关系”的机制，本身并不存在特定范围的确定性，后者则是“专业性”的和“区域性”的，本身存在特定范围的一定确定性。因此，在另一方面，意识形态又可使具有一定自由意志的主体更为不确定性地理解说明本文，而“学科权力／知识”，本身便地方性地相对固定了意识中的知识状态。

123. “地方性”法律知识 · 法律的权威 · 自我解构

在地方性法律知识的概念中，后现代法律理论的逻辑推论是：一切法律知识，不论是一般性质的还是具体性质的，都是当下的法律知识，无一是永恒超验的。于是，没有一个法律知识可以站在他者之上自称唯一正确，没有一个法律知识，可以作为一个最终评判标准声称谁是法律。一切法律知识都是相对而言的。因此，并不存在法律的统一性权威。

然而，如果法律是“地方性的”，那么它在“这个地方”是否有权威？后现代法律理论可能会回答：当然有权威。既然是有权威，这便表明它在该地方有一定的普遍性。而如果是这样，后现代地方性知识理论将面临一个十分严重的问题：权威普遍性的范围究竟有多广？在这个地方之内有无“统一性”的权威？如果有一定范围而且有一定权威，那么，根据自己理论对正统法律理论的解构方法，必然得出没有一定范围和权威的相反结论。因为，“地方性”是一个相对的概念，人们既可将一个很大的区域叫作一个“地方”，也可将一个很小的区域叫作一个“地方”，而且可以无限地用解构的方法将“地方”化小（学科专业也面临同样问题），直至不存在一个范围，从而使“地方性”的法律权威不存在。

这表明，如果后现代法律理论是前后一致的，“地方性法律知识”的概念则只能是一个自我颠覆的概念。其实，从某一个角度来看，原初正统的法律理论大多也是“地方性”的概念。因为，它们时常是在一个国家之内来分析法律的权威。只是这个“地方”似乎大于后现代法律理论的“地方”。既然如此，人们可以认为，后现代法律理论实际上是一种“缩小”了的现代理论，前者与后者就法律权威的范围而言，只有程度大小的区别，而没有实质有无的区别。因此也可以认为，后现代理论在理论层面上，并没有像其自己想象的那样彻底摧毁了正统的法律理论。如果认为正统理论的法律知识说是武断的，那么其理论同样是武断的。它武断地要求：“地方”分到一定程度便要停止，“知识”地方化到一定程度便要打住。

人们可以发现，很多后现代法学家主张研究一定范围的地方法、区域法，但同时可以发现，他们并未给出理由说明为何到这一层次便应停止。如果某人问一个国家的法律是什么，按照后现代理论，这个问题本身的问法是不对的，而应问这个国家里面的一个地方的法律是什么。可是，某人可以依这种方法说：问一个地方的法律是什么同样是不对的，人们只能问这个地方里面的更小的地方的法律是什么。可以看出，这样的问题可以无限追问下去。换言之，只要开始这种“解构”，任何人就没有理由在一个地方停止。

这就是后现代法律理论面临的自我解构的难题。

当然，后现代理论可以继续彻底地贯彻解构理论：将“地方”无限缩小。但是如果无限缩小，将根本不存在任何知识的问题。知识不断缩小的具体结果只能没有任何知识。因为，人们所说的知识一定是在一定范围之内有效的东西。后现代法律理论本身也是不否认这一点的。

124. 后现代认同 · 姿态选择

对于当下法律社会是否存在后现代法律理论所说的“后现代性”，人们也是可以争论的。

后现代法律理论相信，进入后工业社会以后，法律社会的方方面面呈现出与以往颇为不同的地方化和多元化。但是，人们可以发现，一方面，法律社会中的法律科层仍然主要是在法律的统一下传递发布“法律是什么”的知识，大量简易案件的存在，大量法律文件没有障碍的统一实施，便已说明这一点。而且，那些委托立法和行政立法，也时常是在较为一般的法律原则的约束下展开的。另一方面，即使在法律历史过程中，后现代法律理论强调的那些“后现代性”境况，其中许多便是早已出现过的。比如，法律解释的多样性和司法判例“被区别”的多样性。这些状况表明，后现代法律理论似乎仅看到并仅强调了法律社会中的某些方面。

可以这样认为，后现代法律理论找出多少“后现代性”的法律状态，持有另一种观点的理论也可找出同样多的“现代性”法律状态。如果是这样，如何看待法律现状及用何种理论对其作出解释，在很大程度上，便依赖观察者与解释者的知识状态和姿态选择。即使以后现代法律理论自身理论来理解，在这种条件下，人们亦可认为观察者与解释者的主体知识语境化（即有时在现代性法律语境中，有时在后现代法律语境中），可以使某些人作出“后现代性”解释，也可使某些人作出“现代性”解释。

125. 法律政治学·统治阶层的“霸权”

与批判法律理论类似，后现代法律理论提出地方性法律知识的概念，目的也在于提出法律的多元化，也在于释放被主流法律理论边缘化了的主张与利益，并希望所有法律知识都可以平等地存在，而一个开放的社会必须允许这种多元的存在。就此而言，地方性法律知识论的描述，同样出于一定的政治策略。

希莱格便以为，“主体”概念及地方性法律知识的形成过程本身就是一种“政治形成”，这种形成本身就是一种政治学。[①] 桑托斯说：在地方性的法律知识之间的选择，是“促进某些类型的利益和争论的表达，压制其他类型的利益和争论的表达”[②]。所以，在后现代法律理论来看，“法理学走向后现代是为了恢复并重塑其对社会及理性的多

---

① Pierre Schlag, “The Problem of the Subject”, *Texas Law Review*, 69 (1991), p. 1742.

② Boaventura de Santos, “Law: A Map of Misreading”, *Journal of Law and Society*, 14 (1987), p. 297.

元和开放的追求”[1]。

但是，在后现代法律理论中，并不存在一种对统治阶层的法律“霸权”的指责与揭露。某些批判理论学者，为贯彻“批判”的初衷与主旨，强调在法律之中存在一个“政治阶级霸权”的分析与批判。这样，批判理论有时暗含了“被批判揭露”的法律霸权是错误的，而其主张的新的利益是正确的这样一种结论。而这一结论，在后现代理论之中已被视为“缺乏自我反省自我警惕”。因此，杜兹纳、沃灵顿和麦克维以为，“后现代法理学恰恰不是一个意识形态（统治阶层霸权意义上的）的批判”[2]。

就法律的特性而言，如果后现代法律理论相信法律的“地方性”，从而主张法律的多元性，那么，在“地方性”概念中出现的内在自我解构（即可以不断“地方化”）困难，便同样可能使多元化主张成为“法律本身不应存在”的一种虚无主张。因为，只要坚持“地方化”，便没有理由在一个“地方”停止，这一不断解构的结果，使法律一定范围内的普遍性和权威性必然彻底消失。

三、小结

在法律本体论上，后现代法律理论主张，法律是“地方性”的、

① Warrington Douzinas, Costas Douzinas, Ronnie Warrington and Shaun McVeigh, *Postmodern Jurisprudence: The Law of Text in the Texts of Law*, New York: Routledge, 1991, p. 28.

② Warrington Douzinas, Costas Douzinas, Ronnie Warrington and Shaun McVeigh, *Postmodern Jurisprudence: The Law of Text in the Texts of Law*, New York: Routledge, 1991, p. 28.

“区域性”的。在这样的法律景观中，并不存在法律的统一性和中心性。因为，所有法律都是特定语境中的法律，不仅从理论上看是如此，而且从现实法律的后现代性上看，也是如此。然而，没有统一性和中心性，并不意味法律在任何条件下均没有确定性。在特定的“地方”和“区域”中，法律表现了特定的确定性。

就“地方化”而言，后现代法律理论的本体论不能回避一个理论困难：在地方化之后的“地方”和“区域”中，仍然可以继续“地方化”，而这一推论的逻辑结局只能导致地方性法律的不存在。后现代法律理论始终强调法律是“地方性”的，但也因此始终无法说明，为何地方化到一定程度便应停止。另一方面，“地方化”观念以现实法律的后现代性为依据。然而，对现实的解读并未表明法律仅具有后现代性。在此，后现代法律理论同样展示了一个姿态选择。

在法律价值论上，法律的“地方性”本身便表明法律的多元性，因此，应允许各种法律理解的存在。后现代法律理论在此实际上要求法律过程中的利益再调整。但是，从“地方性”的法律本体论中，“地方化与多元化”的价值要求的推论，可能导致彻底的法律虚无结论。这一结论，后现代法律理论本身也是希望不存在的。

在法律知识论上，以往理论认为的法律“主体”的意识，本身便是社会现实语言与知识的一种表现，“主体”观念本身，便是一种社会构成。这样，自由意志的主体“我或我们”是不存在的，主体自觉的认知从而同样是不存在的。也由此，以往法律理论所说的法律知识，事实上是社会已存在的法律知识的不断组合与分离，其背后，则是人们可以感受到的“权力”或“潜意识”。

但是，人们毕竟可以感受到某种深刻的道德要求，正如同人们可以感受“权力”与“潜意识”的存在一样。于是，法律主体的自由意志与自我意识，不能完全认为是不存在的。法律知识，在此意义上便不能离开自我意识的道德认识的理解。

与现代主义法学和批判法学对比，如果认为前者是彻底的法律怀疑论，那么，后现代法律理论是有限度的法律怀疑论。而与批判法学相对照，批判理论的前提是认为法律中存在“对与错”，而后现代理论否认这一点。但是，就多元化的主张而言，两者存在亲缘关系。

在整体上，后现代法律理论消解了现实主义法学、哈特的法律理论、德沃金的法律理论和批判法学的主体认知论，即认为法律存在于主体的认知中。后现代理论以为，法律从始至终都是一种自在自为的“本文”，其中，不存在主体的自我意志的因素。

CHAPTER 7

需求对话中的法律

你现在需要什么?

——乌比克

德沃金的理论和批判法学理论虽然在出发点和策略方面存在很大的不同，但是，它们在一点上有着共同之处：或多或少承认法律实践主体的自由意志的存在。它们都存在现实的要求：要么积极地理解法律，要么消极地理解法律。这种要求显然具有内在的社会建构动机。后现代法律理论则将批判法律理论的解构方面更进一步推演，将具有自由意志的“主体”彻底清除，从而只留下了没有意识的、毫无生命的“本文”。后现代法律理论坚信，法律主体的消失和法律知识的地方化，是德里达名言的必然结果：“本文之外别无他物。”于是，在其理论中，由语言构成的“主体”不可能存在内在的社会建构动机，无论具有何种想法与动机，都仅仅是通过无生命的语言表现出来的地方化的、区域性的社会历史法律文化。

然而，不论语言的解构分析如何令人可信，有一个问题似乎是后现代法律理论颇难解决的：在社会中，人们（或说在意识中体现出来的地方性法律知识）之间总存在一些矛盾，如果对这些矛盾的存在视而不见，那么，这些矛盾总会使各类不同的地方性法律知识无法并存（即使法律以这种方式存在）。因此，在法律的语境中，人们不能认为：“让其并存好了，它们都是语境的产物，都有存在的理由，谁也不优于谁。”

实际上，倘若地方性法律知识的理论可以成立，那么，任何法律纠纷中便一定存在法律知识的相互冲突。而在法律纠纷中，人们必须而且只能解决冲突并使某个“地方性法律知识”优于另一个（即使是暂时的）。在里格斯诉帕尔玛案中，被告和原告有自己的“地方性法律知识”，厄尔法官和格雷法官也有自己的“地方性法律知识”。在此，为解决纠纷，人们不可能让其并存下去。因为，必须要解决里格斯是否有权继承被害人的遗产，否则，只能导致更为严重的法律纠纷。当然，后现代法律理论可以认为，这里的解决或判决最终还是“权力”话语的结果，这种判决并不意味着具有自由意志的主体的理性判决。然而，在此问题的关键不在于判决是谁的“权力”话语，判决是否具有客观意义上的理性，而在于人们必须要作出判决，必须在判决中解决“法律是什么”的问题，否则，当事人之间的纠纷便会更为严重，人们之间的关系以及社会便有可能因此而无法存在。而且在现实中，人们也从未默认这种纠纷可以任意存在下去。

这是否意味着后现代法律理论忽略了一个重要的“实践理性”问题？

一、对话中的法律客观性

针对后现代法律理论的“实践困难”，一种新的实用主义法律理论应运而生。新实用主义法律理论以为，在法律实践中，正是因为人们不断面对并解决具体的法律问题，因而，法律是在实践中形成并展示自身内容的。在法律实践中，人们只能面对而不能回避“法律是什么”这一认知问题。

新实用主义相信，后现代法律理论固然在主体意识如何构成的问题上作出了透彻的说明，但是，其将实践中无法回避的问题弃之不顾，则是令人无法忍受的。虽然人的主体性是由语境化的知识语言构成的，然而，这不意味着个人之间不能交往对话，不能通过交往对话对实践问题作出回应。在此，应该注意人们（或地方性知识）之间的相互关系，承认在政治领域里尤其是法律领域中，人们的相互关系具有首要意义。可以而且应该通过对话交往来解决实践中的“法律是什么”。概言之，人的语境化的主体性，不能而且也不应使人们回避法律实践中产生的问题。

126. 主体性的信念

为在实践中具有意义，新实用主义法律理论首先利用“信念”的概念，恢复主体的“人”的性质。

这种理论以为，虽然作为个人的主体性是由社会历史文化性质的语言构成的，但是，人在经验中并非仅感觉到自身是完全被动机械的，人可以感受到，自己与他人作为存在可以作出较为理性的决策、较为客观的估价和较为独立的道德选择。因此，对主体的社会意识状态“本文”化的一般信念，不应导致在实践中对自由意志无法依赖的结论。

美国法学家费斯（Stanley Fish[①]）说：“心脑不是一个僵死结构，而是一组相互联系的信念，其中一个信念可以在活动中对另一个施加压力并导致其自我转换。”[②]他认为，原初潜在的信念可以成为主导的信念并引起心脑转变，通过这种方式，一个人可以被他人或其他事物“说服”。[③]信念是人们需要的东西，即使在一般意义上没有客观的知识，人们仍可具有“信念”。对客观知识的怀疑论，不应也不可能使人们

---

① 亦是文学理论家。

② Stanley Fish, “Doing What Comes Naturally: Change, Rhetoric, and the Practice of Theory”, in *Literary and Legal Studies*, Durham: Duke University Press, 1989, p. 146.

③ Stanley Fish, “Doing What Comes Naturally: Change, Rhetoric, and the Practice of Theory”, in *Literary and Legal Studies*, Durham: Duke University Press, 1989, pp. 146–147.

不对某些事物作出肯定回应，不对环绕周围的事件活动具有强烈的感受。[1]反对客观统一知识论的人，可以在政治道德领域里主张客观论。[2]

127. 对话的客观性

如果法律实践中的交往对话是颇为重要的，而且主体本身便具有“人”的信念，其目的在于希望通过交往对话解决语境化的法律认知之间的冲突与矛盾，那么，实现这一目的的前提条件，便是设立一个被人们接受的客观性标准。后现代法律理论以为，由于不可能存在客观中立的判断标准，不同的法律理解只能彼此尊重共同存在，其中任一理解都不能自称具有客观性和中立性。新实用主义法律理论以为，虽然不能得到一个纯粹客观中立的标准，但是通过交往对话可以形成一个“对话的客观性”（conversational objectivity），根据这一“客观性”，便可在认知中确定“法律是什么”。

美国法学家波斯纳（Richard A. Posner）指出：对话的客观性，“仅仅是合理性质的。这是说，尽管其在本体论或科学意义上来说是不确定的，但其也并非任意的、个人的、政治化的（狭义上）、完全不确定的。它伴随着说服性的阐明并以此为标准，即使这种阐明并不是必然令人信服”[3]。对话客观性不同于人们时常所说的另外两种客观性：对应

---

① Stanley Fish, “Doing What Comes Naturally: Change, Rhetoric, and the Practice of Theory”, in *Literary and Legal Studies*, Durham: Duke University Press, 1989, pp. 215, 245-246.

② Stanley Fish, “Doing What Comes Naturally: Change, Rhetoric, and the Practice of Theory”, in *Literary and Legal Studies*, Durham: Duke University Press, 1989, pp. 1, 27.

③ Richard A. Posner, *The Problems of Jurisprudence*, Cambridge: Harvard University Press, 1990, p. 7.

于外在现实的客观性；具有不同意识形态内容或前结构观念的人都可以使用的、可重复的科学程序意义上的客观性。[①]在大多数法律实践中，对应于外在现实的客观性是不可能存在的。科学程序的客观性，“有时可以达到，但就法律职业的态度、其所受的限制以及它所处理的问题的性质而言，时常不能达到”[②]。换言之，“实用主义者怀疑存在用以判断表述的恰当性的可观察及‘客观的’标准，因此，它更喜欢允许市场式的交谈作为裁断者”[③]。美国学者韦斯特（Cornel West）同样认为：新实用主义法律理论“强调讨论教学式的和对话式的交往。这样一种高尚的自由主义主张，大量的资源差异、广泛的观念不同或普遍的利益冲突，都可以通过适当的教育和公民对话来克服”[④]。美国学者威尔斯（Catharine Wells）则着重指出：“首先，小心翼翼地真诚对待自己具体观点的局限性，其次，真诚开放地理解尊重他人的观点，这些都是严肃的投入意识。为了尊重这些意识，我们必须开拓对规范问题更为柔性的态度……”[⑤]

---

① Richard A. Posner, *The Problems of Jurisprudence*, Cambridge: Harvard University Press, 1990, p. 7.

② Richard A. Posner, *The Problems of Jurisprudence*, Cambridge: Harvard University Press, 1990, p. 31.

③ Richard A. Posner, “What Has Pragmatism to Offer Law”, in *Pragmatism in Law and Society*, ed. Michael Brint and William Weaver, Boulder: Westview Press, Inc., 1991, p. 37.

④ Cornel West, “The Limits of Neopragmatism”, in *Pragmatism in Law and Society*, ed. Michael Brint and William Weaver, Boulder: Westview Press, Inc., 1991, pp. 122–123.

⑤ Catharine Wells, “Situated Decision-making”, in *Pragmatism in Law and Society*, ed. Michael Brint and William Weaver, Boulder: Westview Press, Inc., 1991, p. 290.

128. 对话客观性的获得

当然，对话客观性的获得不是依靠机械的程序，而是依靠某种机遇性的条件，如特定社会的同质性程度，可利用的推论资源，产生一个结论的社会压力程度。概言之，对话客观性是一个“政治的达成”。

在波斯纳看来，要特别注意对话中的推论出发点和推论手段。在法律实践中，十分重要的是人们时常依赖“实践理性”（practical reason）作为推论出发点。实践理性“是一个摸彩袋（或摸物袋，grab bag），其中包括轶事、内省、意象、常识、移情、动机指向、言者权威、隐喻、类比、前例、习惯、记忆、‘经验’”[①]。实践理性时常是不可置疑的，就如同人们通常不会怀疑“猫不从树中长出来”这样的陈述一样。在实践推论中，实践理性作为一种信念或直觉，“如此根深蒂固以至于我们不知如何去质问它们”[②]。而实践推理（practical reasoning）是以实践理性作为出发点的，它时常是以具体信念直觉作为开端，并以此来断定各种证据的相关性和有用性，而不是像一般人们以为的那样，实践推理依赖于是否与证据本身相符。作为实践理性的信念与直觉，其本身便包含目的性。因此，在另一种意义上实践推理是以目的为开端的。这意味着实践推理时常蕴含着一种干预现实、改变现实的内在倾向。

正是在这种实践推理的对话中，法律才逐渐确立了自己的权威，确立了相对的统一性，确立了自己的一般内容和具体内容。

---

① Richard A. Posner, *The Problems of Jurisprudence*, Cambridge: Harvard University Press, 1990, p. 73.

② Richard A. Posner, *The Problems of Jurisprudence*, Cambridge: Harvard University Press, 1990, p. 73.

129. 相互对话的法律实践者和自我确证的法律实践者

在此可以发现，新实用主义法律理论与德沃金的理论有着类似的地方。前者像后者一样，强调在法律实践过程中考察把握法律知识的意义。威尔斯本身便直接认为，外在观察者的观点与实践中的参与者不存在有意义的关系。“当我们转向法律判断的伦理学和认识论时，区别参与者与观察者同样是有意义的……法官不是观察者。如果想发挥法律判断的作用，法律实践者的作用要求其将自己置于实践活动的境遇中……法官是参与者，这不仅因为他们在具体案件中作出具体判决，而且因为他们参与了法律传统形成发展的宏伟工作。”①“实用主义法律理论，拒绝外在观察法律的传统观念，而是强调法律判断的内在境遇的性质。”②费斯同样认为，外在于具体实践观念的抽象理论在实践中是不可能有结果的。③

但是，新实用主义法律理论的对话说与德沃金的理论有着重要区别。前者强调了法律实践主体间的对话交流，后者强调了法律实践主体自身的责任反省。前者表现了非康德的“实践理性”观念，后者似乎表现了康德的“实践理性”观念。前者认为，在对话中才产生某一法律理解优于另一法律理解的结论，后者认为，在确证中才能得出这

---

① Catharine Wells, “Situated Decision-making”, in *Pragmatism in Law and Society*, ed. Michael Brint and William Weaver, Boulder: Westview Press, Inc., 1991, p. 276.

② Catharine Wells, “Situated Decision-making”, in *Pragmatism in Law and Society*, ed. Michael Brint and William Weaver, Boulder: Westview Press, Inc., 1991, p. 278.

③ Stanley Fish, “Doing What Comes Naturally: Change, Rhetoric, and the Practice of Theory”, in *Literary and Legal Studies*, Durham: Duke University Press, 1989, pp. 372, 378.

样的结论。

其实，在新实用主义法律理论看来，德沃金的内在参与者观点实质上忽略了实践参与者之间的相互关系。在实践中，内在参与者不能避免对话与交往，因为，就像德沃金所说的“理论争论”真实存在一样，内在参与者之间必然要对法律问题进行交流对话，以解决“法律是什么”的问题。

130. 科学中的标准与政治中的标准

当然，对话说主要是对批判法律理论和后现代法律理论的一种“常识”抵抗。它相信，在纯粹的理论层面上，两种法律理论的“法律知识多元”论是不可避免的。但是，常识告诉人们，法律是一种实践，这种实践必须要在一定时期、一定范围达成一定的统一性。因此，实用主义法律理论给自己设立的任务是：在接受两者法律理论的部分学说的基础上，寻求一种非德沃金式、非以往正统法律理论式的新的法律知识论，以此来抑制两种法律理论的怀疑性。

于是，一方面，法律本身不存在科学意义上的客观中立的标准确定自己的内容与性质，另一方面，在社会政治法律对话交流中，法律获得了一种柔性的客观中立性。就此而言，以往正统法律理论的失误，在于不能从理论层面上证实科学意义上的客观中立的法律知识的存在。它们以为，可以用主权者的命令，或“基本规范”，或“承认规则”来确定法律的统一性，从而解决法律是什么的问题。然而，知识论的解构已说明这种知识是不存在的。而批判法律理论和后现代法律理论的失误，在于不能从实践层面上证实解构理论的现实意义，它们相信，法律要么是内在矛盾的，要么是地方化的，可法律实践要求在某个时刻必须存在一种新的统一性，法律社会不能放任“矛盾”及“地方化”

的无限制存在。这样，新实用主义法律理论试图保持一种新的法律自由主义姿态。

131. 对话客观性的可能性

对话客观性的观念主要来自罗蒂（Richard Rorty）的新实用主义哲学。罗蒂以为，人们应该采用杜威的实用主义态度：最大多数人的幸福与理性是两个不同的问题。虽然不可能存在一个中立的哲学观点，但这不意味着人们在政治领域无法达成共识。在政治领域里，民主共同体是一个非常重要的概念。[①] 罗蒂指出，新实用主义相信存在一种客观性，但这种客观性应是"亲和性"，既不需要一种形而上学，也不需要一种认识论。[②] 而杜威（John Dewey）则说："语言的核心与其说是某种先存意义的'表达'，不如说是先存思想的表达。它是交流；它在合作者的活动中建立合作关系，其中每个人的行为由这种合作修正和调整。"[③]

然而，在法律实践中，能否在任何条件下通过对话交流达到一种客观性？在前面第 017 小节描述的麦克劳夫林诉奥布莱茵案中，英国初审法院认为，应以"疏忽行为者仅对自己可合理预见的伤害负责"的原则思考法律；上诉法院认为，应以各种政策考虑为依据；而上议院有的法官认为，应以平等对待的政治道德准则为依据。在很多情况下，不同看法的原因便在于人们政治道德立场的不同。于是，人们有时自然难以达成共识。就此而论，新实用主义的想法是否过于理想？

---

① ［美］理查德·罗蒂：《后哲学文化》，黄勇译，上海译文出版社 1992 年版，第 39 页。

② ［美］理查德·罗蒂：《后哲学文化》，黄勇译，上海译文出版社 1992 年版，第 82 页。

③ John Dewey, *Experience and Nature*, 2nd ed., New York: Dover, 1929, p. 179.

而如果有时不能在法律上实现一种交流对话的客观性，同时在理论上又承认不存在纯粹客观标准判定是非，那么，新实用主义是否有时将面临批判法律理论和后现代法律理论的同样困难：相对主义和虚无主义？

二、效果中的法律

从新实用主义法律理论可以看到，科学意义的客观中立标准不能也不应成为对话客观性的标准，而市场式的“谈判”之中才存在一个裁断者。那么，这个裁断者是什么？新实用主义法律理论认为，这个裁断者是实践效果。

132. 普遍原则指导 · 效果探索尝试

波斯纳说：“实用主义者会强调‘解释’中的效果作用，这个作用被看作为了结果而谨慎使用文本。例如，实用主义者会指出，人们将把‘我将吃掉我的帽子’这个句子看作滑稽可笑的，因为，想吃掉一个人的帽子的结果是不幸的。”[①]“在处理一个人们视为‘法律’解释的问题时，实用主义者在考虑保持语言作为有效交流的传媒工具的重要意义以及保持权力分立的重要意义等问题的同时，将会问何种可能的解决办法具有最好的效果。”[②]新实用主义法律理论坚持认为，判断思

---

① Richard A. Posner, “What Has Pragmatism to Offer Law”, in *Pragmatism in Law and Society*, ed. Michael Brint and William Weaver, Boulder: Westview Press, Inc., 1991, p. 39.

② Richard A. Posner, “What Has Pragmatism to Offer Law”, in *Pragmatism in Law and Society*, ed. Michael Brint and William Weaver, Boulder: Westview Press, Inc., 1991, p. 39.

想的标准不是“客观的”“中立的”标准，而是其与社会或其他人类需要是否相符。[①]实践效果论使波斯纳认为，法律实践者的法律判断应以事实、经验的考虑为基础，而不是以传统法律分类和抽象原则为基础。[②]

在新实用主义法律理论看来，在法律判断的领域中存在两个截然不同的指导观念：普遍原则指导和效果探索尝试。这两种观念如同以下例子所说的“地图指导”观念和“路线摸索”观念。

当某人想去某个地方时迷路了，人们应该如何帮他解决问题？有两种方法可以考虑：其一是找地图；其二是路线尝试摸索。第一种方法要求首先要找大地图，然后再找小地图，最后确定迷路者及其目的地的确切位置。这个过程可能要不断重复。第二种方法是干脆去现场找到迷路者，凭经验和直觉带他尝试各种路线。在路上，可以不断询问当地人，不断寻找新的线索。第二种方法可能会较为浪费时间，但可能也会较为节约时间（如很幸运地一下便找到目的地）。有人会以为，通常来说，遇到这种情况人们总会先找地图，然后解决实际问题。但是，有时可能没有地图，或者找到两份不一样甚至相互矛盾的地图。如果是这样，人们又要先绘制一份地图才能解决实际问题。对于第一种方法，最大的问题正是在这里。如果地图系统毫无问题、准确无误，那么，地图式的方法不无优点。但是，这种方法在开始便可能将人们带进争论不休的问题之中，人们可能会不断争论地图怎样绘制。因此，

---

① Richard A. Posner, “What Has Pragmatism to Offer Law”, in *Pragmatism in Law and Society*, ed. Michael Brint and William Weaver, Boulder: Westview Press, Inc., 1991, p. 35.

② Richard A. Posner, *The Problems of Jurisprudence*, Cambridge: Harvard University Press, 1990, pp. 265-267.

第二种方法也许就是最佳选择。[1]

在法律判断中，以往多数法律理论的一个共同点是“地图式”的指导观念。像奥斯丁、哈特那样的实证主义，遇到实际法律问题时，便会先用一般的法律观念（大地图）将法律问题分类，看其属于哪类法律范畴，然后再找具体法律（小地图），最后找到法律规定。如果法律规定不能解决问题，便找类似规定或自由裁量解决。而德沃金虽然与其不同，但德沃金也是“地图式”的观念，即先在法律制度中抽象出一般法律原则，然后不断将原则具体化，最后推出解决问题的规定。这些“地图式”的法律观念的共同弊病是：假定可以找到一个统一的法律范畴或法律原则。然而，实际上可能并不存在这样的范畴或原则。

与此相反，新实用主义法律理论不纠缠是否有一个统一的法律范畴或原则，在那些不易解决的法律实践问题中，它只想在法律直觉和已有的法律观念中，不断尝试性地分析各种解决办法的效果。

133. 法律实践效果的思考·工具主义

从新实用主义的这个观念出发，人们可以发现，如果说德沃金在里格斯诉帕尔玛案中分析出了法律原则的首要意义，那么，波斯纳在该案中则分析出了实践效果的首要意义。

在该案中，帕尔玛将被继承人杀害，而被继承人在遗嘱中恰是将帕尔玛选作继承人。[2] 波斯纳指出，人们应该首先这样理解法律与该

---

① Catharine Wells, “Situated Decision-making”, in *Pragmatism in Law and Society*, ed. Michael Brint and William Weaver, Boulder: Westview Press, Inc., 1991, pp. 284–285.

② 参见前第066小节。

案的关系：当时该法并未将杀害遗嘱人列为例外情况，此时法院是否可以在遗嘱法中“读进”例外情况？“对实用主义者来说，回答依赖于结果”[①]。人们可以考虑如下结果。一方面可以认为，如果法官可以在遗嘱法中“读进”一个例外情况，那么将不会对立法者形成有益的立法压力，迫使立法者谨慎小心地修改法律，同时还会违反一个原则，即立法机关而非法院有权规定对这类谋杀的处罚。另一方面，人们自然会注意到这些情况：第一，如果允许谋杀者继承遗嘱财产，便会鼓励谋杀行为；第二，人们不愿给已经负担沉重的立法机关再增加麻烦；第三，剥夺帕尔玛的继承权完全符合遗嘱人的原本意愿，而实现这个意愿正是遗嘱法的最终目的，换言之，遗嘱人预见到谋杀时不可能将财产留给谋杀者。[②]波斯纳以为，正是在这些结果的考虑中，新实用主义选择一个结果。它并不考虑所谓的一般法律原则，“法律是什么”就在这个结果考虑之中。

在新实用主义法律理论看来，“与此相联系的一个要点是：法律是向前看的。这个要点暗含于法律的工具主义观念之中，工具主义是实用主义的法律观念，它将法律看作人需要的工具……”[③]。“我们新实用主义在自身观念背后保持这样一个记忆：我们正在思考某种目的，即

① Richard A. Posner, “What Has Pragmatism to Offer Law”, in *Pragmatism in Law and Society*, ed. Michael Brint and William Weaver, Boulder: Westview Press, Inc., 1991, p. 40.

② Richard A. Posner, “What Has Pragmatism to Offer Law”, in *Pragmatism in Law and Society*, ed. Michael Brint and William Weaver, Boulder: Westview Press, Inc., 1991, p. 40.

③ Richard A. Posner, “What Has Pragmatism to Offer Law”, in *Pragmatism in Law and Society*, ed. Michael Brint and William Weaver, Boulder: Westview Press, Inc., 1991, p. 32.

工具式地思考。”[①]这样，新实用主义法律理论将工具主义的概念导入法律知识的分析。在新实用主义法律理论看来，“工具主义主张思想是在其追求人的目的过程中形成并接受检验的”[②]，“坚持命题是由其结果检验的”[③]。这是说，法律知识的存在是与其作为法律主体的工具密切联系的。

134. 实际效果·道德是非

现实主义法学强调法律并不具有确定性，但在此基础上主张用实用主义来重塑法律的适应机制，并乐观地认为，法律的不确定性正是实用主义效果论得以施展的有益契机。新实用主义法学虽然并不对“不确定性”津津乐道，但是，对实用主义的效果论同样备加赞赏。

在这个问题上，与现实主义法律理论类似，新实用主义法律理论同样接受了杜威、詹姆斯的工具主义效果观。詹姆斯说：“实用主义采用了一种‘工具主义’的真理观……它认为，我们观念中的真理意味着它们发挥作用的能力。”[④]“直截了当地说，‘真实’仅仅是我们思维方式中的方便。”[⑤]

---

① Tomas C. Grey, “What Good Is Legal Pragmatism”, in *Pragmatism in Law and Society*, ed. Michael Brint and William Weaver, Boulder: Westview Press, Inc., 1991, p. 15.

② Tomas C. Grey, “What Good Is Legal Pragmatism”, in *Pragmatism in Law and Society*, ed. Michael Brint and William Weaver, Boulder: Westview Press, Inc., 1991, p. 15.

③ Richard A. Posner, “What Has Pragmatism to Offer Law”, in *Pragmatism in Law and Society*, ed. Michael Brint and William Weaver, Boulder: Westview Press, Inc., 1991, p. 35.

④ William James, “Pragmatism”, *Pragmatism and Other Essays 96*, 1963, pp. 28–29.

⑤ William James, “Pragmatism”, *Pragmatism and Other Essays 96*, 1963, p. 98.

但是，有论者以为，新实用主义法律理论的问题在于忽视了法律政治实践中人们语言表述的重要意义。“一般法律工作者在法律实践中认为，某些法律意见使法律公正合理，某些不是这样。一般公民认为海湾战争是正义的或非正义的，他们并不认为说正义或非正义是愉快的、有意思的、有益的或有用的，而是认为实际就是正义或不正义，因为派遣军队实际上是一件应该做的事情，杀死无辜平民总是不对的。因此，仅仅说出‘法律实际上是什么’或‘正义实际上要求什么’这类陈述和‘以某种方式说或思考会有用’这类陈述之间的区别对我们是不重要的，本身便是一种轻描淡写。关键问题在于：没有这个区别，我们根本不能‘去实践’”[①]。

换言之，在法律实践中，人们有时并不像新实用主义法律理论描述的那样对待法律问题。新实用主义仅仅满足于“方便的感觉”，这表明它未感觉到有责任说明为何这样选择而不是那样选择。[②]这就如同在一个杀人案件中，不能像后现代法律理论那样，说怎么判决都可以，人们同样不能说：判其有罪还是无罪，视需要、方便、效果而定。在法律实践中，的确存在结结实实的是非问题。

或许，新实用主义法律理论与后现代法律理论一样，在此面临着一个难以自证有力的困难问题。

---

① Ronald Dworkin, “Pragmatism, Right Answers, and True Banality”, in *Pragmatism in Law and Society*, ed. Michael Brint and William Weaver, Boulder: Westview Press, Inc., 1991, p. 361.

② Ronald Dworkin, “Pragmatism, Right Answers, and True Banality”, in *Pragmatism in Law and Society*, ed. Michael Brint and William Weaver, Boulder: Westview Press, Inc., 1991, p. 373.

三、需求语境中的法律

如果结果的考虑是颇为重要的，那么怎样衡量结果的优劣？有没有具体的方法做到这一点？

135. 语境中的衡量

新实用主义法律理论以为，如果人的法律理解在社会历史文化建构的语境中才有意义，那么，效果的考虑同样是在语境中展开的。美国法学家格莱（Tomas C. Grey）说，新实用主义坚持认为：习惯、历史、文化、他人的行为和判断，都对我们的目的、愿望和爱好的形成发挥了作用……所以我们保留了这样一个记忆——我们是在面对永远无法充分认识到的一个默认前提背景来思考的，我们在语境中思考。[①]因此，“语境论强调法律根植于实践和默认的机巧；工具主义要求根据这些实践如何在具体情况中产生满意结果来判断它们的价值”[②]。他以为，新实用主义的实质，便在于用具体分析问题和实践解决办法的方式来替代传统的普遍抽象的思考方式。[③]美国学者弥诺（Martha Minow）和斯拜尔门（Elizabeth V. Spelman）同样以为：语境的概念“强调人们的判断发生在社会经验的语境中”，语境的认同表现了对人类具体境遇的

---

① Tomas C. Grey, “What Good Is Legal Pragmatism”, in *Pragmatism in Law and Society*, ed. Michael Brint and William Weaver, Boulder: Westview Press, Inc., 1991, p. 15.

② Tomas C. Grey, “What Good Is Legal Pragmatism”, in *Pragmatism in Law and Society*, ed. Michael Brint and William Weaver, Boulder: Westview Press, Inc., 1991, p. 16.

③ Tomas C. Grey, “Hear the Other Side: Wallace Steven and Pragmatist Legal Theory”, *Southern California Law Review*, 63 (1990), p. 1571.

认同，这种认同是将问题置于实际社会的具体状况之中。[①]

因此，衡量结果的优劣便是在具体语境中分析其具体需求。

如果在美国某公司和某大学校园里，发生了对妇女和少数民族人士的言词骚扰，人们对美国法律存在不同理解和争议，那么，如何在法律上处理这些问题？新实用主义法律理论主张，不应将两种环境中的言词骚扰视为同类的问题。因为，两者的需求语境是不同的。前者是公司，是一种经济运行实体，其目的主要在于生产与效益，无论对雇主还是对雇员，创利与收益具有首要的意义。此外，在此语境中发生的言语对雇主及雇员来说通常是较易理解的。这样，可对言词行为采取较为严格的态度。后者是大学，是一种知识研究传播的机构，思想的活跃与言语的丰富，对教师及学生都是有益的。于是，可对言词行为采取较为宽松的态度。

新实用主义的观念是：不应让前者语境中的"禁止"普遍化至后者语境中，反之亦然。如果将前者中的"禁止"扩展至后者，便不利于言语思想的丰富活跃。将后者中的"禁止"扩展至前者，则不利于公司的有效运转。两者的需求语境是不同的。

136. 一般约束的思考和具体需求的语境思考

与后现代法律理论一样，新实用主义法律理论颇为重视语境的意义。后者相信，语境的概念，可进一步表明效果观念的价值，表明某些法学"一般性质的原则"的思考方式是无效的。

某些法律理论以为，上述实际问题似乎要求为了禁止性别歧视

---

① Martha Minow, and Elizabeth V. Spelman, "In Context", in *Pragmatism in Law and Society*, ed. Michael Brint and William Weaver, Boulder: Westview Press, Inc., 1991, p. 269.

和种族歧视，应以普遍性的规范思考为基础来约束言词行为。但是，如果这样认为，那么在法律思考上便会产生一个二难推理，即引起两个基本法律原则的选择困难。一种法律原则认为，应对言词行为作出某些限制，因为它有时会侵犯他人的权利。另一种法律原则认为，不应对言词行为作出限制，因为允许言语自由本身既是美国宪法的要求，也是一个基本价值。此外，人们可以将其视为两种更为抽象的政治观念的冲突：公民权利和公民自由之间的冲突。

在公司中，如果一名容忍对妇女和少数民族人士言词骚扰（即赞同言语自由）的雇主，给雇员提供了明显的相互敌视的工作环境以致出现性别歧视和种族歧视，那么，根据前一法律原则，政府可以根据反歧视法，要求这名雇主采取负责任的步骤以避免这类歧视。这些步骤可以包括制定某些一般性的言词规则，如“不得给其他雇员乱打电话”。但是，当政府如此要求时，这实际上等于在实施言语行为的官方审查。根据后一法律原则，这似乎违反了有关言论自由的美国宪法第一修正案及言论自由的基本价值。

在大学校园中，反歧视和言语自由之间，法律原则及政治观念的思考的冲突便会更为明显。

公民权利论者可以认为，政府不应墨守成规。对现存的不合理的社会结构及关系视而不见，等于加强了不平等。因此，这种论者可以要求，政府应强有力地有效地禁止歧视骚扰。其还会将这类骚扰造成的伤害作为范例，要求法律工作者尤其是法官考虑法律解释的实践意义。相反，公民自由论者首先会要求公法与私法领域的明确区分，要求政府行为自我克制，其次，会轻视政府以骚扰作为根据采取政府行为的意义。这个观念，与法律政治中的个人主义观点、人类理性选择社会生活的观点有着密切联系。它要求在文化的范围里，国家是一个“黑夜守门人”，不应干涉公民的基本言论自由。它不要求考虑社会实践的意义，尤其认为政府做这类工作是病态的。

新实用主义法律理论认为，如果以抽象的原则、政治道德理论来思考这些具体实践问题，根本无法作出较好效果的处理方式。因为，原则及理论的普遍适用意味着超时间、超空间的适用，这种普遍适用必然引起在某个地方的相反结果（这也是两种观念反复争论的原因）。这两种原则和理论是互补的，这样，当一个不能适用时，人们只好适用另一个。这自然引起一种二难推理，两种价值的冲突。

所以，对大学校园中的言词骚扰而言，法律意见只能而且应该是：仅禁止属于第一修正案言论自由的例外情况（如攻击言词、导致严重精神折磨的言词）的骚扰言词，就在这个具体语境中解决具体问题，不让这种禁止具有普遍化。这种言词骚扰发生在校园内这个具体语境中，而且是针对具体范围内的妇女和少数民族人士，所以解决办法便应具体化在这个具体语境中。只有这样，才能在不影响其他价值观念的情况下较好地达到具体效果。新实用主义法律理论认为，这种解决办法实际上是将上述两种原则及理论的部分内容有效地结合在具体语境中。[①]

137. 知识的语境与价值的语境

需求语境主义是新实用主义法律理论的知识论在实践问题上的逻辑延续。

在知识论上，这种法律理论十分关注美国哲学家皮尔士（Charles

① Tomas C. Grey, “What Good Is Legal Pragmatism”, in *Pragmatism in Law and Society*, ed. Michael Brint and William Weaver, Boulder: Westview Press, Inc., 1991, pp. 23–25.

Peirce）早就说过的一段话："仅仅存在一个你可以从其'出发'的思想状态，即在确定'出发'时你实际上已发现自己的思想状态在这个状态中，你已被无穷无尽的业已形成的认识所充满，即使你想抛弃这个状态都不可能……"[①] 当然，新实用主义法律理论，主要接受了后现代法律理论的知识论观点，前者同样认为法律知识是语境化的。

波斯纳说：新实用主义的一个基本要素是反对认识论、伦理学和政治学中的形而上学本体论，否认知识的客观性、中立性、中心性。[②] 韦斯特认为："所有新实用主义者都是反基础主义者，这是说，他们认为知识主张的有效性依赖于由变化的社会实践构成并在其中建构的实践判断。对新实用主义来说，我们凡人获得知识是靠自我批评自我纠正的社会程序，这些程序根植于各种各样的人类过程。"[③] 格莱同样认为："新实用主义明确认同了语境主义观点，即思想总是置身于社会实践的语境中。"[④] 在新实用主义法律理论看来，法律知识的基础论、中心论就是认为法律知识本身可以具有一个可靠的出发点，从此出发点可以建立法律知识的大厦，而且在任何法律知识体系中都存在一个逻

① Charles Peirce, "What Pragmatism Is", in *Collected Papers of Charles Sanders Peirce*, ed. Charles Hartshorne and Paul Weiss, Cambridge: Harvard University Press, 1934, p. 278.

② Richard A. Posner, "What Has Pragmatism to Offer Law", in *Pragmatism in Law and Society*, ed. Michael Brint and William Weaver, Boulder: Westview Press, Inc., 1991, p. 35.

③ Cornel West, "The Limits of Neopragmatism", in *Pragmatism in Law and Society*, ed. Michael Brint and William Weaver, Boulder: Westview Press, Inc., 1991, pp. 121–122.

④ Tomas C. Grey, "What Good Is Legal Pragmatism", in *Pragmatism in Law and Society*, ed. Michael Brint and William Weaver, Boulder: Westview Press, Inc., 1991, p. 13.

辑中心。奥斯丁、哈特和德沃金的理论可被视为基础中心论。在此，新实用主义认为后现代法律理论的知识解构是可以接受的。

但是，后现代法律理论彻底否定了人的主体性，因而，在其理论中便无法存在一个实践中的效果问题，其语境论也不可能在具体需求分析中予以展开。而新实用主义法律理论部分地恢复了主体的自由意志。于是，在价值领域中，语境论不仅被逻辑地延续下来，而且被赋予了新的实践意义。

实用主义相信，正像一般知识不可避免具有语境性一样，效果、需求和价值同样不能避免语境性。在实践中，法律不仅具有一般知识意义上的语境性，而且具有需求价值意义上的语境性。

138. 需求语境论的实用主义和基础中心论的实用主义

从理论发展来看，新实用主义的效果语境论的目的之一，便在于使自己区别于现实主义法学的实用主义，并批判其在实践领域中的基础中心论。

虽然新实用主义法学与现实主义法学均主张实用主义，但后者在效果工具论中接受了基础中心论。后者以为，法律的不确定性并不妨碍人们获得一个价值上的基础选择。在价值中，选择一个基本的中心的观念对法律的发展是颇为重要的。而且，在后者的视域中，社会功利主义正是这样一种有益的价值观念。新实用主义法学则认为，这种观念本身便忽略了各类价值需求本身的语境性。在一个语境中需要一个价值，并不意味着在另一个语境中同样需要这一价值。因为，不仅人的知识是社会文化历史构成的，而且人的需求同样是这样构成的。

实际上，在新实用主义出现以前，所有工具主义论者（包括分析法学）都强调了社会中的主导需要，这些需要或许是幸福、安全、生存，或许是权力、性欲、效益等。他们都试图从其中演绎出系统的、可以统摄各种需要的社会政治道德理论。在某种意义上，可以认为他们都是实用主义者。这便不奇怪，为什么新实用主义法学家格莱强调指出：这些理论“开垦了实用主义的工具论方面，但完全忽略了对语境和文化的强调。事实上，未稀释的工具主义理论追求建立统一的、固定的目的作为理论基础”[①]。以往颇为注重经济价值基础性与中心性的波斯纳，在接受新实用主义观念之后也认为，“经济方法不可能是法律实用主义的全部内容。因为……即使它能告诉我们某些也许更多有关禁止的效益和结果，但它却不能回答堕胎是否应被禁止的问题”[②]。

显然，新实用主义法律理论的实践语境论试图避开现实主义法学在反基础中心的同时恢复基础中心的理论“陷阱”。

139. 需求语境论和原则统一论

需求语境论的另一目的，在于对抗德沃金的唯一正确说。

新实用主义法律理论和德沃金的内在参与者观点，都强调了实践者视域的意义。但是，德沃金在内在参与者观点之中试图重构法律原则上的统一性，建构唯一正确答案的推论模式。这似乎是另一种意义上的“在反基础中心（如奥斯丁、哈特的理论）的同时恢复基础中心”。新实用主义法律理论相信，在实践领域中，对抗德沃金的原则统一论

---

① Tomas C. Grey, “What Good Is Legal Pragmatism”, in *Pragmatism in Law and Society*, ed. Michael Brint and William Weaver, Boulder: Westview Press, Inc., 1991, p. 16.

② Richard A. Posner, “What Has Pragmatism to Offer Law”, in *Pragmatism in Law and Society*, ed. Michael Brint and William Weaver, Boulder: Westview Press, Inc., 1991, p. 42.

的最佳手段就是语境论。因为，语境论更能解释内在参与者本身的知识及愿望的构成，解释不同内在参与者之间对话交流的必要性，从而更能从知识论与实践论两个层面上把握法律的实质意义。

虽然新实用主义具有这样的期望，然而，德沃金的原则统一论或唯一正确说似乎是难以批驳的。因为，就内在参与者本身而言，其是从实践中自身感受的角度来建构原则统一论或唯一正确说的。外在怀疑论的批评对其没有意义。如果从外在角度认为，参与者的知识及愿望存在语境化，因而参与者的唯一正确结论的设想是没有根据的，那么，内在参与者自身仍会继续存有自己的内在观点。在某种意义上，要对抗这种理论，便必须像批判理论的内在“解构阅读”[①]那样进入实践者的自身感受之中提出其他理论。可是，一旦进入这个“感受”，便等于认为实践者不仅可以说“我认为存在正确答案”，“我认为存在相互矛盾的答案”（“解构阅读”分析），而且可以说“我认为这样效果好”。这些表述，都可成为实践者的自身感受表述。如果本身认为法律实践是理想的，也许会赞同德沃金的理论；如果觉得法律实践令人失望（像批判法学那样），也许会赞同“解构阅读”的观点；而如果觉得法律实践是个效果问题，才会赞同新实用主义的观念。实际上，内在参与者本身的知识与愿望的语境化，并不影响其具有原则统一论或唯一正确说的感受，因为，他时常的确会认为，在其视野中总存在一个正确的法律结论，对大多数法官来说，可能尤其如此。

此外，新实用主义法律理论相信人的“信念”的存在，如此，便会更难否认德沃金内在参与者的观点。

① 参见前第105小节。

另一方面，德沃金有时强调，法律原则的思考并不意味着一项原则必须无条件地适用。一项原则如“不能因过错而获利”，并不意味着永远不能因过错而获利，长期过错侵占，便有可能在某些情况下被允许获得一定的权利。[①] 就此而言，可以认为，当德沃金认为存在整体原则或唯一正确答案时，其是以“内在参与”的观点来否定实践者观念中“语境”的内在怀疑倾向；当德沃金认为法律原则并不无条件永久适用时，其是以同样观点来承认实践中的语境的真实存在。因此，新实用主义法律理论与德沃金的理论，在一定意义上，本身便略有类似的地方。

就对话交流的必要性而言，新实用主义法律理论以为，如果知识与需求两方面的语境论可以成立，那么，人们便应承认这一必要性。对于内在参与者来说，这种自觉意识是十分重要的。当其发现不同内在参与者的知识与现实需要总存在语境问题时，其便应展示对对话交流的期待与尊重。在德沃金的理论中，内在参与者并不存在这样的自觉意识，这种参与者总在独自地建构自我的法律解释。这意味着，德沃金否认了内在参与者对话交流的可能性与必要性。

但是，旁人可以看出，德沃金的理论或许并未对此予以否认。事实上，在反复说明“理论争论”的性质时，德沃金已在暗示内在参与者正在对话与交流。在此，新实用主义法律理论与德沃金的观点之间的区别，可能在于前者主张对话交流的“效果”思考，后者主张对话交流的“确证”思考；而不在于前者主张对话交流的可能性与必要性，后者没有这种观念。

---

① 参见前第053小节批判者的观点。

140. 需求语境的“理性”· 绝对怀疑论与相对怀疑论 · 法治

新实用主义法律理论颇为强调“需求语境”的概念，并以为，法律的确而且应当存在于这种语境之中。

但是，有论者认为，像后现代法律理论的“地方知识”说一样，新实用主义的“法律语境”说也存在一个类似的困境。这便是：如果语境化是正确的，那么，任何法律判断便应可以在任何时候、任何地方语境化，而且在法律上说明需要是合理的推论方法，也应是可以语境化的，而这恰恰将会导致一个推论方法上的虚无论，即每个人在每种情况下都可以具有一个推论方式，这些方式不存在他人是否可以理解的问题，由此，目的在于向他人证明某物的方法便不存在了。[①]

批评者指出，即使人们赞同在法律判断中存在一个“游戏”问题（即不断变化、不断变换），游戏本身也存在一个规则。“游戏假定一个共有的标准。如果在质证过程中，当事人都简单地习惯于自己的举证方法，那么很难看到这样的交流是可能的。毫无疑问，‘你正在使用一个双重标准’或‘你正在要求我使用一个与你不同的举证责任方法’，便是一个在推论游戏中的对推论虚无论的重要指责理由”[②]。“具体语境中的证明最终根本不是一个证明，因为只有当存在从一个语境到另一语境的某种稳定性时，共有的语言游戏才能出现”。此外，“证明的语境数量是不受限制的，潜在地无限的；而人的能力是有限

---

① David Luban, *Legal Modernism*, Ann Arbor: The University of Michigan, 1994, p. 154. 新实用主义者波斯纳便说过：在法律制度中，推论是相当宽容的，它结合了许多不同的一般实践推理技术。Richard A. Posner, “The Jurisprudence of Skepticism”, *Michigan Law Review*, 86 (1988), pp. 858-859.

② David Luban, *Legal Modernism*, Ann Arbor: The University of Michigan, 1994, p. 154.

的……如果每个语境都产生自己唯一的证明模式，这对人的掌握来说是不可能的……”[①]

另一方面，由于暗含对法律推论语境化（即不确定）的承认，新实用主义法律理论像批判法律理论一样，面临着被指责为法治虚无主义的批评。有不少学者以为，新实用主义实质上消解了法治的可能性。在这种理论中，人们根本不能期待“同样情况同样对待”，期待法律的确定性和可预测性。波斯纳的确认为，法治或法律制度本身可以是相当不确定的。因为，法律制度的正当性仅仅要求推论是部分地可接受的，正确推论的最终标准不是逻辑上的精确，也不是超验的道德真理，而是法律思考者在具体语境中理想交流的共识。[②]这意味着，新实用主义法律理论实质上部分赞同了批判法律理论的不确定说。

但是，应该认为，与批判法律理论彻底否定“法律的理性”不同，新实用主义法律理论并未放弃一种新的实践意义的理性。它实际上是一种有限度的或曰相对的怀疑论。下述具体问题的分析，可说明两者之间的某种区别。

批判学者图施奈特说：“现有三对数字：第一对为 9、11；第二对为 11、13；第三对数字为 25、18。其中哪一对数字可以跟在连串数字 1、3、5、7 后面？很容易表明任何一个答案都是正确的。”[③]在法律推论中，时常可以看到这种情况，所以不能说法律推论可以得到理性的

---

① David Luban, *Legal Modernism*, Ann Arbor: The University of Michigan, 1994, pp. 154–155.

② Richard A. Posner, “The Jurisprudence of Skepticism”, *Michigan Law Review*, 86 (1988), p. 827.

③ Mark Tushnet, “Following The Rule Laid Down: A Critique of Interpretivism and Neutral Principles”, *Harvard Law Review*, 96 (1983), p. 822.

确证，一切都是任意的选择。

新实用主义法律理论说，批判法律理论的前半部分是正确的，但后半部分是错误的。从法律原则或规则这些前提中，的确可以推论出许多不同的结论，但这不意味着可以任意推论。如果从一些不同的角度来看，有些结论根本不能容许。比如，再假设一些符号：第一组 a、r；第二组 0.13、0.0024；第三组 Jackson、Ruth。这些符号是否可以跟在上面的连串数字 1、3、5、7 后面？显然不行。在前面情况中存在"理性"，在后面情况中不存在。因此，不能认为可以任意推论、任意选择。

美国新实用主义法学论者库茨（Christopher Kutz）认为，批判法律理论存在一个错误的观念：一个推论的结果只有当其唯一地从法律前提推论出来才是合理正确的，"如果没有一个结论是正确的，或者许多结论都是正确的，那么就没有正确结论可言"[①]。但在日常生活中，人们并不如此认为。道德冲突的经验便是例子。可以发现，对两个道德主体之间的争论以及一个人所碰到的道德两难境遇，虽然不能用逻辑手段确定是非，然而人们时常仍会认为它们在道德上完全可以是正确的，或认为它们都是不对的。当人们这样认为时，是相信在道德上可以具有某种理性推论的结论。换言之，真正理性的伦理学拒绝批判理论的错误观念。实际上，批判法律理论忽略了推论的两种情况：（1）从一组法律前提推出多个结论的逻辑可能性，并不意味着这些结论没有获得法律前提的"理性"支持；（2）在法律前提和结论之间没有任何确证关系才表现了"理性"的不确定。在第二种情况中，人们可以认为，法律结论缺乏适正理性的基础，但在第一种情况中不能这

① Christopher Kutz, "Just Disagreement: Indeterminacy and Rationality in the Rule of Law", *Yale Law Review*, 103 (1994), pp. 1000-1004.

样认为。[①]“法律制度允许从任何特定的权威前提里推论出多个结论”[②]。“理性的推论与法律中的多样和冲突并不是不相容的”[③]。“理性、推论和证明，与不确定性和不可决定性是相容的。事实上，我们对合理异议与合理多样的容纳意愿，正是我们在公共领域中投身理性位置的检验”[④]。当然，在多个合理理性的结论中，最终存在一个效果理性选择的问题。

由此可以看出，如果认为批判法律理论不仅否定了客观知识的理性，而且否定了价值实践中的理性，那么，新实用主义法律理论在否定前者的同时赞同了后者。因此，新实用主义实际上主张法治是建立在实践理性基础上的有限度的弹性法治。

当然，这种法治弹性再有限度，也毕竟像批判法律理论的法治理论和现实主义法学的法律实用主义主张一样，面临着人们正常理解的法律本身的正当性问题。[⑤]

141. 需求语境中的法律知识·“邪恶要求”和“恶法”·法律简明适用过程

从阐释学的角度来看，新实用主义法律理论恢复了人的主体性，

---

① Christopher Kutz, “Just Disagreement: Indeterminacy and Rationality in the Rule of Law”, *Yale Law Review*, 103 (1994), pp. 1000-1004.

② Christopher Kutz, “Just Disagreement: Indeterminacy and Rationality in the Rule of Law”, *Yale Law Review*, 103 (1994), p. 1001.

③ Christopher Kutz, “Just Disagreement: Indeterminacy and Rationality in the Rule of Law”, *Yale Law Review*, 103 (1994), p. 1004.

④ Christopher Kutz, “Just Disagreement: Indeterminacy and Rationality in the Rule of Law”, *Yale Law Review*, 103 (1994), p. 1029.

⑤ 参见前第 037、112 小节。

从而恢复了“读者”的法律决定论，并在需求语境论中强调了“读者”阅读的语境化。这样，在“读者”认知中的法律知识，既不具有哈特理论所说的客观意义，也不具有德沃金理论设想的确证意义。它不是统一的，但同时不是任意零散的。尤为重要的是，这种知识融入了具体需求的愿望与要求，成为而且应该成为“具体理性”与“具体欲望”相互作用的结果。这一理论相信，法律本身便来自人们的需求，倘若过去曾经存在过“宏大理想”的需求或“统一愿望”的需求，那么，在当下多元化的后现代社会中，理想与愿望便只能是具体语境化的，也因此，法律知识只能在需求语境中予以建构和发现。这种知识不仅是“片断的”“零碎的”，而且是在具体需求之中展示“片断”和“零碎”的。

但是，正如德沃金的理论面对某些邪恶“要求”和公认“恶法”不能作出有效说明一样，[①] 新实用主义法律理论似乎面临同样的问题。如果某人对他人提出，“把钱交出来，否则杀掉你”，那么听者将如何用具体理性在其中理解“具体需求”？听者能否认为，这一“要求”经过具体理解可以看出“实用的工具性”？显然，听者不会对其作出这种理解的。就公认的“恶法”而言，情况同样如此。在这些“要求”和“恶法”面前，人们并不需要一种“实用需求”的理解。相反，人们需要另外一种批判或抵制的理解。这意味着，有时法律理解而产生的“法律是什么”，不是也不可能是“具体需求”式的。

此外，在法律实践中，可以看到某些法律适用的过程并不存在而且也无需存在“交流”与“对话”，其中适用者是将法律的明确规则直接适用于具体的实际情况。即使这些适用者的法律理解不可避免地存在“语境化”，这种情况仍然是存在的。新实用主义的理论对此也

---

① 参见前第087小节。

是缺乏解释力的。

如果上述分析是正确的，那么，新实用主义法律知识论则是对某些法律现象的说明，因而也是另外一种姿态的选择。

四、小结

从法律本体论来看，新实用主义法律理论认为，由于一方面人们的知识和需求存在不同，另一方面在法律实践中又必须实现特定的“共识”，这样，人们只能而且应该通过交往对话来获得“法律是什么”的理解。而这一过程，使法律本身终究成为实践语境化的具体存在。

但是，法律实践中的不同“看法”的对话，有时是十分激烈的“理论争论”，是不同政治道德观念的对立，因此有时似乎不能达成共识。如此，如何获得“法律是什么”的理解？这本身是否意味着，法律有时本身便不是而且应该不是以这种方式产生的？

从法律价值论来看，新实用主义法律理论强调了实用效果的首要意义，而且强调了实用效果的语境特性。在此基础上，这种理论将有限度的弹性法治，视为实际存在而且应该存在的政治设计，并以为，法律正当性本身并不拒绝法律结论的多样性。

然而，这样一种设想，并不因此而能回避批判法律理论和现实主义法律理论同样面临的人们正常理解的“法律正当性”问题。

从法律知识论来看，新实用主义法律理论强调了人们已有的知识与需求的语境性，因而强调了认知过程中形成的法律知识需求是语境化的。这种理论确信，在具体理性和具体需求的影响下，法律知识的理解也是具体片断的。具体性质的法律知识，始终是指向了具体需求。由此，一般性质的“法律是什么”便融进了具体性质的法律知识之中而无自身的结论。

在某些情况下，这种理论对某些法律理解不能作出有效的说明，对于公认的“恶法”尤其如此。

与现实主义法学相比，新实用主义法律理论同样推崇实用主义。但是，前者是一种基础中心论，强调了社会功利主义的基本意义。而后者则认为，实用需求是语境化的。

与德沃金的法律理论相比，新实用主义法律理论也主张在实践过程中理解法律的意义。然而，前者认为法律性质在于解释确证之中，而后者认为法律性质在于具体需求的理解之中。

在强调“语境”这一概念上，新实用主义法律理论与后现代法律理论是一致的。但是，由于承认具有自由意志的“主体”的存在，前者便将“语境”的意义从“本文”推演至“读者”的认知中，而后者则始终停留在“本文”的层面上。

EPILOGUE

结　语

决定一切的只是姿态。

——克塞诺芬尼

在当代社会，人们都认为法律是十分重要的。在几乎所有的基本行为领域中，法律与人们息息相关。“法律”一词，已深深嵌入日常生活的语汇中。当 A 与 B 签订买卖协议、C 与 D 分家析产、E 与 F 因财产继承产生纠纷或G因H伤害而欲向权威机构控告时，“法律”一词，便不仅会出现在这些当事者的意识之中，而且会出现在其他旁观者的意识之中，如果这些“关系”被提交到裁断者那里，它还会出现在裁断者的意识之中。

当人们想到并使用这一词汇时，“法律”究竟意味着什么？

一

假设A因患有奇怪的疾病，最后成了植物人。其已没有能力思维，但心脏和肺仍具有正常的功能。其后代 B 提出了继承财产的要求，理由是 A 已经“去世”。以往的明确法律规则（如白纸黑字的制定法及法院判例）规定“被继承人死亡之时继承开始”，并未明确说明何种状态属于“死亡”。在该案中，怎样理解“法律是什么”？

A 的律师可以认为，第一，在一般意义上说 A 死亡了，并不是没有道理的。人作为真正的人，便在于具有意识。A 已停止了意识，“大脑已经死亡”，显然已失去人的存在的基本特征。但是不应忘记，A 仍然可以呼吸，心脏仍然具有正常的功能。人们不能忽略其本身的利益，这便如同不能忽略没有基本意识的胎儿和缺乏正常思维能力的精神障碍者的利益一样。因此，在法律上，不能认为 A 已死亡。第二，A 虽目前无法控制自己的财产，但是，仍应将财产保留下来，因为，不能排除 A 的意识“起死回生”的可能性。一旦 A 因为医学的奇迹而恢复了意识，那么，其便需要继续自主地控制财产并依赖这笔财产继续生存。如果继承人已继承财产，这便使 A 无法在恢复意识之后重新行使财产权利。基于上述两点，A 的律师可以认为，法律的规定是“‘真正’死亡如停止呼吸，继承才开始”。

B 的律师可以认为，第一，允许 B 继承遗产并不意味着不保障 A 的利益。当 B 继承遗产后，可以根据财产状况来为 A 提供最好的治疗条件。即便人们担心 B 不能做到这一点，人们仍然可以用要求 B 签署保证的方式使其保证 A 的利益。反之，不允许 B 继承，损害了 B 的应有利益，而且有可能无法使原财产发挥最好的效益，这样反而不能有利于 A 的疗养。第二，从现有的医疗技术来看，A 的疾病是不可能治好的。这意味着，在相当大的程度上，A 将一直保持现状直至停止呼吸。在法律上，之所以规定继承，原因之一便在于人死亡之后不能再有效支配自己的财产，而如果使财产控制处于“真空”状态，便是一种资源的浪费。A 目前的这种状况，完全等于是使财产处于“真空”状态。以这两点为根据，B 的律师可以认为，法律真正目的在于使财产有效有益地转移承继，因此法律的规定是“当已不可能具有意识时继承开始”。

能够想象，不仅双方律师可以继续提出进一步的法律意见，而且法官和其他旁观者也会提出自己的法律看法。

在此，首先可以发觉，因“社会角色”的不同，他们会不同地使用“法律”一词，使“法律”意味着不同的东西。作为当事者，B 将为了自己的利益而充分寻找法律理由，他会认为，自己律师的意见最好地表达了“法律是什么”的观点。而作为 A 的律师和 B 的律师，基于自身与当事者的特定关系，其职责要求他们站在当事者的立场上，为当事者利益提出最有说服力的法律见解，“法律”一词的用法与这种职责有着密切联系。另一方面，法律的裁断者如法官，其与当事者及律师都没有特定的关系，其职责要求他依据“法律”判决案件。他可能不同意任何一方律师的法律见解，也可能赞同一方的见解，但即使赞同了一方，他也不是基于律师的职责作出这种赞同的，他会以社会权威机构的“身份”来使用“法律”一词。在一旁观察的旁观者，也会具有自己的观点或意见。然而，他毕竟是旁观者，与当事者、律师和法官都是不同的。他可能基于对社会关注的热情、喜好发表见解或某种其他原因，而提出在该案中“法律是什么”。“法律”一词的用法，在其手中与当事者、律师和法官一定存在某些区别。当然，有时观察者可能因为自己遇到了与B同样的情况，想知道“法律”在此究竟会是什么，故在一旁发表自己的法律意见。但是，此时，他的角色已发生了变化。与其说他是观察者，不如说他已是B那样的当事者。其使用“法律”一词自然类似于B。

在引言中，我们说过，当认为具体法律是什么的时候，人们都会自然而然地假定一个一般性质的法律概念。否则，便不能说明，为何人们是有针对性地在某些地方查找法律，而不是在另一些地方查找。因此，在上述案件中，当事者B、律师、法官和旁观者提出就继承问题具体法律是什么时，他们意识中都会暗含一个“在社会上法律大体是什么”的一般观念。如果这种观察是正确的，那么，这意味着他们不仅在具体意义上不同地使用“法律”这个词，在该案中发表具体不同的法律意见，而且在一般意义上也在不同地使用这个词，并在表达一般性质的法律观念。就此而论，“社会角色”的不同，不仅可以使人们具有不同的“具体法律是什么”的意见，而且可以使人们具有不同的“一般法律是什么”的观念。

二

在这些不同的“角色”中，有人潜在的观念是：“法律”一词是指社会最高权威如主权者的特定要求，它是一种“命令”。这种命令以制裁为后盾，并见诸白纸黑字的规定。法律具有独特的品质，以外在的强制力使自己区别于内心约束的道德。其最为重要的特征在于以强制力为依据的“义务性”。法律，具有明确性、可预见性和普遍性。这是我们在第一章分析过的分析法学的基本观念。在这样一种观念影响下，人们便会认为，在上述案件中具体法律内容应以立法机关或法院判例的白纸黑字为准。在白纸黑字中，就A的病状而言，法律没有作出明确规定。因此，要么法官应该保持沉默，等待立法者作出明确规定后再来定夺，要么法官只有运用自由裁量权，根据其他的准则要求来断案。

有人潜在的观念是：“法律”就是法官那样的法律适用者所说所做的。因为，不论其他社会权威机构作出怎样的规定，最终的解释权力还是在法律适用者手中。而且，法律适用者的判决也具有最终性。对具体的当事者来说，最为直接有效力的不是一般规则，而是法院的具体判决。法律的确不同于道德，但这不意味着法律具有确定性。在法律适用者的具体判决中，法律只能具体而又不确定。在第二章分析过的现实主义法律理论，便是这样一种观念。根据这一观念，人们会认为，在B主张继承财产的案件中，只能预测法院将会怎样作出判决，一般的白纸黑字的规定仅仅是一种“参考材料”，不论人们如何争论，B是否具有继承权利最终取决于法院的判决，在这一判决中才能知道法律是什么。

有人潜在的观念也许是："法律"是指一般官员统一行为模式中的两类规则的相互结合。在这种统一行为模式中，可以发现一定实践的规律性，并从中看出官员是如何一致地表现出"社会权威机构颁布的规定即为法律"这样一类的规则内容。这类规则内容，等于官员统一承认某类规范（如义务规范）为法律。这是在第三章谈过的哈特法律理论的观念。基于这种观念，人们会认为，上述案件中 B 的继承问题取决于官员的统一实践。如果在这种统一实践中，可以发现官员实际上认为"白纸黑字的规则是法律"，那么，可以认为 B 的继承问题在法律上是不清楚的（因为白纸黑字规则未说明像 A 这类状况是否属于"死亡"）；如果可以发现官员实际上认为，除白纸黑字规则外，其他专家的意见也可作为"死亡"定义的依据，那么，可以认为有关继承问题应以专家的"死亡"意见的说明为根据。

有人潜在的观念也许是："法律"存在于作为实践参与者的人们的解释之中。这种解释是一种政治道德上的确证，是从现存的明确法律制度中抽象出一般的法律原则，用自我建立的一般法律理论来证明这种法律原则是其中的一部分，证明现存的明确法律制度是正当的，从而再以法律原则为依据反向推出具体的法律结论。这种"法律"，不仅包含了具体规则、一般的法律原则，而且包含了一般的法律理论和政治道德姿态。这是在第四章分析过的德沃金的法律理论。根据这种观念，人们会认为，B 的继承主张取决于在现存的法律制度中一般法律原则的内涵。如果从一般原则中不能推出 B 具有这种权利，则 B 在法律上便没有理由要求继承。反之，则 B 的理由在法律上是可以成立的。

有人潜在的观念可能是："法律"一词的真正意义是"利益的对抗"。无论法律的明确规定本身是否清楚，其都会存在自身的内在矛盾。而且，作为法律的适用者，法官最终在决定法律是什么的时候只能选择一个利益而压抑另一个利益。这一观念是在第五章讨论过的批判法律理论的观念。以这种观念来理解 B 的继承要求，人们会认为，无论判决 B 有权继承还是判决无权继承，其法律结论都将是一个利益的压迫。法律中是没有“客观中立”这样一个概念的。

有人潜在的思想也许是：“法律”是一个“地方性”的、“区域性”的概念。在不同地方，法律理解中的“法律知识”将是不同的。其中不存在人们主观上认为如何的问题。人们头脑中的意识观念，都是由语境化的社会文化历史构成的。因此，人们主观中的“法律”最终是一个语境化的社会文化历史构成，并不存在一个统一一致的法律。这是在第六章讨论过的后现代法律理论的思想。根据这种思想，人们会认为，不论人们怎样争论主张 B 的继承权利，有关这一问题的法律只能是 B 所处的“地方”或“区域”的社会文化历史的特定显现。

有人潜在的思想也许是：“法律”是一个“具体需求”的概念。在形成“法律是什么”的观念时，不仅人们头脑中的社会文化历史性的知识是语境化的，而且，人们的需求也是语境化的。人们总是在“具体理解”和“具体需求”之中来建构具体的法律结论。由于存在“不同理解”和“不同需求”，人们自然需要交流对话，在交流对话中运用实践理性便会得到一个相对客观的法律结论。这是在第七章讨论过的新实用主义法律理论的思想。根据这种思想来看 B 的继承案件，人们会认为，只有在“具体需求”的相互对话中，才会得到一个有益的法律结论。B 有具体的需求，A 也有具体的需求，他们之间的需求也许是不同的、对立的，也许经过分析发现是互补的。只有在实践理性的基础上交流对话，人们才能知道哪一需求是当下最为迫切的。

…………

当然，一方面，这些一般性质的法律观念可能并不清晰地存在于当事者B、律师、法官或旁观者的意识之中，另一方面，这些案件的关注者可能还有其他的本书间接讨论的一般法律观念。然而，无论怎样，不同的“社会角色”总会在想到和使用“法律”一词时，不仅具有具体的不同法律意见，而且具有不同的一般法律观念。

三

有人可能认为，尽管“社会角色”的不同会导致人们使用“法律”一词的不同，但是，可以约定俗成地达成一个使用该词的“语言规则契约”。比如，可以约定，以词典的字词解释说明为使用该词的标准，或者，以一般人最为通常的该词用法为标准。这样，便可避免人们不同地使用“法律”一词，避免人们具有不同的具体性质的法律意见和一般性质的法律观念。

但是，这种设想存在两个问题。第一，词典中的字词解释说明，本身便是一种一般性质的观念。在法律语境中，词典中的“法律定义”也许就是上面分析过的其中一种一般性质的法律观念。这种观念作为一种字词解说，是词典编纂者的一种“意见”，其权威性本身便依赖特定时间、特定地点的知识状态。而且，翻阅不同的词典，完全可能发现不同的定义解释。此时，应以何种解释作为正确的解释？第二，在某些情况下，人们知道某一字词的通常用法，但是仍然会坚持自己的另外的字词解释，因为他们认为，通常用法本身便“压抑”了一种具有同样“资格”的用法，而且，后一种用法在实践中可能要比通常用法更有价值。在法律语境中，这种情形有时尤为明显。在本书第058、064小节讨论过的有关“救护车”和“消防车”在紧急情况下是否应被禁止进入公园（已有规则规定“禁止任何车辆进入公园内”）的问题，便是一例。在这一例子中，有人便会坚持认为，在紧急情况下这两种车辆不属于规定中的“车辆”，因为，让这些车辆进入公园救人救火，显然优于字词通常用法的观点，即它们属于车辆因而属于禁止之列。

因此，试图用语词的统一用法来解决问题是不能成功的，而且，其本身也不能阻止“社会角色”的不同而产生的语词使用中责任要求的不同。

在这种情况下，思考不同“社会角色”使用“法律”一词的背后的“知识状态”，显然有其必要性。任何字词的使用，都会涉及其他一些字词的经验性质的感性使用。这是说，当在一个语境中使用一个语词时，人们都会对与之有关的其他某些语词保留着感性认知。比如，在前述 B 主张可以继承 A 遗产的案件中，A 的律师认为：法律的实际意思是“‘真正’死亡如停止呼吸，继承才开始”。在这句话中，A 的律师可能对“真正”、“停止呼吸”或“继承”等语词仅仅具有感性的认知。他可能并未仔细思考过这些语词的意义，只是凭经验来使用它们。当然，这名律师可以为了使观念精确，对这些语词本身的意义进行深入的理解。但是，在理解的过程中，必然又要经验感性地使用其他新出现的语词。比如理解“继承”一词，便需要经验感性地使用新出现的“获得”“财产转移”等语词。经验感性地使用某些字词本身便表明：任何字词的使用，都是在一定的语词感性认知的语境中展开的，希望从精确定义过的字词出发使用字词，本身便是一种“奢望的”要求。

而如果认为观念是由语言构成的，是由语词的意义来传递的，那么，任何观念本身的思考便依赖其他一些观念的经验感性的“使用”，因为，其他一些观念是由经验感性的语词使用构成的。分析法学以为，法律是主权者的命令，其以制裁作为后盾。虽然分析法学对“主权者”、“命令”和“制裁”作出了界定，但是，用以界定的一些语词及观念总是经验感性地使用的。比如“主权者”的界定，依赖“习惯服从”的语词及观念的感性使用；“命令”的界定，依赖“意愿要求”的语词及观念的感性使用；“制裁”的界定，依赖“痛苦的恶果”的语词及观念的感性使用。[①] 而“制裁作为后盾”的观念，本身也是依赖“所有法律都是义务强制性的规定”“所有法律权利义务问题都可归结为刑事制裁”这些观念的经验感性使用（参见第一章的开头部分）。现实主义法学以为，法律是官员的具体判决。它相信，官员对白纸黑字规则的解释是任意的，官员的裁判具有最终性，对一般人最直接的法律影响只能是具体判决，所以，法律只能是官员的具体判决。[②] 而这一观念本身便依赖了“存在疑难案件”“解释总是复杂的”等观念的经验感性使用。[③] 而且，颇为重要的是，现实主义法学这一观念本身依赖了“官员”一词的经验感性使用。对于哈特的新分析法学、德沃金的法律理论、批判法学、后现代法律理论和新实用主义法律理论，都存在同样的问题。

某些观念的经验感性的使用，意味着在一定意义上以此为基础的观念是在特定的经验感性观念的语境中建立的。不论如何努力作出定义界说，观念的思考只能在某些未经定义界说的观念中展开。而不同的理论观念，经过分析可以发现，总是以不同的经验感性观念的“使用”为前提的。在上面分析法学和现实主义法学的观念说明中，便可以看到两种理论是如何以不同的经验感性观念为前提的。在哈特的新

---

① 参见前第 001 小节。

② 参见前第 018 小节。

③ 参见前第 016、017 小节。

分析法学中，哈特依赖了“某些人对一般性要求具有积极的反省态度”“法律不同于强暴者要求”等经验感性的观念。[①] 在德沃金的法律理论中，德沃金依赖了“人们总会具有不同的意见”“法官总会对法律作出正当性的证明”等经验感性的观念。[②] 而新实用主义法律理论依赖了“人们总会关注具体需求”的经验感性观念。[③] 后三者依赖的经验感性观念显然不同于前两者。而这本身又说明了，为什么一种理论的思考，总会遭遇其他理论依赖的经验感性观念的诘难。哈特的理论用“积极反省态度”说明义务的由来，而用此批判分析法学如何不能说明“某些自愿义务”的由来。德沃金用“不同意见”说明法律的解释性质，并用此批判哈特的承认规则理论的失败，[④] 而哈特又用“存在恶法”的感性经验观念批判德沃金的“法律确证理论”，[⑤] 从而说明自己理论的正确。另一方面，在法律语境中，经验感性观念的“使用”本身与理论的价值期待和选择有着密切联系。经验感性的观念是繁多的，而且人们之间存在交往与对话，这样，其便会使理论在建构时可以依赖各种的选择。为何在知道许多经验感性的观念时，人们仍会“使用”其中一些而“摈弃”另一些？原因或许有时便在于价值期待是不同的。当对法律抱有一种正面心态时，也许便会使用“法律原则的不同本身是竞争性质的”感性观念，反之，则可能会使用“法律原则的不同本身是矛盾性质的”感性观念。[⑥] 而当热衷于法律的明确性

---

① 参见前第 040、041、042 和 049 小节。

② 参见前第 066、092 小节。

③ 参见前第 135、136 和 137 小节。

④ 参见前第 070 小节。

⑤ 参见前第 087 小节。

⑥ 参见前第 101 小节。

的价值时，便可能使用“简易案件是主要的”感性观念，当热衷于法律的隐含性价值时，则会使用“疑难案件是主要的”感性观念。[①]如果认为法律的确定性、统一性是重要的，便会使用“人们具有内在观点”“语言具有意思的确定中心”这些感性观念，[②]如果认为法律的实用灵活性是重要的，或者法律多元化是重要的，被边缘化的利益也有自己的权利，便可能使用“人们的理解总是多样化的”“语言本身并无意思确定中心”等感性观念。[③]

进一步观察可以看出，在经验感性观念基础上的推论说明，因其基础本身时常具有价值期待的选择，故在方向上时常也存在价值的展望。于是，在使用“法律”一词时，不同的社会角色在最终意义上便会时常以价值姿态来表明“法律是什么”，不仅在具体意义的“使用”上是如此，而且在一般意义的“使用”上也是如此。

四

法理学探讨的核心问题是法律的性质。在引言中我们说过，这一核心问题有时依赖许多周边问题的理解，如法律的作用、法律的效力、法律的目的、法律的推理、法治、道德认识、哲学思考、政治道德姿态……我们还说过，这些周边问题的认识对核心问题有着重要的参照意义，有时甚至决定了核心问题解决的方向。其实，其中某些周边问题有时便是前面所说的经验感性的观念。这样，当“法律”一词出现在人们的语汇或意识之中，尤其当人们对其作出解释说明时，便意味

① 参见前第 079 小节。

② 参见前第 055、056 和 057 小节。

③ 参见前第 035、102 小节。

着许多经验感性的观念潜藏于人们的观念里，并且意味着许多价值姿态已在左右人们的“法律”言说。

因此，在回答“法律是什么”这一问题时，似乎应该首先回答：我们的姿态是什么？

参引文献

英 文

Altman, Andrew, 1990, *Critical Legal Studies: A Liberal Critique*, Princeton: Princeton University Press.

Austin, John, 1885, *Lectures on Jurisprudence or the Philosophy of Positive Law*, 5th edition, revised and edited by Robert Campbell, London: John Murray.

Austin, John, 1995, *The Province of Jurisprudence Determined*, edited by Wilfrid E. Rumble, New York: Cambridge University Press.

Balkin, Jack, 1987, "Deconstructive Practice and Legal Theory", 96 *Yale Law Review*.

Balkin, Jack, 1987, "Taking Ideology Seriously: Ronald Dworkin and the CLS Critique", 55 *University of Missouri-Kansas City Law Review*.

Balkin, Jack, 1991, "Ideology as Constraint", 43 *Stanford Law Review*.

Benditt, Theodore, 1978, *Law as Rule and Principle*, California: Stanford University Press.

Bentham, Jeremy, 1948, *An Introduction to the Principles of Morals and Legislation*, New York: Hafner Publishing Corporation.

Bentham, Jeremy, 1970, *Of Laws in General*, edited by H.L.A. Hart,

London: The Athlone Press University of London.

Bingham, Joseph, 1912, "What Is Law", 11 *Michigan Law Review*.

Blackstone, Sir William, 1825, *Commentaries on the Laws of England*, 16th edition, London.

Blomley, Nicholas, 1994, *Law, Space, and the Geographies of Power*, New York: The Guilford Press.

Cicero, Marcus Tullius, 1928, *De Re Publica*, translated by C. W. Keyes, edited by Loeb Classical Library.

Cotterrell, Roger, 1995, *Law's Community*, Oxford: Clarendon Press.

Dalton, Clare, 1985, "An Essay in the Deconstruction of Contract Doctrine", 94 *Yale Law Journal*.

Davies, Margaret, 1994, *Asking The Law Question*, Sydney: The Law Book Company Limited.

Derrida, Jacques, 1974, *Of Grammatology*, Baltimore: Johns Hopkins University Press.

Dewey, John, 1929, *Experience and Nature*, 2nd edition, New York: Dover.

Douzinas, Costas, Warrington, Ronnie and McVeigh, Shaun, 1991, *Postmodern Jurisprudence: The Law of Text in the Texts of Law*, New York: Routledge.

Dworkin, Ronald, 1972, "Social Rules and Legal Theory", 81 *Yale Law Review*.

Dworkin, Ronald, 1978, *Taking Rights Seriously*, London: Duckworth.

Dworkin, Ronald, 1985, *A Matter of Principle*, Cambridge: Harvard University Press.

Dworkin, Ronald, 1986, *Law's Empire*, Cambridge: Harvard

University Press.

Dworkin, Ronald, 1987, "Legal Theory and the Problem of Sense", in *Issues in Contemporary Legal Philosophy: The Influence of H.L.A.Hart*, edited by Ruth Gavison, Oxford: Clarendon Press.

Dworkin, Ronald, 1991, "Pragmatism, Right Answers, and True Banality", in *Pragmatism in Law and Society*, edited by Michael Brint and William Weaver, Boulder: Westview Press, Incorporated.

Finnis, John, 1987, "The Critical Legal Studies Movement", in *Oxford Essays in Jurisprudence*, Third Series, edited by John Eekelaar and John Bell, New York: Oxford University Press.

Fish, Stanley, 1989, "Doing What Comes Naturally: Change, Rhetoric, and the Practice of Theory", in *Literary and Legal Studies*, Durham: Duke University Press.

Fiss, Owen, 1982, "Objectivity and Interpretation", 34 *Stanford Law Review*.

Foucault, Michel, 1975, *Dicipline and Punish: The Birth of the Prison*, New York: Patheon.

Foucault, Michel, 1977, "Nietzsche, Genealogy, History", in *Language, Counter-memory, Practice*, edited by D. F. Bouchard, Ithaca, New York: Cornell University Press.

Foucault, Michel, 1978, *The History of Sexuality Vol.1: An Introduction*, translated by Robert Hurley, New York: Random House.

Foucault, Michel, 1980, *Power/Knowledge: Selected Interviews and Other Writings*, edited by Colin Gordon, Brighton: Harvester Press.

Frank, Jerome, 1949, *Court on Trial*, Princeton: Princeton University Press.

Frank, Jerome, 1963, *Law and Modern Mind*, Garden City:

Doubleday & Corporation.

Fuller, Lon L., 1958, "Positivism and Fidelity to Law-A Reply to Professor Hart", 71 *Harvard Law Review*.

Fuller, Lon L., 1960, *Lon L. Fuller Papers, Fuller to F. Olafson*, Harvard Law School Library.

Fuller, Lon L., 1966, *The Law in Quest of Itself*, Boston: Beacon Press.

Fuller, Lon L., 1968, *Anatomy of the Law*, New York: Praeger.

Fuller, Lon L., 1969, *The Morality of Law*, New Haven: Yale University Press.

Gibbs, J. P., 1968, "Definitions of Law and Empirical Questions", *Law and Society*.

Golding, Martin, 1975, *Philosophy of Law*, New Jersey: Prentice-Hall, Incorporated.

Goodrich, Peter, 1986, *Reading the Law: A Critical Introduction to Legal Method and Techniques*, London: Basil Blackwell.

Gray, John C., 1921, *The Nature and Sources of the Law*, New York: The Macmillan Company.

Greenawaly, Kent, 1992, *Law and Objectivity*, New York: Oxford University Press.

Grey, Tomas C., 1990, "Hear the Other Side: Wallace Steven and Pragmatist Legal Theory", 63 *Southern California Law Review*.

Grey, Tomas C., 1991, "What Good Is Legal Pragmatism", in *Pragmatism in Law and Society*, edited by Michael Brint and William Weaver, Boulder: Westview Press, Incorporated.

Guest, Stephen, 1996, "Two Strands in Hart's Theory of Law: A Comment on the Postscript to Hart's the Concept of Law", in *Positivism*

Today, Brookfield, Vt: Dartmouth.

Hart, H. L. A., 1958, "Positivism and the Separation of Law and Morals", 71 *Harvard Law Review*.

Hart, H. L. A., 1961, *The Concept of Law*, Oxford: Clarendon Press.

Hart, H. L. A., 1983, *Essays on the Jurisprudence and Philosophy*, Oxford: Clarendon Press.

Hart, H. L. A., 1987, "Comment", in *Issues in Contemporary Legal Philosophy: The Influence of H.L.A. Hart*, edited by Ruth Gavison, Oxford: Clarendon Press.

Hart, H. L. A., 1994, *The Concept of Law*, 2nd edition, Oxford: Clarendon Press.

Hasnas, John, 1995, "The Myth of the Rule of Law", 199 *Wisconsin Law Review*.

Herzog, Don, 1987, "As Many as Six Impossible Things before Breakfast", 75 *California Law Review*.

Hirst, Paul, 1979, *On Law and Ideology*, Atlantic Highlands, N.J.: Humanities Press Incorporated.

Holmes, Oliver Wendell, 1897, "The Path of Law", 10 *Harvard Law Review*.

Holmes, Oliver Wendell, 1963, *The Common Law*, edited by Mark Howe, Boston: Little, Brown and Corporation.

Hunt, Alan, 1987, *Critical Legal Studies*, New York: B. Blackwell.

Hunt, Alan, 1992, "Law's Empire or Legal Imperialism? ", in *Reading Dworkin Critically*, edited by Alan Hunt, Oxford: Berg Publishing, Incorporated.

Hunt, Alan, 1993, *Explorations in Law and Society*, New York: Routledge.

Hutchinson, Allan and Monahan, Patrick, 1984, "Law, Politics and Critical Legal Scholars: The Unfolding Drama of American Legal Thought", 36 *Stanford Law Review*.

Hutchinson, Allan, 1985, "Of Kings and Dirty Rascals: The Struggle for Democracy", *Queens Law Journal(1985)*.

James, William, 1963, "Pragmatism", *Pragmatism and Other Essays 96*.

James, William, 1975, *Pragmatism*, edited by Fredson Bowers, Cambridge: Harvard University Press.

Kairys, David, 1982, "Introduction", in *Politics of Law*, edited by David Kairys, New York: Pantheon Books.

Kelman, Mark, 1987, *A Guide to Critical Legal Studies*, Cambridge: Harvard University Press.

Kennedy, Duncan, 1976, "Form and Substance in Private Law Adjudication", 89 *Harvard Law Review*.

Kennedy, Duncan, 1982, "Legal Education as Training fot Hierarchy", in *Politics of Law*, edited by David Kairys, New York: Pantheon Books.

Knapp, Steven, 1991, "Practice, Purpose, and Interpretive Controversy", in *Pragmatism in Law and Society*, edited by Michael Brint and William Weaver, Boulder: Westview Press, Incorporated.

Kutz, Christopher, 1994, "Just Disagreement: Indeterminacy and Rationality in the Rule of Law", 103 *Yale Law Review*.

Lacan, Jacques, 1977, *Ecrits: A Selection*, London: Tavistock.

Llewellyn, Karl, 1930, "A Realistic Jurisprudence", 30 *Columbia Law Review*.

Llewellyn, Karl, 1931, "Some Realism About Realism", 44 *Harvard Law Review*.

Llewellyn, Karl, 1934, "The Constitution as an Institution", 34 *Columbia Law Review*.

Llewellyn, Karl, 1981, *The Bramble Bush*, New York: Oceana Publication.

Lloyd, Dennis, 1981, *The Idea of Law*, New York: Viking Penguin Incorporated.

Luban, David, 1994, *Legal Modernism*, Ann Arbor: The University of Michigan.

Lyons, David, 1984, *Ethics and the Rule of Law*, New York: Cambridge University Press.

Lyotard, Jean-François, 1984, *Postmodern Condition: A Report of On Knowledge*, Minneapolis: University of Minnesota Press.

MacCormick, Neil, 1978, *Legal Reasoning and Legal Theory*, Oxford: Oxford University Press.

MacCormick, Neil, 1981, *H. L. A. Hart*, California: Stanford University Press.

MacCormick, Neil and Weinberger, Ota, 1986, *An Institutional Theory of Law: New Approaches to Legal Positivism*, Boston: D. Reidel Publishing Corporation.

MacCormick, Neil, 1993, "Reconstruction after Deconstruction: Closing in on Critique", in *Closure or Critique: New Directions in Legal Theory*, edited by Alan Norrie, Edinburgh: Edinburgh University Press.

Maine, Henry, 1987, *Lectures on the Early History of Institutions*, New York: Henry Holt and Company.

Markby, William, 1873, *Elements of Law, Considered with Reference to Principles of General Jurisprudence*, Oxford: Clarendon Press.

Minow, Martha, and Spelman, Elizabeth V., 1991, "In Context", in

Pragmatism in Law and Society, edited by Michael Brint and William Weaver, Boulder: Westview Press, Incorporated.

Peirce, Charles, 1934, "What Pragmatism Is", in *Collected Papers of Charles Sanders Peirce*, edited by Charles Hartshorne and Paul Weiss, Cambridge: Harvard University Press.

Peller, Gray, 1985, "Metaphysics of American Law", 73 *California Law Review*.

Posner, Richard A., 1988, "The Jurisprudence of Skepticism", 86 *Michigan Law Review*.

Posner, Richard A., 1990, *The Problems of Jurisprudence*, Cambridge: Harvard University Press.

Posner, Richard A., 1991, "What Has Pragmatism to Offer Law", in *Pragmatism in Law and Society*, edited by Michael Brint and William Weaver, Boulder: Westview Press, Incorporated.

Pound, Rosco, 1923, "The Theory of Judicial Decision", 36 *Harvard Law Review*.

Pound, Rosco, 1936, "How Far Are We Attaining a New Measure of Values in Twenty-Century Juristic Thought", 42 *West Virginia Law Review*.

Raz, Joseph, 1972, "Legal Principle and Limits of Law", 81 *Yale Law Journal*.

Raz, Joseph, 1979, *The Authority of Law*, Oxford: Clarendon Press.

Santos, Boaventura de., 1987, "Law: A Map of Misreading", 14 *Journal of Law and Society*.

Sartorius, Rolf, 1971, "Social Policy and Judicial Legislation", 8 *American Philosophy Quarterly*.

Schanck, Peter, 1992, "Understanding Postmodern Thought and Its

Implications for Statutory Interpretation", 65 *Southern California Law Review*.

Schlag, Pierre, 1991, "The Problem of the Subject", 69 *Texas Law Review*.

Singer, Joseph, 1984, "The Player and the Cards: Nihilism and Legal Theory", 94 *Yale Law Journal*.

Singer, Joseph, 1988, *Real Conflicts*, Boston: School of Law, Boston University.

Smith, Adam, 1970, *Wealth of Nations: Books I-III*, Harmondsworth: Penguin.

Soper, Philip, 1977, "Legal Theory and the Obligation of a Judge: Hart/Dworkin Dispute", 75 *Michigan Law Review*.

Taylor, Richard, 1968, "Law and Morality", 43 *New York University Law Review*.

Therborn, Göran, 1980, *The Ideology of Power and the Power of Ideology*, London: New Left Books.

Tushnet, Mark, 1983, "Following The Rule Laid Down: A Critique of Interpretivism and Neutral Principles", 96 *Harvard Law Review*.

Tushnet, Mark, 1988, *Red, White and Blue: A Critical Analysis of Constitutional Law*, Cambridge: Harvard University Press.

Unger, Roberto, 1975, *Knowledge and Politics*, New York: Free Press.

Unger, Roberto, 1983, "The Critical Legal Studies Movement", 96 *Harvard Law Review*.

Wells, Catharine, 1991, "Situated Decision-making", in *Pragmatism in Law and Society*, edited by Michael Brint and William Weaver, Boulder: Westview Press,Incorporated.

West, Cornel, 1991, "The Limits of Neopragmatism", in *Pragmatism in Law and Society*, edited by Michael Brint and William Weaver, Boulder: Westview Press, Incorporated.

Winch, Peter, 1958, *The Idea of a Social Science and Its Relation to Philosophy*, London: Routledge & Kegan Paul.

中　文

[古希腊] 亚里士多德:《政治学》,吴寿彭译,商务印书馆 1983 年版。

《阿奎那政治著作选》,马清槐译,商务印书馆 1963 年版。

[美] 理查德·罗蒂:《后哲学文化》,黄勇译,上海译文出版社 1992 年版。

[古希腊] 柏拉图:《游叙弗伦　苏格拉底的申辩　克力同》,严群译,商务印书馆 1983 年版。

[奥] 凯尔森:《法与国家的一般理论》,沈宗灵译,中国大百科全书出版社 1996 年版。

案例索引

Church of the Holy Trinity v. United States 006

Cotnam v. Wisdom 248

Davis & Co. v. Morgan 074

Hurley v. Eddingfield 247

Marbury v. Madison 298

McCulloch v. Maryland 286

McLoughlin v. O'Brian 066

Riggs v. Palmer 005

Schwartzreich v. Bauman-Basch, Inc. 074

Sherwood v. Walker 248

Simmonds v. London Joint Bank 006

Vosburg v. Putney 262

Wood v. Boynton 248

一般索引

B

霸权 276, 281, 305, 306
白纸黑字 065—068, 073—076, 080, 086, 108, 174, 237, 348
暴力 037, 039, 115, 131
被迫 036—040, 084, 115—119, 162
本文 085, 086, 237, 238, 243, 254, 257, 267, 280, 292, 302, 311
边缘 251, 285
标准 003, 004, 055, 106, 107, 113, 128, 179, 318
不利的后果 022, 083, 085, 095

C

常识观念 003, 006, 012, 015, 016
陈述 043, 078, 162
——价值 041
——内在 121, 161
——事实 041
——外在 121, 161
程序 039, 040, 107
尺子 003, 004
冲突 070, 190, 247, 328
抽象含义 009
出处 135, 162—164

D

代议制 031
道德 013, 014, 025, 041, 051, 052, 150—155, 166, 202, 203
——共时 124
——历时 124

——实在 025
——政治 136—141, 205, 238, 244
道德理想 048—052
道德选择 155—157
地方化 297, 304, 306, 307
地方性 296, 297, 301—303, 306
地图 321
帝国 178, 203, 232
定义 004, 025, 129
读者 086, 148, 211, 339
对话 314, 318, 334
多元 343, 271

E

恶法 207—210, 279—281, 338

F

法 209
——判例 066, 076, 077, 276
——自然 044—046, 150—154
——制定 076, 077, 091—093, 139—141, 174, 175, 189
法官 006, 012—016, 048, 065, 071—073, 078, 083, 085, 087, 093, 096, 119, 125, 172—180, 188, 191—193, 204—206, 219, 223, 224, 265—267, 317, 347, 348
法理迷津 262, 264, 265
法理学 053, 159, 176—178
法律 003, 004, 009—016, 021—027, 042—045, 053, 075, 080—083, 088—090, 104, 149—155, 161—163, 345
——本本中的 065, 089, 105, 193
——行动中的 085, 089, 105, 193
——刑事 037
——隐含 175, 179—190, 210, 223
法律的文字 014, 016
法律改革 049, 060
法律概念 010, 012, 025, 057, 159, 160, 163, 212—217
法律后果 141, 183, 184
法律理论 158, 217, 231, 278—281
法律实际如何 011, 012, 016
法律史 192
法律适用 100, 113, 272
法律适用者 076—080, 085—110, 136—141, 148

法律现象 019, 025, 061, 135, 165, 291, 301
法律应该如何 011, 012, 016
法律约束 029, 030
法学 053, 055, 159
——分析 021—030, 038, 046—052, 055, 056, 100, 101, 106, 107, 129—132
——“评论性” 042
——“说明性” 042
法学派
——历史 054
——哲理 054
反基础主义 330
反省 085, 117, 140
范例 193, 194, 211, 230
服从 024

G

概念 004, 008, 010, 025, 056—058, 068, 258
个人主义 241, 242, 250
根 据 079, 122, 137, 175—177, 183—185, 191
工具 103, 322—324
共同体
——解释 257, 260
——政治 026
官员 125, 142—145, 165—167
惯例 024, 196
——司法 137, 138, 140
规范 008, 043, 096, 097, 105, 241
——道德 021, 031
——法律 004, 006, 242, 277
——非法律 004, 006
——基本 131, 179, 204, 318
——社会 028
规则 004, 008, 009, 024, 026, 032, 042—045, 049, 073, 079, 094, 122—125, 146—148, 240, 245
——次要 125—130, 165—167
——次要授权 126
——承认 128—132, 135—145
——道德 004, 125
——改变 126, 127, 129, 144
——礼仪 004, 125
——明确 003, 069, 070, 213
——审判 126, 127, 129, 144
——体育 004

——宗教 004, 125
——主要 126—128, 137
——主要义务 126, 127

H

衡量 326
后现代 285, 287, 292, 294, 301—303
后现代性 304, 305
话语 290, 299
怀疑论 107, 227, 267
——规则 087, 147
——绝对 335
——相对 335
坏人 082, 083, 113

J

基础中心 332
机构 024, 036
——权威 008, 024, 095
机关
——国家立法 003
——立法 024, 027—029, 189—191
——权威 020, 021
价值 015, 041, 199, 329
——法律 103, 104, 109
假设 109, 132, 204
简单案件 193, 194, 210
建构 201
交流 257, 260
接受 131, 132, 204
解构 238, 298
解构阅读 254, 256, 257, 259—262, 266, 267, 333
解释 065, 076, 173, 196—200, 202—204
近现代 024—026
竞争 252, 253
局限性 069, 070, 203, 315

K

开放结构 145, 146, 148, 224, 257
科学 134, 318
——法律 052—054
——社会 055
客观观察 011, 061
客观性 013, 014, 086, 099, 147, 148, 223—228, 314, 315

L

理论争论 172, 175, 179—181, 189, 190, 193—195
理性 045, 046, 219, 295, 335—337
——实践 316, 317, 350
——永恒 054
理由 015, 055, 093, 100, 101, 155, 156, 197, 206, 225
——道德 046, 072, 208
历史 199, 291—295
立场 054, 220, 232
立法意图 012, 177
立法者 029—031, 051, 052, 129, 130, 191, 323
利他主义 241, 242, 245, 246, 264
利益 158, 199, 203, 240, 256, 305
——经济 270, 271
——他人 241, 242
——特权 281
——政治 270, 271
——自我 241, 242
连续性 027, 039
律师 080, 081
伦理学 054, 317, 337
逻辑 043, 067
逻辑中心 298, 299

M

矛盾 046, 070, 185, 191, 192, 239, 243, 250—253, 311
——内在 238, 239, 242—245, 247, 251
民主 050, 104
民主市场 250
民族精神 054
命令 021—023, 030—034, 037—040
命令说 027, 028
——法律 021, 028—030, 032, 034, 036—040, 060, 118
命题 043, 227
默认 027, 028
默许 028, 058

N

内在参与者 010, 225, 237, 261, 333
内在方面 117—125

P

判断 099, 326

——道德 154, 228, 294

——逻辑 067, 069

——事实 041, 044, 067, 069

判决 073, 081, 104, 312

——具体 078, 088, 094—098, 211

批判理论 257, 268, 274—280, 291, 292

普通法 005, 136, 252

Q

强暴者 038—040

强制 035, 060, 094—096, 114

强制力 004, 084, 109, 151, 152, 348

亲和性 319

区别 032, 040, 044, 060, 071, 072, 095, 133—135, 203, 303, 325

权力 032—034, 123, 269, 290—292, 298

——学科 299, 302

权利 032, 033, 058, 118, 119, 184, 227

确定性 145, 146, 183, 184, 186

确证 197, 207—209, 211

——道德 202, 203

——法律 202, 203

R

人 082, 084

人类学 010, 055

人类学家 010, 011

认可 003, 007, 011, 025, 027, 053, 101, 191, 218

S

善 049, 051, 295

社会 102, 151, 271, 291

社会文化 288, 294

社会学 055, 132, 231

——法律 105, 106

神话 090

识别功能 138, 179, 180

实践 129, 135, 142

——法律 195, 201, 219, 279, 325, 333

实践者 010, 159, 228, 279, 333

实然 042, 043, 047—052, 105, 106, 189
实用主义 103, 109, 317, 234
——新 312—315, 317—327, 329—340
使用 056, 352—355
世界观 240—242
视角 051, 083, 217, 278
书本 081

T

他者 046, 289, 302
态度 115, 120, 121, 130, 178, 203, 270
特征 048, 053, 056
统治 184
统治阶层 272—274, 305, 306
推理 102, 355
——法律 269, 270
——实践 316
——司法 065
——演绎 065
推论 033, 071, 090, 108, 139, 181, 255, 263, 337

W

外在观察者 217, 219, 223—225, 231, 257, 291
文本本意 015
无效 021

X

习惯 116, 117, 127, 137
习俗 025
——社会 024
现实主义 087—109
相对性 049, 051
效果 082, 320—322, 326, 331
效力 096—098, 131, 156
——法律 026, 107, 131, 204
效用 059
行为 007, 069, 130, 161
——规则 115—119
——习惯 115, 116
行为模式 115—119
性质 007, 044
虚无论 109, 278, 335
需要 101, 127, 158, 331

学说 009, 138, 179

Y

一元 243
依据 014, 077, 080, 108
疑难案件 066—073, 090, 177, 178, 193, 194
义务 020—023, 032, 033, 122—125, 132, 171, 184
——道德 047, 060, 082, 084
——法官的 204, 205
——法律 020, 035, 036, 047, 048, 060, 084, 118, 215
——积极 034, 036, 118, 119
——消极 034, 036
——一般性 033
意识 266, 294, 307, 345
——道德 264, 271
——法律 264, 265, 269
——政治 271, 272
意识形态 268—282, 302
意思中心 145—149
意志 019, 040, 059
——国家 009
——立法者的 014
——制定者的 019, 276
应然 042, 043, 047—052, 105, 106, 189
优势者 022
游戏 165, 335
语词 161, 255, 257, 258, 288, 352, 353
语境 008, 147, 277, 294, 326, 327
语境化 009, 263, 277, 302, 333, 335, 339
预测 080—086, 107
渊源 077, 128
原则 013—015, 053, 136—141, 175, 176, 181, 220, 231, 293, 329
——道德 072
——法律 140, 141, 184, 229, 247—257, 328
约束力 083, 094, 137, 188

Z

责任 032, 164, 220
哲学 055, 103, 177
争论 016, 025, 146, 148, 149, 171, 172,

212, 226
争议 147, 189, 193
正当性 103, 184, 185, 336
正确 099, 122
——唯一 185—187, 222—225, 229—231, 274
正义 044—046, 219, 325
政府 027—029, 246, 328, 329
政治 243, 271, 278—280
政治学 038, 041, 055, 235, 266, 267, 277, 303, 327
——法律 268, 305
政治主权 024
知 识 043, 288, 291, 294, 297, 298, 304, 329—331, 334
——法律 052, 056, 106, 278, 293, 296, 301, 308, 330, 338—340
——权力 287
制裁 021, 023, 029, 030, 035—039, 113, 353
——法律 029, 036
制定 059
秩序 026
——法律 025, 026, 048
中立 228
中立性 013, 014, 314, 330
主权者 021, 023, 029—031, 037—040, 049—051, 129
主体 114, 118, 285—296, 301, 302
——抽象 287
专制 049, 050, 104
资格 026, 156, 351
自然规律 045, 054
自我 271, 287, 289, 290
自我推翻 258
自由裁量 101, 211, 322
自愿 032—036, 084
自治 026
最佳性 215
作者 085, 086, 148, 200, 211

人名索引

中 文

A

阿尔都塞 271, 273
阿奎那 044, 045
埃丁菲尔德 247
奥布莱茵 066, 071, 073, 090, 091, 094, 136, 149, 190, 319
奥斯丁 019, 021, 022, 026—029, 053

B

巴尔金 262—266, 276
边沁 019, 032—034, 042, 048, 179, 254
宾翰姆 106
波斯纳 314, 320, 322, 323, 330
博因顿 248
布拉姆莱 296, 300
布莱克斯通 045

D

达尔顿 255
戴维斯 288, 297
德里达 258, 265, 299, 311
德沃金 171, 175, 177, 183, 185, 193—195, 200—203, 205—211, 214—216, 225—230
杜威 319
杜兹纳 288, 298, 300, 306

E

厄尔法官 174—177, 197, 198, 214

F

菲尼斯 277
菲斯 273
费斯 313, 317
弗兰克 087, 088, 090, 101—103
福科 258, 290, 298, 299
富勒 182

G

格莱 326, 330
格雷 076—079, 086
格雷法官 173—177, 197, 198, 213, 214
古德里奇 272

H

哈钦森 249, 251, 269
哈斯纳斯 247, 251
哈特 116—121, 125—132, 135—137, 142—153, 159—161, 244, 257, 273, 354
赫克里斯 267
赫雷 247
侯德里 , 本杰明 077
黄勇 319
霍姆斯 081—086, 214

J

詹姆斯 103, 324

K

凯尔曼 242
凯尔森 131—132, 160, 204, 205
凯尔斯 268
康德 131, 317
考特奈姆 248
克力同 155
肯尼迪 239, 242—244, 254, 268
库茨 337

L

拉康 289

里格斯 005, 011, 012, 066, 067, 089, 172, 312
列奥塔 289
卢埃林 087, 089, 104, 181
罗蒂 319
罗尔斯 219

M

马伯里 298
马里兰 286
马清槐 045, 217
马歇尔 283, 284, 290, 291, 293, 295
麦迪逊 298
麦卡洛克 286
麦克劳夫林 066, 071, 073, 090, 091, 094, 136, 149, 190, 319
麦克维 288, 298, 300, 306
弥诺 326
莫纳汉 269

O

昂格尔 250, 251, 269

P

帕尔玛 005, 011, 012, 066, 067, 089, 172—175, 225, 312, 322
帕特尼 262
派勒 255, 258, 269
皮尔士 329

S

桑托斯 296, 305
汕克 287, 295, 297
舍伍德 248
沈宗灵 097, 161
斯拜尔门 326
斯密，亚当 241
苏格拉底 155—157
索绪尔 289

T

泰勒 088, 089
图施奈特 255, 336

W

威尔斯 315, 317
威兹德姆 248
韦斯特 315, 330
温施 120
沃克 248
沃灵顿 288, 298, 300, 306
沃斯伯格 262
伍德 248
吴寿彭 047

X

西塞罗 044
希波克拉底 247
希莱格 287, 288, 305
辛格 267
休谟 023, 043, 051

Y

亚里士多德 046, 047
严群 155

英 文

A

Althusser, Louis 271
Altman, Andrew 247, 252, 253, 259
Aquinas, St. Thomas 044
Austin, John 019, 022, 023, 026, 028, 032, 042, 053, 058

B

Balkin, Jack 261—266, 269, 276, 292
Bell, John 277
Benditt, Theodore 029, 036, 093, 096, 099, 122
Bentham, Jeremy 019, 021, 023, 024, 033, 042
Bingham, Joseph 106
Blackstone, Sir William 045
Blomley, Nicholas 296, 300
Bouchard, D. F. 258, 299
Bowers, Fredson 103

Boynton 248
Brint, Michael 208, 226, 315, 317, 320—327

C

Campbell, Robert 032, 053
Cicero, Marcus Tullius 044
Cotnam 248
Cotterrell, Roger 221

D

Dalton, Clare 255
Davies, Margaret 288, 294, 297
Derrida, Jacques 257, 258
Dewey, John 319
Douzinas, Costas 288, 298, 300, 301, 306
Dworkin, Ronald 124, 136—138, 140, 142, 171, 173—176, 178, 180, 184, 185, 192, 196—203, 206, 209, 216, 223, 226, 227—230, 263—267, 325

E

Earl 174
Eddingfield 247
Eekelaar, John 277

F

Finnis, John 277
Fish, Stanley 313, 314, 317
Fiss, Owen 260, 273
Foucault, Michel 258, 290, 299
Frank, Jerome 087, 088, 090, 102, 103
Fuller, Lon L. 099, 163, 182, 217, 218

G

Gavison, Ruth 136, 192, 202, 206, 208, 209, 220
Gibbs, J. P. 030
Golding, Martin 037
Goodrich, Peter 272
Gordon, Colin 290

Gray, John Chipman 076
Gray, Judge 173
Greenawalt 099
Grey, Tomas C. 324, 326, 329, 330, 332
Guest, Stephen 222

H

Hart, H.L.A. 027, 029, 030, 032, 034, 038, 092, 116, 117, 121, 126, 128, 129, 137, 142, 144, 146, 147, 151—154, 160, 181, 206, 208, 209, 218, 220, 251
Hartshorne, Charles 330
Hasnas, John 247—249
Herzog, Don 259
Hirst, Paul 271
Hoadly, Benjamin 077
Holmes, Oliver Wendell 081, 082
Howe, Mark 081, 082
Hume, David 023
Hunt, Alan 270, 271, 279
Hurley 247
Hurley, Robert 299
Hutchinson, Allan 249

J

James, William 103, 324

K

Kairys, David 268, 269
Kant, Immanuel 131
Kelsen, Hans 131
Kennedy, Duncan 239, 240, 242, 244, 254, 268
Keyes, C. W. 044
Knapp, Steven 208
Kutz, Christopher 337, 338

L

Lacan, Jacques 289, 290
Llewellyn, Karl 087, 089, 102, 106
Lloyd, Dennis 057
Luban, David 335, 336
Lyons, David 037, 093, 097, 133—135

Lyotard, Jean-François 289

M

MacCormick, Neil 120, 121, 141, 186, 220, 238, 245
Madison 298
Maine, Henry 025
Marbury 298
Markby, William 032
Marshall, John 286
McCulloch 286
McLoughlin 066
McVeigh, Shaun 288, 298, 300, 301, 306
Minow, Martha 326, 327
Monahan, Patrick 250, 269
Morgan 074

O

O'Brian 066
Olafson, F. 099

P

Palmer 005
Peirce, Charles 330
Peller, Gray 256, 269
Posner, Richard A. 314—316, 320, 321, 323, 324, 330, 332, 335, 336
Pound, Rosco 090, 181
Putney 262

R

Rawls, John 219
Raz, Joseph 121, 138
Riggs 005
Rorty, Richard 319
Rumble, Wilfrid E. 022—024, 026, 028, 033, 042, 053, 058

S

Santos, Boaventura de 296, 297, 305
Sartorius, Rolf 141
Saussure, Ferdinand de 289

Schanck, Peter 287, 288, 291, 292, 295, 297
Schlag, Pierre 284, 285, 289, 303
Schwartzreich 074
Sherwood 248
Simmonds 006
Singer, Joseph 267, 268, 275
Smith, Adam 241
Soper, Philip 139
Spelman, Elizabeth V. 326, 327

T

Taylor, Richard 088, 089
Therborn, Göran 270
Tushnet, Mark 255, 336

U

Unger, Roberto 250, 269

V

Vosburg 262

W

Walker 248
Warrington, Ronnie 288, 298, 300, 301, 306
Weaver, William 208, 226, 315, 317, 320—327, 329, 330
Weinberger, Ota 024, 220
Weiss, Paul 330
Wells, Catharine 315, 317, 322
West, Cornel 315, 330
Winch, Peter 120
Wisdom 248
Wood 248

初版后记

本书算是完成了。将一本不到30万字的著述的副题叫作“二十世纪英美法理学批判阅读”，可能有点井蛙观天、以偏概全。其实，20世纪英美法理学的文献可谓浩如烟海，对其逐一审视分析肯定不是一本甚至多本著述所能完成的。但是，笔者相信，任何一本关于20世纪英美法理学的著作恐怕只能如此作罢。这是因为，一方面，我们总会认为20世纪英美法理学的某些观念是较为重要的；另一方面，我们总是在当下语境或特定知识状态下进入思考的，并由此选定哪些理论观念是较为重要的。

批判阅读，无疑是在审视分析时融入批判阅读者自身的理念，并从一个侧面阐发批判阅读者本身的思想诉求。这样，在本书中，笔者自然会留下诸多自己的观念想法。这些观念想法或可商榷，或可批驳，也许它们本身还是肤浅幼稚的。这有赖于方家指点、纠正。

对于本书，另有一个小问题需要说明。本书没有按国内常规那样将所述法学家的生平及作品作一介绍。笔者认为，在许多有关的书籍中，这些内容随手可见而且叙述得完整精确，无需笔者浪费笔墨。

最后，感谢日本 Sasakawa Peace Foundation 和中山大学法律学系为笔者赴美学习研究提供资助和机会，正是在美学习研究期间，笔者借助大量有益资料得以完成本书。此外，感谢美国俄亥俄州立大学法学院和该院 Daniel C. K. Chow 教授为笔者写作本书提供了直接具体的帮助。在美友人杨抗美、陈枫、陈如菊也为本书的写作提供了有益的帮助，杨苗燕女士曾参与了本书的文字校对和修改工作，在此一并致谢。

当然，最应感谢的是所有笔者参阅过的文献的作者。如果本书尚有可取之处以示学术意义，这首先应归功于他（她）们的博大精深。正是他（她）们精湛的论说，启迪激发了笔者的思想和勇气。

作者

1997 年春于美国芝加哥